# 살아있는 한국사 교과서 2

# 살아있는 한국사 2

전국역사교사모임 지음

## 20세기를 넘어 새로운 미래로

Humanist

# 변화된 시대, '새로운 대안'을 모색하다

2019년 3월 《살아있는 한국사 교과서》 개정증보판을 다시 내놓습니다. 이 책을 처음 내놓은 지 17년, 발간 10주년을 맞아 전면 개정증보판을 내놓은 지 7년 만입니다.

지난 7년 동안 우리 사회는 참으로 역동적인 시간을 보냈고, 그 과정 하나하나를 한국사의 큰 흐름 속에서 되돌아보아야만 하였습니다. 역사 교과서 국정화 논란처럼, 아예 교과서에 담을 역사 인식의 문제와, 교과서의 형태가 뜨거운 쟁점이 된 적도 있습니다. 많은 역사 교사와 역사학자 들은 교과서의 의미를 되묻고 교과서가 가야 할 길에 대하여 토론하였습니다. 그 결과도 조금은 더 담고자 하였습니다.

돌이켜 보면 《살아있는 한국사 교과서》 발간은 그 자체로 하나의 사건이었습니다. '나라에서 정한 교과서'만 읽어야 하는 현실 앞에서 '대안 교과서'를 만들려는 시도 자체가 놀라움이었습니다. 게다가 전국의 역사 교사들이 함께 노력한 결과, 참신하면서도 완성도 높은 결과물을 내놓을 수 있었습니다. 이 때문에 책은 나오자마자 뜨거운 관심과 사랑을 받았고, 지금까지 청소년 역사서의 전범으로 베스트셀러 자리를 지키고 있습니다.

우리는 이 책이 우리 교육계를 변화시키는 데 조금이나마 기여했다고 감히 자부합니다. 이 책은 세계사 대안 교과서를 탐색하는 노력으로 이어졌습니다. '대안 교과서'라는 개념이 확산됨에 따라 여러 교과에서 다양한 대안 교과서가 나왔습니다. 그리고 다양한 학생에게 다양한 교과서가 필요하다는 생각도 확산되었습니다.

검정 교과서에 자극을 줄 수 있었던 데도 약간의 자부심을 느낍니다. 《살아있는 한국사 교과서》가 나온 이후, 이 책에서 시도한 글쓰기와 편집 방향은 실제 학교에서 사용되는 교과서 개발에 적지 않은 영향을 주었습니다.

17년 전 이 책을 내면서, 우리는 대안 교과서에 '살아 있는'이라는 수식어를 붙였습니다. 우리 현실을 성찰하는 날카로운 문제의식이 담겨 있고, 내용뿐 아니라 편집과 형식에서도 생동감이 넘치며, 학교 수업을 통해 그리고 독자들에 의해 끊임없이 진화하고 혁신되기를 바랐기 때문입니다.

그래서 2012년에 개정증보판을 내면서 사진과 도표, 그림 등의 편집 요소를 많이 교체하였습니다. 근현대사와 관련해서는 특히 1960년대 이후 부분을 목차까지 새롭게 구성하고 내용도 크게 수정하였습니다. 민주화와 산업화를 동시에 이룬 대한민국의 성과를 역사적 시각으로 성찰함과 동시에, 우리가 나아가야 할 미래를 함께 생각해 보고자 하는 문제의식이 더욱 선명해진 것입니다.

이번 개정증보판은 1987년 6월 항쟁 이후의 역사를 대폭 강화하였습니다. 6월 항쟁 이후 20여 년은 여러 어려움 속에서도 민주주의와 평화로 가는 길을 열었던 시기로 정리하였습니다. 진보와 보수가 경합하고, 시민 참여를 통해 민주주의가 확산되고 평화로 가는 길이 새롭게 열리게 된, 가장 가까운 시기까지의 역사도 비중 있게 정리하였습니다.

이 책은 단순히 개정증보판이 아니라 변화된 시대에 대한 우리 나름의 '새로운 대안'이라고 할 수 있습니다. 하지만 우리는 이 책을 '유일한 대안'이라고 생각하지 않습니다. '가르치는 교사의 뜻에 따라 새롭게 구성되고, 배우는 학생들이 저마다 다채롭게 익히는 과정에서 이 책의 의미가 살아날 수 있을 것'이라는 초판 서문은 그런 점에서 여전히 유용합니다.

전국역사교사모임을 대표하여 17년 전에 집필하였고, 이제 다시 개정증보 작업에 힘써 주신 필자 선생님들께 감사드립니다. 다양한 수업을 통해 이 책에 생명력을 끊임없이 불어넣은 전국의 역사 선생님과 학생들에게도 고맙다는 인사를 드립니다. 그리고 분에 넘치는 칭찬과 격려를 보내 주신 연구자와 학부모님께도 진심으로 감사할 따름입니다. 처음 책을 펴낼 때부터 획기적인 디자인으로 교과서 편집의 새 장을 열었던 휴머니스트 출판사가 이번에도 모든 역량을 쏟아부어 한층 업그레이드된 책을 만들어 주셨습니다. 고맙습니다. 무엇보다 17년간 애정과 관심을 보내 주신 독자들이 있었기에 다시 개정증보판을 낼 수 있었습니다. 독자들께 머리 숙여 감사드립니다.

이번 《살아있는 한국사 교과서》 개정증보판이 교실에 생동감을 불어넣고, 신명 나게 역사 공부를 하는 데 기여할 수 있기를, 역사적 맥락 위에서 오늘을 돌아보고 더 나은 미래를 설계하는 데 조금이나마 도움이 되기를 희망합니다.

2019년 3월

전국역사교사모임

# 역사를 읽는 힘과 역사를 체험하는 맛

1

누구에게나 그렇듯 교사에게도 꿈이 있습니다. 미래를 꿈꾸며 깨달음으로 성장하는 학생들과 눈을 맞추고 마음을 나누는 선생님이 되고 싶은 꿈입니다. 참 쉬운 일 같았지만 결코 쉽지 않았습니다. 교실에는 늘 메마른 교과서가 펼쳐져 있었습니다. 한 자도 빠짐없이 깡그리 외우지 않으면 안 될 것처럼 우리를 짓눌렀습니다. 그래서 앙상한 교과서를 기름지고 생기 있게 만들 궁리를 해 보았습니다. 다양한 사진과 풍부한 그림을 곁들여 보기도 하고, 아기자기한 연극과 재치 있는 발표로 즐겁게 꾸려 보기도 하였습니다. 인터넷을 뒤져 가며 새로운 방법도 찾아보았습니다. 하지만 하룻밤을 지나면 책상 위에 엎드려 진짜로 꿈속에 빠지는 학생들이 늘어났습니다. 교사들이 아무리 새로운 시도를 펼쳐도 학생들은 따분한 교과서에 점점 흥미를 잃었습니다.

　문제는 결국 교과서라고 생각하였습니다. 우리 역사를 이야기하듯 쉽고 재미있게 들려주는 교과서, 때로는 나직하게 속삭이고 때로는 끓어오르는 분노로 주먹을 불끈 쥐게 만드는 교과서, 역사 속의 인물들이 교과서 밖으로 걸어 나와 학생들에게 말을 건네는 교과서, 무엇보다도 학생들 스스로 저마다의 눈으로 관찰하고 서로의 느낌을 이야기할 수 있는 살아 있는 교과서가 우리에게 절실하게 필요하였습니다. 우리의 바람은 학생들의 마음을 움직이는 교과서를 교사들 손으로 직접 만들어 보자는 쪽으로 이어졌습니다. 1999년 겨울, 2,000명이 넘는 전국 각 지역의 역사 교사들이 이 일에 함께 나서기로 다짐하였습니다.

2

우리는 학생들에게 공부하라고 말하기 전에 역사가 무엇이고 역사를 왜 배우는지를 자유롭게 이야기하고 싶습니다. 역사 지식을 많이 제시하기보다는 20세기의 지난 역사를 되돌아보고, 21세기 새로운 미래를 어떤 모습으로 가꿀 것인지를 생각해 보는 데 주안점을 두었습니다. 본문으로 들어가는 창에는 단원마다 역사 사진에 청소년 캐릭터를 넣어 역사 체험을 좀 더 재미있고 생생하게 할 수 있도록 하였습니다.

본문은 한 호흡으로 읽어 가며 흐름을 이해하도록 썼습니다. 19세기의 저녁에서 21세기의 아침까지 본문과 함께 화면을 수놓고 있는 사진과 그림들을 보면서 그 시대로 성큼 들어가 보십시오. 구경꾼이 아니라 스스로 역사가가 되어 과거를 탐구하다 보면 '역사를 읽는 힘과 역사를 체험하는 맛'을 느낄 수 있을 것입니다.

본문 못지않게 특별 꼭지에도 정성을 기울였습니다. '여성과 역사'에서 세상의 절반이면서도 정작 알려지지 않았던 여성들의 삶을 다루었고, '청소년의 삶과 꿈'은 학생들이 우리 역사를 좀 더 친숙하게 마주하며 단원을 마무리할 수 있도록 구성하였습니다. '역사의 현장'은 근현대사에서 중요한 변화가 일어난 때를 특별히 부각시켜 생동감 있게 꾸몄습니다.

3

교과서는 그 자체가 한 권의 역사책입니다. 우리는 지금까지 나라에서 정한 교과서만을 읽어 왔습니다. 교과서가 하나뿐인 교실은 이제 다양하고 창의적인 내일을 꿈꾸는 청소년들에게 어울리지 않는 곳입니다. 국정 교과서가 엄연히 있음에도 우리가 이 책을 교과서라 이름 붙인 것은 좀 더 알찬 교과서가 다양하게 선보여야 한다는 시대의 흐름 때문입니다. 우리는 이 책을 읽는 학생들이 지은이의 생각에 모두 따라야 한다고 생각하지 않습니다. 가르치는 교사의 뜻에 따라 새롭게 구성되고, 배우는 학생들이 저마다 다채롭게 익히는 과정에서 이 교과서의 의미가 살아날 수 있을 것입니다.

우리는 교실 분위기가 고스란히 묻어나는 교과서를 쓰려고 하였습니다. 때로는 매서운 지적에 고개를 들지 못했고, 때로는 칭찬과 격려에 감격하면서 고쳐쓰기를 수차례 반복했습니다. 탈고까지 꼬박 2년 동안, 우리는 많은 분들께 도움을 받았습니다. 방학 때마다 성심껏 검토하고 의견을 주신 전국역사교사모임의 수많은 선생님과 학생들, 도움을 주신 전문 연구자 선생님들과 격려를 아끼지 않은 학부모님들께 감사의 말씀을 올립니다. 그분들이 있었기에 감히 이 책을 전국역사교사모임의 이름으로 펴낼 수 있었습니다. 《살아있는 한국사 교과서》가 교실을 살아 있게 만들고, 역사 공부를 신명 나게 만들어 우리 역사를 살찌우는 데 조금이나마 도움이 되기를 간절히 바랍니다.

2002년 3월

김육훈·안정애·양정현·윤종배·신선호

● 차례 ●

# 19세기의 저녁, 21세기의 아침

# 우리는 지난 100년 동안 어떻게 살았을까

**경인선 개통 당시의 기관차**
철도는 우리 근현대사의 전개 과정을 상징적으로 보여 준다.
사진은 미국인 기술진에 의해 한국에서 조립된 최초의
기관차이다. 일본과 미국 국기가 눈길을 끈다.

**1945 해방 — 해방자호**
'해방자호'라고 이름을 붙인 열차가 1945년 우리
기관사에 의해 운행되었다.

## ― 화륜거 구르는 소리가 우레와 같아

> 화륜거(火輪車) 구르는 소리가 우레와 같아 천지가 진동하는 듯하고 …… 수레
> 속에 앉아 내다보니 산천초목이 모두 움직이는 듯하고 나는 새도 미처 따르지
> 못하더라.
>
> ― 〈독립신문〉, 1899년 9월 19일자

　　화륜거라는 말을 처음 쓴 사람은 1876년에 일본을 다녀온 김기수였다.
강화도 조약 이후 일본을 처음으로 방문한 그는 화륜<sup>증기 기관</sup>으로 달리는 기
차를 처음 보았다.

　　1881년 조사 시찰단으로 일본을 처음 찾은 관리들에게도 화륜거는 놀라
움의 상징이었다. 어떤 관리는 당시의 충격을 "화륜이 순식간에 100리를
달리니 빠르기가 번개와 같다."라고 적었다.

　　화륜거는 근대화의 상징으로 이해되어, 직접 철도를 운영하자는 주장도
나왔다. 특히 미국에 외교관으로 가 있던 이하영이 귀국길에 철도 모형을
가져오면서, 시급히 철도를 건설하자는 운동이 일어났다.

**1950 전쟁 — 철마는 달리고 싶다**
전쟁으로 경의선, 경원선, 금강산선의
허리가 잘렸다.

**1970 경제 개발 — 산업화의 역군**
해방 이후 영동선, 경북선, 태백선 등 많은 철도가 추가로
건설되었다.

**2000 통일 — 철도의 꿈**
반세기 만에 남과 북을 잇는 철도가
복원되었다.

우리나라에 처음 철도가 운행된 것은 1899년으로, 노량진과 제물포를 잇는 경인선이었다. 그러나 이 철도는 우리 손으로 건설되지 못하였다. 철도를 건설할 만한 자본도, 기술도 충분치 못하였다.

경인선은 일본인의 손으로 만들어졌다. 일본인이 건설해서 일정 기간 운영한 다음, 운영권을 우리에게 넘긴다는 계약에 따른 것이었다.

## ━ 철도의 두 얼굴, 두 얼굴의 근대화

개통 당시에는 기차 손님이 많지 않았다. 요금도 비싸고, 철도에 대한 반감도 만만찮았기 때문이다. 그러나 승객이 꾸준히 늘어났고, 화물 수송은 한층 더 빠르게 늘어났다. 무엇보다 대륙 침략에 철도를 이용하려던 일본은 대대적인 철도 건설에 나섰다. 경인선이 개통된 뒤, 러·일 전쟁을 전후로 경부선과 경의선이 개통되었다. 일제가 주권을 강탈한 뒤에도 철도 건설은 이어져 호남선, 장항선, 중앙선이 차례로 개통되었다.

철도가 개통되면서 사람들의 삶도 크게 달라졌다. 철도는 그 자체로서 근대화의 상징이었을 뿐 아니라, 수많은 근대 문물과 사람을 나라 안팎으로 실어 날랐다. 철도가 개통되면서 새로운 도시가 생겨나기도 하고, 마을의 모습이 완전히 바뀌기도 하였다.

그러나 철도는 가난한 사람들보다는 부자들을 더 많이 실어 날랐다. 또한 조선인보다 일본인에게 필요한 문물이었다. 이 땅을 침략한 일본군은 철도를 통해 서울로 들어왔고, 수많은 우리의 식량과 자원이 철도를 통해 일본으로 실려 나갔다.

## ━ 끊어진 철로 다시 잇기

해방이 되었다. 이제 이 땅은 다시 우리 것이 되었다. 일본으로, 만주로 끌려갔던 사람들이 철도를 통해 돌아왔고, 온 나라 사람들이 이제 철도의 주인이 되었다.

'해방자호'라는 이름의 열차도 생겨났다. 그러나 철도는 더 이상 남북을 힘차게 달리지 못하였다. 1945년 9월, 해방된 지 채 한 달도 지나지 않아서였다.

우리 것이 된 철도는 새 사회 건설의 역군이 되었다. 광산에서 캐낸 석탄과 시멘트가 공업 단지로, 도시로 운반되었다. 공업 단지에서 물품을 실은 컨테이너들이 수출 항구로 옮겨졌다. 그리고 농촌의 젊은이들을 서울로, 공업 도시로 실어 날랐다. 철도는 곧 건설의 희망이자 성공을 향한 꿈이었다. 그러나 힘차게 달리는 철도도 어디에선가는 멈춰야만 했다. 하루도 채

### 나도 역사가

한 세기를 마감하던 1999년, 어느 신문에서는 '지난 100년간의 10대 사건'을 다음과 같이 정리하였다. 사진을 보고 다음 활동을 해 보자.

1910 일제의 한반도 강점 | 1919 3·1 운동, 임정 수립 | 1945 8·15 해방 | 1948 분단 정부 수립 | 1950 6·25 전쟁

달리지 못하고 휴전선 앞에서 멈춰 선 철도.

'철도에 몸을 싣고 북으로 내달릴 수 있다면……'

'저 철도가 중국으로, 러시아로, 그리고 유럽으로 달릴 수만 있다면……'

그동안 철도는 분단의 아픔을 대변해 왔다. 그러나 통일이 가까워지면 가장 먼저 기지개를 켤 것이다.

## ― 우리에게 근대의 의미는?

철도는 자주 부강의 상징이었다. 그러나 그 철도가 남의 손으로 건설된 데서 우리 근대사의 비극은 시작되었다. 철도는 우리 민족의 피와 땀을 긁어 가고, 심지어는 수많은 동포를 끌고 가는 수단이었다. 철도가 우리 것이 되었을 때에는 한반도의 허리가 잘렸다.

자주적 근대화의 실패와 주권 상실, 해방과 분단, 그리고 새로운 사회 건설!

철도의 역사 속에는 우리 민족의 비극과, 비극 속에서 일구어 낸 성취가 고스란히 담겨 있다. 그리고 철도의 꿈속에는 반드시 이루어야 할 우리 민족 모두의 소망이 담겨 있다.

---

•2000년 이후 10대 뉴스를 뽑아 보자. 그리고 나서 그 일이 있었을 때 나는 어떤 상태였는지 알아보자.
• 역사적인 사건이 일어났을 때, 우리 가족에게는 어떤 일이 있었는지 알아보자.

1960 4·19 혁명 | 1961 5·16 군사 정변 | 1980 5·18 민주화 운동 | 1988 서울 올림픽 대회 | 1997 국제 통화 기금(IMF)

# 우리의 근대는 어떻게 시작되었나

▶박규수(1807~1877)
실학자 박지원의 손자로, 당시 서양의 침략이 본격화될 것이라는 시대 인식을 가지고 있었다. 그래서 그는 외국과 적극적으로 교류하고, 선진 문물을 받아들여 자주적인 근대화를 이루어야 한다고 생각하였다.

▶▶베이징에 입성하는 영국과 프랑스 군대
1860년 제2차 아편 전쟁에서 승리한 영국과 프랑스는 베이징에서 중국과 조약을 맺고 더 많은 항구를 열게 했다.

## ━ 박규수, 베이징을 다녀오다

> 서울에서 시작하여 전국으로 번진 공포를 다 설명할 수는 있다. 모든 일이 중단되었고 부자나 넉넉한 집안 사람들은 산골로 도망하였다. 관직을 그만두는 관리도 수두룩하였다. 처자식의 손에 보물을 쥐어 주고 서둘러 떠나보낸 대신들도 많았다.
>
> ─《한국 천주교회사》

다소 과장 섞인 이 글은 1860년 서울에 있었던 어느 외국인의 기록이다. 이 무렵 영국과 프랑스는 중국을 침략하여 여러 차례 승리하며 중국의 수도까지 함락시켰다. '중국은 세계의 중심이자 세계의 최강국'이라 믿고 있던 조선 사람들에게 당시의 상황은 대단한 충격이었다.

이와 함께 영국과 프랑스의 배들이 우리 해안에도 잇달아 나타났다. 이를 우려하였던 조정에서는 중국에 사람을 보내 실상을 알아보도록 하였다. 이때 박규수도 청을 다녀왔다.

여러 날이 걸려 중국에 도착한 박규수는 중국의 패배를 눈으로 직접 확인하였으며, 서양 세력이 두려운 상대라는 것을 알게 되었다. 그리고 조선이

자주와 독립을 유지하기 위해서는 새로운 문물을 적극 받아들여야 한다고
생각하였다.

하지만 변화는 쉽게 이루어지지 않았다. 오랜 세도 정치로 정치는 부패
하였고, 민심은 조정을 떠난 상태였다. 수많은 고을에서 농민들이 봉기를
일으켜 개혁을 요구하였지만, 조정은 그들의 요구에 귀 기울이지 않았다.

## ― 대원군의 등장

민족의 위기가 깊어지고, 민심이 조정을 떠났다며 걱정하는 관리들이 늘어
났다. 개혁의 필요성을 느끼는 사람도 점차 많아졌다. 이 무렵 고종이 즉위
하자 흥선군 이하응이 대원군이 되어 정권을 잡았다.

대원군은 민심이 조정을 떠났다는 사실을 잘 알고 있었다. 그래서 정권을
잡자마자 가장 먼저 나라를 엉망으로 만든 세도 정권을 무너뜨렸다.

그리고 민중의 원망을 샀던 조세 제도를 뜯어고쳤다. 가장 말썽이 많던
환곡제를 폐지하였고, 군역 제도를 고쳐 양반에게까지 군포를 물렸다. 토
지 조사를 실시하여 세금을 내지 않던 사람을 찾아냈다. 또 서원을 철폐하
여 양반이 민중을 수탈하지 못하도록 하였다.

**이양선 출몰**
1800년대 조선 앞바다에 자주 나타났던 서양 배들을 이양선이라 불렀다.
사진은 1871년 신미양요에 참가하였던 미국 군함 콜로라도 호이다.

**외규장각 주위를 행진하는 프랑스군**
강화도의 외규장각은 왕실 도서관이었다. 1866년 이곳을 침략한 프랑스 군대가
297권의 진귀한 책자를 약탈하고 나머지는 불태웠다.

대원군은 왕권을 세워야 나라가 바로 선다고 생각하였다. 그래서 어려운 나라 살림에도 불구하고 경복궁을 다시 짓는 데 엄청난 돈을 쏟아부었다. 수많은 농민이 많은 세금과 강제 노동으로 큰 고통을 겪었음은 말할 나위가 없다.

대원군도 서양에 대해 위기감을 느꼈다. 하지만 무엇보다 나라 안을 안정시키는 것이 중요하다고 생각하였다. 이를 위해 천주교가 널리 퍼지는 것을 막아 전통 풍속을 지키고 서양인과 내통하지 못하도록 하였다.

### ━━ 프랑스와 미국의 침략을 물리치다

대원군의 개혁에 박규수는 지지를 보냈다. 개혁으로 사회가 안정되면, 새로운 문물을 받아들여 부강한 나라를 만들 수 있다고 생각하였기 때문이다.

대원군도 새로운 문물에 관심이 많은 박규수를 나쁘게 생각하지 않았다. 그래서 박규수에게 높은 관직을 주어 자신의 뜻을 펴도록 도왔으며, 박규수의 생각처럼 신무기를 개발하려는 노력도 기울였다.

1866년, 프랑스 군대가 강화도를 침략하였다. 대원군이 천주교를 탄압하면서 프랑스 신부를 살해한 것을 구실로 군대를 파견한 것이다. 프랑스는

**외세와 맞서는 최전선, 초지진**
강화도의 초지진은 병인양요와 신미양요 때의 격전지이다.
사진은 1871년 신미양요 때 미국의 초지진 상륙 작전을
묘사한 그림이다.

**광성보를 점령한 미군**
신미양요 때 강화도의 광성보를 지키던 조선군은 격렬하게 저항하여 결국 미군의 철수를
이끌어 냈다. 한때 광성보를 점령한 미군은 조선군의 지휘관을 상징하는 '수(帥)' 자
깃발을 빼앗은 뒤 기념 촬영을 하기도 했다.

사과와 손해 배상, 그리고 통상을 요구하였다.

그러나 대원군은 이 모두를 거부하였다. 대원군은 "괴로움을 참지 못하고 화친을 허락한다면 이는 나라를 파는 것"이라 선언하고, 모든 이들에게 맞서 싸울 것을 호소하였다.

프랑스 군대는 강화도를 점령하고 서울로 진격하려 하였다. 그러나 조선 군대는 여러 곳에서 침략자를 물리쳤다. 결국 프랑스는 수많은 재물을 약탈한 뒤 철수하였다. 1866. 병인양요

이로부터 5년 뒤, 이번에는 미국이 조선을 침략하였다. 미국인들은 미국 상인이 대동강에서 행패를 부리다가 배가 불에 탄 사건 1866. 제너럴셔먼 호 사건을 추궁하였다. 아울러 사과와 통상 교섭을 요구하였다. 대원군은 이들의 주장도 받아들이지 않았다. "서양 오랑캐가 쳐들어왔다. 싸우지 않으면 그들의 주장을 받아들여 화친해야 하는데, 화친을 주장함은 나라를 파는 것과 같다." 이것이 대원군의 답이었다.

전투가 다시 벌어졌다. 미군이 강화도를 공격하자, 수많은 조선 병사가 장렬하게 맞섰다. 미군은 결국 물러갔다. 1871. 신미양요

**척화비**

미국과 전쟁을 끝낸 뒤, 흥선 대원군은 전국에 척화비를 세웠다. 비석에는 "화의를 주장하는 것은 나라를 파는 것"이라고 적혀 있다.

**이항로(1792~1868)**

위정 척사를 주창한 재야 양반 유학자 가운데 대표적인 인물이다. 전쟁을 치르더라도 통상 교섭은 안 된다며 흥선 대원군을 지지했지만, 경복궁 건설에 대해서는 강하게 비판하였다.

## ― 대원군과 박규수

서양 세력이 쳐들어왔을 때, 박규수의 생각도 대원군과 다르지 않았다. 외세가 부당한 요구를 할 때는 당당히 맞서고, 적이 침략하였을 때는 싸워 물리쳐야 한다고 생각하였다.

그러나 두 차례의 전쟁을 치른 뒤 두 사람의 생각에 많은 차이가 생겼다. 대원군은 여전히 '우리는 오랜 문화 민족이고, 저들은 오랑캐일 뿐'이며, 다시 싸워도 이길 수 있을 것이라고 생각하였다. 그래서 서양 문물의 유통을 금지하고, 서양 종교인 천주교의 전파를 막았다. 서양 사람들과 교류하자는 주장도 완전히 틀어막으려 하였다. 하지만 박규수는 '싸우면 반드시 이길 것'이라는 대원군의 생각에 동의하지 않았다. 이제라도 그들과 평화적으로 국교를 맺고, 통상 교류를 시작해야 한다고 생각하였다. 그들은 과학 기술이나 경제·군사 면에서 우리보다 훨씬 앞서 있어, 하루라도 빨리 이들의 문물을 받아들일 필요가 있다고 판단하였던 것이다.

시간이 지나면서 박규수는 대원군을 점점 어려워하게 되었다. 대원군도 박규수를 점차 멀리하였다.

**운요 호 사건**
1875년 일본은 운요 호라는 군함을 강화도에 침투시켰다. 군사 충돌을
유도해 침략의 명분으로 삼기 위해서였다. 여러 차례 포격전이 오간
뒤 운요 호는 영종도를 약탈하고 돌아갔다.

**강화도 조약 체결**
일본은 운요 호 사건을 일으킨 이듬해 1월, 7척의 군함을 이끌고 다시
나타나 배상과 국교 수립을 요구하였다. 조선은 전쟁을 피하고 개방으로
나아가기 위해 일본과 조약을 체결하기로 결정하였다.

## ━ 이 난국을 어떻게 할 것인가

1860년대는 우리 민족에게 외세의 침략이 본격화되는 위기의 순간이었던
한편, 근본적인 개혁을 통해 근대 국가로 탈바꿈할 수 있는 기회의 순간이
기도 하였다. 당시 사람들의 다양한 생각을 들어 보자. 여러분은 누구의 의
견에 동의할 것인가?

> 지금은 서양의 침략에 나라를 지킬 수 있느냐 없느냐를 판가름하는 시기이다.
> 외국과 국교를 맺어 선진 문물을 수용하고 나라의 힘을 길러야 한다.  　—**오경석**
>
> 서양은 침략자일 따름이다. 우리 문화에 대한 자부심을 가지고 그들과 당당히
> 맞서자. / 경복궁을 다시 짓기보다는 민생 안정에 힘써야 한다.  　　　—**이항로**
>
> 서양의 침략으로 나라가 위기에 빠졌다. 나라를 구하고 민중 생활을 개선할 수
> 있는 특별 방안이 필요하다. / 서양에 맞서 싸워 우리 문화를 지키자. / 신분
> 차별과 남녀 차별을 없애 평등한 새 세상을 만들자.  　　　　　　—**최제우**

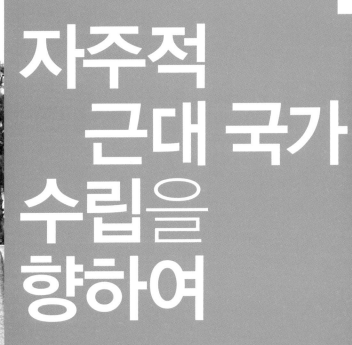

# 자주적
# 근대 국가
# 수립을
# 향하여

—

# 동학 농민 운동

문 너의 이름은 무엇인가?

답 전봉준이다.

문 나이는 몇 살인가?

답 마흔한 살이다.

문 살고 있는 곳은 어디인가?

답 태인 산외면 동곡리이다.

문 무슨 일을 하는 사람인가?

답 글방 선생을 하고 있다.

　　……

문 너는 고부 군수에게서 피해를 입지 않았는데 왜 군사를 일
으켰는가?

답 세상이 날로 잘못되고 있어 세상을 한번 건져 보고자 하
였다.

문 너와 함께 일을 꾸민 손화중, 최경선 등은 모두 동학을 대
단히 좋아했는가?

답 그렇다.

문 소위 동학이라는 것은 어떤 주장을 하고 있는가?

답 마음을 지켜 충효로 본을 삼고 보국안민하고자 하는 것이다.

문 네가 군대를 일으킬 때 거느린 사람 모두가 동학 교도인가?

답 접주는 다 동학이나 그 나머지는 충의를 위해 일어선 보통
사람들이다.

— 전봉준에 대한 조사 기록 중에서

# 위기의 시작,
# 반외세 운동이 시작되다

가 볼 곳 강화도 　　　만날 사람 최익현, 대원군 　　　주요 사건 강화도 조약, 임오군란

군인들은 분노하였다. 그들은 폭동을 일으켜 부패한 관리를 처단하고 궁궐을 점령하였으며 일본 공사관을 공격하였다. 그리고 나서 대원군을 추대하여 '외세의 눈치를 보지 않는 나라, 민중이 설움받지 않는 나라'를 만들어 줄 것을 요청하였다.

## ― 위기가 시작되다

1875년 초겨울, '운요 호'라는 일본 군함이 아무런 통보도 없이 강화도 앞바다에 나타났다. 조선 군대는 철수를 요구하면서 전투 준비에 들어갔다. 하지만 운요 호는 철수는커녕 오히려 강화도를 점령하려 들었다.

조선 군인들은 즉각 대포를 발사하였다. 그러자 일본군은 이미 계획되었다는 듯이 마구 대포를 쏘아 강화도의 여러 포대를 파괴하였다. 그리고 나서 수비가 약한 영종도에 상륙하여 파괴와 약탈, 살인을 저질렀다.

이 사건에 대해 사과와 배상을 요구하고 재발 방지를 다짐받아야 할 쪽은 우리였다. 하지만 일은 거꾸로 돌아갔다. 일본은 "조약을 맺지 않으려면 전쟁을 택하라."라며 오히려 생떼를 썼다. '먼저 침략하고 책임을 덮어씌운 뒤에 힘으로 조약을 강요'한 것이다. 1853년 미국이 일본을 개항시키는 데 사용하였던 수법 그대로였다. 조정의 대신부터 이름 없는 민중들까지 일본의 침략에 분노하였다. 민중들은 자발적으로 항전에 나섰다. 총을 든 포수들이 서울로 몰려들었고, 수많은 민중이 군사비에 보태라며 쌈지를 풀었다.

대원군이 물러난 조정에서는 격렬한 논쟁을 벌였다. '싸워서 물리쳐야 한다.'라는 주장에 반대하는 사람은 거의 없었다. 하지만 싸워서 이길 수 있다는 자신감을 가진 사람은 많지 않았다.

**강화성 남문**
일본군이 성문을 굳게 닫고 출입을 금지한 가운데 군중들이 조약의 경위를 알기 위해 성문 밖에 모여 있다.

**연무당 밖**
회담이 시작되자 일본 측이 연무당에 대포를 배치하고 조약 체결을 강요하고 있다.

**연무당 안(상상도)**
양국 대표들이 회담을 하고 있다.

**조약 체결 기념행사**
조약이 체결되자 일본군이 학교에 모여 기념행사를 하고 있다.

🏯 산성
🏰 방어 진지

임진강

교동도

강화도

내성
외성
연무당

문수산성

한강

석모도

정족산성

영종도

**강화도 앞바다**
1876년 1월, 조약을 맺고 평화적으로 교류하자던 일본은 군함 6척에 신무기와 군대를 잔뜩 싣고 나타났다.
그리고 한반도와 가까운 규슈 지역에 육군을 준비시켜 놓고 있었다.

## ━ 이 도끼로 내 목을 치소서!

조약을 맺을 것인가 말 것인가 논란이 거듭되는 동안 양반 유학자들을 중심으로 일본을 규탄하고 조약 체결에 반대하는 운동이 크게 일어났다. 하지만 조정에서는 '전쟁을 피하기 위해' 조약 체결이 필요하다고 결론을 내렸다. 결국 일본과 조약을 맺고 서로 왕래하며 무역 활동을 하기로 하였다. 1876, 강화도 조약

조약을 맺은 뒤에도 왕래는 소극적이었다. 하지만 점차 왕래가 늘면서 더 많은 교류를 주장하는 사람들이 힘을 얻었다. 일본과 청의 변화된 모습이 점차 알려졌기 때문이다.

결국 조정에서도 신문물 도입에 나서는 한편, 일본과 청에 시찰단과 유학생을 파견하고 서양 여러 나라와 국교를 수립하려 하였다.

일이 이렇게 되자 많은 사람들이 반발하였다. 특히 양반 유학자들은 곳곳에서 반대 모임을 열었으며, 많은 사람들이 서명한 상소문을 들고 궁궐 앞에서 시위를 벌였다.

이들은 서양과 일본은 모두 침략자일 따름이고, 조선의 문물이 결코 서양 문물에 뒤지지 않는다고 생각하였다. 그래서 서양과 교류하지 말고 유교 문화와 전통적인 제도를 지키자고 주장하였는데, 이들의 운동을 위정척사 운동이라 한다.

**최익현(1833~1906)**
최익현은 "지금 일본인들은 서양 옷을 입고, 서양 총을 사용하며, 서양 배를 탔으니 왜가 곧 서양"이라며, 서양 세력을 물리친 것처럼 일본과 진행하는 교섭을 중단하라고 주장하였다. 그는 대궐 문 앞에 거적을 깔고 자신의 요구를 받아들이지 않으려면 도끼로 자신의 목을 치라며 상소 운동을 벌였다.

## ━ 민중들이 반외세 운동에 나서다

일본과 수시로 왕래하고 외국 문물을 받아들이는 것에 반대하기는 민중들도 마찬가지였다. 그리하여 양반 유학자들이 시작한 척사 운동은 민중들의 반외세 운동으로 이어졌다.

반외세 운동은 조정의 지시에 복종하여야 할 군인들에게서 시작되었다. 조정은 부패했을 뿐 아니라, 새 정책을 추진하느라 재정이 바닥나 군인들에게 월급조차 주지 못하는 상황이었다.

1882년 6월, 군인들은 13개월 만에 밀린 월급을 받게 되었다. 하지만 이

들이 월급으로 받은 쌀에는 모래와 겨가 뒤섞여 있었다.

군인들은 분노하였다. 그들은 폭동을 일으켜 부패한 관리를 처단하고, 일본 공사관을 공격하여 일본인들을 나라 밖으로 내쫓았다. 그리고 나서는 대원군을 찾아가 잘못된 정책을 고쳐 줄 것을 요청하였다. <sub>1882. 임오군란</sub>

대원군은 문제가 많은 신문물 도입을 중단하고, 민중 생활을 악화시키는 일본과의 무역을 재검토하도록 하였다. 그리고 부패한 관리들을 쫓아내고, 민중 생활을 개선할 수 있는 방안을 찾으려 하였다.

하지만 일이 대원군의 뜻대로 되지는 않았다. 청은 군란을 수습한다는 구실로 많은 군사를 서울로 보냈다. 곧이어 일본도 배상과 재발 방지를 요구하며 군대를 보내 왔다. 청은 대원군을 납치하여 청으로 끌고 갔고, 봉기하였던 군인들을 찾아 가혹하게 처벌하였다. 봉기가 다 수습된 이후에도 청은 대규모 군대를 서울에 주둔시켜 조선의 정치에 개입하려 들었다.

결국 외세에 맞서려던 민중 운동은 크게 약화되고, 청의 개입이 이어지면서 자주적인 개혁도 위기를 맞았다.

**◀별기군**
1881년에 설치되었다. 일본인 교관을 초청하여 신식 군사 훈련을 시작하였는데, 구식 군인들에 비해 좋은 대우를 받아 원성을 사곤 하였다.

**▲군인들에게 쫓겨 달아나는 일본인들**
폭동을 일으킨 하급 군인들은 정부에 고용된 도시의 하층민들로, 대부분 군인으로 복무하면서 생계를 잇기 위해 상업과 수공업에 종사하였다. 이들은 개항 이후 일본과 무역이 확대되면서 경제적으로도 타격을 받았다. 군인들이 일본 공사관을 공격한 이유 중에는 이런 경제적인 측면도 있었다.

**청 복장을 한 대원군(1885)**
임오군란 때 납치된 대원군은 3년 동안 청에 억류되었다.

**나도 역사가**

인터넷이나 신문 자료를 이용하여 최익현에 관한 일화를 조사해 보자. 그리고 나서 그의 주장을 다음과 같이 정리해 보자.

**| 최익현의 생각 |**
- 서양을 어떻게 생각하였나?
- 서양의 침략에 어떻게 대응하려 하였나?
- 그가 생각한 바람직한 사회의 모습은 어떤 것이었나?

# 근대 국가를 건설하자!

가 볼 곳 우정국, 창덕궁    만날 사람 김옥균    주요 사건 갑신정변

"조선의 개혁은 하루를 늦출 수 없을 정도로 시급하다. 조금이라도 개혁을 늦출 경우, 이미 그때의 조선은 우리의 조선이 아닐 것이다." 김옥균은 갈수록 초조해졌다. 결국 그는 정변을 일으켜 권력을 잡고 개혁을 앞장서서 이끌기로 작정하였다.

## ─ 개화란 무엇인가

일본과 강화도 조약을 맺은 뒤 백성들 사이에서 외세에 반대하는 기운이 높아졌지만 새로운 문물을 받아들이려는 조정의 정책은 꾸준히 진행되었다.

이 같은 정책을 앞장서서 이끌고 적극적으로 뒷받침하였던 사람들은 김윤식, 김홍집, 김옥균, 박영효 등 개혁 성향의 관리들로, 대부분 박규수로부터 가르침을 받았다.

이들은 청과 일본의 근대화 과정을 주의 깊게 관찰하였다. 그리고 외세가 침략해 오는 상황에서 나라가 부강해져야만 자주 독립을 유지할 수 있

**조사 시찰단의 보고서**

1881년, 정부는 12명의 고위 관리가 이끄는 64명의 시찰단을 일본에 파견하였다. 이들은 4개월 동안 일본의 중앙 관청과 산업, 군사, 교육, 문화 시설 등을 직접 방문하고 많은 일본인을 만나 변화하고 있는 일본의 모습을 꼼꼼히 살피고 돌아왔다. 그리고 나서 수십 권에 이르는 상세한 보고서를 작성하였다.

다고 판단하였다.

그래서 외국의 산업 시설과 군사 시설을 살피고, 그들의 무기와 기계를 도입하려 하였으며, 많은 유학생을 일본과 청에 보내려 하였다. 또 신문을 발행하여 개혁이 필요함을 널리 알리고자 하였다. 이처럼 여러 분야에 걸쳐 새로운 문물을 받아들여 부강한 나라를 만들려던 움직임을 개화 운동이라 한다.

## ━ 청의 간섭에서 벗어나자

임오군란으로 다시 집권한 대원군은 개화 정책을 중단시켰다. 하지만 대원군이 청에 납치된 후, 조정에서는 개화 정책을 본격적으로 추진하겠다고 선언하며 전국의 척화비를 모두 뽑았다.

군란을 진압한 청은 군대를 계속 주둔시킨 채 조선이 마치 자기 나라의 속국이나 되는 듯 감시하려 들었다. 개화 정책도 청이 인정하는 범위 안에서만 이루어질 수밖에 없었다. 신식 군대가 다시 창설되고 새로운 문물이 도입되었지만, 군인의 훈련을 맡은 것도 청이었고, 새 문물의 도입도 청을 통해서만 가능하였다.

오랫동안 독립을 지켜 온 조선은 청의 개입을 참을 수 없었다. 이에 청의 개입에 반대하는 세력이 점차 형성되었다. 김옥균과 박영효가 중심이 된 개화당이 대표적이었다. 개화당은 '청으로부터 독립하는 것이 반드시 필요하다.'라며 청에 의존하는 관리를 몰아내고 청군의 철수를 요구해야 한다고 생각하였다.

또한 "조선의 개혁은 하루를 늦출 수 없을 정도로 시급하다. 조금이라도 개혁을 늦출 경우, 이미 그때의 조선은 우리의 조선이 아닐 것이다."라며 시급한 개혁을 주장하였다. 이들은 서양의 기술 문명은 물론 정치 제도와 종교까지 받아들이자고 주장하였다.

## ━ 3일 동안의 꿈

김옥균 등이 활발하게 활동하는 동안 개화 세력 내부에서 틈이 생겨났다. 그리고 청의 방해와 견제도 점차 심해졌다.

**김윤식(1835~1922)**
서양의 우수한 기술 문명은 받아들이되, 우리의 전통과 정신 문명을 지키자고 하였다. 김옥균 등이 일본과 가까웠던 것과 달리 김윤식은 청을 통해 개화를 이룩하려 하였다. 청이 임오군란과 갑신정변을 탄압할 때 관여하였다.

**김옥균(1851~1894)**
1870년 전후부터 박규수의 사랑방을 드나들며 개화 사상에 눈뜬 김옥균은 세 차례 일본에 건너가 근대화 실정을 시찰하고 돌아왔다. 김옥균은 청의 내정 간섭에서 벗어나기 위해서는 일본의 힘을 빌려 조선을 개혁해야 한다고 생각하고 갑신정변을 주도하였다.

▲우정총국
사진은 갑신정변이 시작된 우정총국 건물이다.
1884년 근대적 우편 사무를 담당할 우정국을
만들었으나, 이곳에서 갑신정변이 일어난
뒤 우편 업무 도입 자체도 1895년까지
미루어졌다.

▶갑신정변 직전의 개화파
앞줄 가운데 앉은 사람이 박영효, 그 옆에
앨범을 든 사람이 서광범, 뒷줄 왼쪽에서 네
번째가 유길준이다.

　　결국 김옥균 등은 세력을 결집하여 정변을 일으키기로 하였다. 마침 청
은 프랑스와 전쟁을 벌이기 위해 서울에 주둔하고 있던 군대를 상당수 철
수시켰다. 김옥균은 청이 프랑스와의 전쟁으로 더 이상 조선에 군사 개입
을 할 수 없을 것이라고 판단하여 거사가 성공할 것이라 믿었다.

　　1884년 10월 17일, 개화당 인사들은 일본과 손을 잡고 정변을 일으켜 정
권을 잡았다. 그리고 새로운 정책을 발표하였다. <sub>1884. 갑신정변</sub>

> 청에 의존하지 않고 자주 독립을 튼튼히 하며,
> 양반 중심의 신분 제도를 개혁하며,
> 조세 제도를 고치고 민중 생활을 돌보며,
> 왕의 친척들이 정치에 참여하지 않도록 하며,
> 중요 정책은 대신들이 의논해서 결정한다.

　　낡은 신분 제도를 무너뜨리고 새로운 제도를 갖추어 근대 국가로 탈바꿈
하려는 시도였다.

　　하지만 새로운 정책이 발표된 그 순간, 서울에 주둔하고 있던 청군이 궁
궐을 공격하였다. 개화당의 군사로는 청군을 막아 내기에 역부족이었다.
결국 정변은 3일 만에 실패로 끝났다.

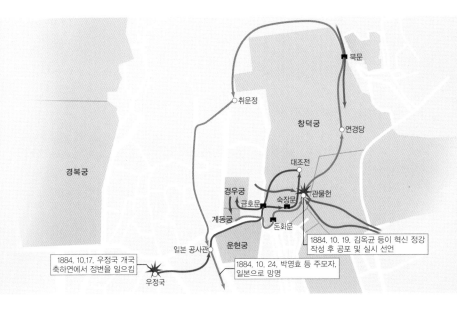

**| 갑신정변**

개화당 인사들은 우정국 개국 축하연이 열리는 저녁에 거사를 단행하였다. 축하연이 진행되는 동안 화재를 일으킨 다음, 당황한 대신들을 살해하고 궁궐을 장악하였다. 곧이어 반대 세력을 제거하고 개혁 정책을 발표하였다.

➡ 17일 개화파의 이동로
➡ 19일 개화파와 일본군의 이동로
➡ 19일 청군의 이동로
✴ 격전지

북문

취운정

창덕궁    연경당

경복궁    대조전

경우궁   관물헌
금호문   숙장문
계동궁
         돈화문
일본 공사관   운현궁

1884. 10. 19. 김옥균 등이 혁신 정강 작성 후 공포 및 실시 선언

1884. 10.17. 우정국 개국 축하연에서 정변을 일으킴

우정국

1884. 10. 24. 박영효 등 주모자, 일본으로 망명

## ━ 이 나라를 어찌할 것인가

갑신정변을 제압한 다음, 청은 조선을 더욱 심하게 간섭하였다. 일본도 물러서지 않으려 하였다.

조정에서는 정변에 조금이라도 관련이 있는 인사를 몰아내고, 개혁을 추진하기보다는 러시아를 끌어들여 상황을 극복하려 하였다. 하지만 이 정책은 또 다른 외세를 불러왔다. 이번에는 영국이 끼어들어 거문도를 부당하게 점령한 것이다. ^1885~1887. 거문도 사건 자주적 근대 국가로 탈바꿈하지 못한 상태에서, 한반도는 외세의 치열한 경쟁터가 되었다.

**거문도 사건**
영국이 거문도를 점령하자 조선은 청에 문제 해결을 도와 달라고 요청하였다. 청이 영국, 일본과 함께 조선을 침략하지 않겠다는 약속을 러시아로부터 받아 낸 뒤에야, 영국은 군대를 물렸다. 사진은 거문도를 불법 점령하였던 영국 군함이다.

---

**나도 역사가**

거문도 사건이 일어난 1885년은 강대국들에 의해 우리의 운명이 크게 요동쳤던 해이다. 다음 글을 참고하여 조선이 자주 독립을 유지할 수 있는 방법이 무엇이었을지 토론해 보자.

**유길준** 중국이 중심이 되어 영국, 프랑스, 일본, 러시아 등 아시아 지역과 관계있는 나라들을 모두 모으고, 여기에 조선도 참가하여 중립화를 위한 조약을 맺자. 조선의 중립화야말로 모든 나라의 안전을 보장하는 길이다.

**김옥균** 밖으로 외교를 잘하고 안으로는 정치를 개혁하고 인민을 교육하면, 상업을 일으켜서 경제력을 키우고 군대를 양성하는 일도 어려운 일이 아니다. 이같이 하면 영국은 거문도를 돌려줄 것이요. 다른 나라도 침략할 생각을 끊을 것이다.

---

# 왜양을 몰아내자!

③

가 볼 곳 보은, 삼례    만날 사람 최시형, 어윤중    주요 사건 보은·금구 집회

"났네 났어 난리가 났어 에이 참 잘되얏지 / 그냥 이대로 지내서야 / 백성이 한 사람이
나 어디 남아 있겠나." 1894년 동학 농민 운동이 일어나기 직전의 농촌 사회는 이러하
였다. 농민들에게 격문을 보내 항쟁에 동참할 것을 요청하자, '날마다 난이 일어나기를
노래하던 이들이 곳곳에서 봉기하는 그날이 오기를 기다렸다.'라는 것이다.

## ━  온 나라가 민란의 물결

임술년[1862]의 농민 봉기 이후에도 농민들의 항쟁은 이어졌다. 농민들이 요
구한 조세 제도의 개혁도, 탐관오리의 제거도 이루어지지 못하였기 때문이
다. 게다가 개화 정책이 추진되면서 세금이 늘어나고, 외국 상인들이 활개
를 쳐 살기는 더욱 어려워졌다.

온갖 잡세에 허리가 휘고 부정한 관리의 탐욕에 시달리던 농민들은 고을
단위로 봉기를 일으켰다. 농민들은 관청으로 쳐들어가 못된 관리를 혼내
주고, 부당하게 빼앗겼던 곡식을 나누어 가졌다. 또한 농민들은 힘을 모아
부정한 수령을 고을 밖으로 내쫓았다.

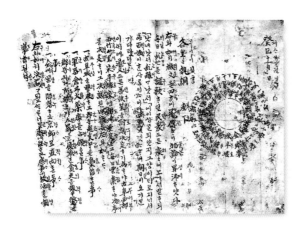

이같이 진행된 '민란'은 1889년을 고비로 급격
히 퍼져 나갔다. 1893년 한 해에만 65곳에서 민
란이 일어나는 등 그야말로 '민란의 시대'에 접
어들었다. 누군가 농민의 힘을 모을 수만 있다면
전국적인 항쟁이나 혁명도 가능한 상황이었다.

**사발통문**
민란은 주동자들이 마을마다 집회의 개최를 알리고 동참을 바라는 통문을
돌리는 데서부터 시작되었다. 사진은 1893년 고부에서 작성된 사발통문이다.

## ─ 왜양을 몰아내자!

민란은 항상 고을 단위로 일어났다. 항쟁에 나선 농
민들도 고을의 경계를 넘어서 행동하지는 않았다.
그러나 농민들은 자신들의 어려움이 몇몇 탐관오리
때문만은 아니라는 것을 점차 깨달았다.

온갖 잡세를 만들어 농민들의 재산을 빼앗고, 뇌
물을 받아먹고 탐관오리를 다시 등용하는 조정이 문
제였던 것이다. 게다가 외국에서 들어온 물품이 수
공업을 짓누르고, 외국으로 팔려가는 쌀이 농민들의
쌀값을 올리고 있다는 점도 알게 되었다.

이제 고을의 경계를 넘어 도 단위로 혹은 전국적으
로 단결하여 무엇인가를 해 보아야 한다는 생각이 형
성되었다. 수령 쫓아내기를 넘어서, 아예 세상을
뒤집자는 것이었다. 나아가 일본과 서양 세력을 몰
아내는 척왜양 운동에 나서야 한다는 주장도 확대되
었다.

이런 분위기 속에서 동학이 빠른 속도로 농민들 속
으로 퍼져 나갔다.

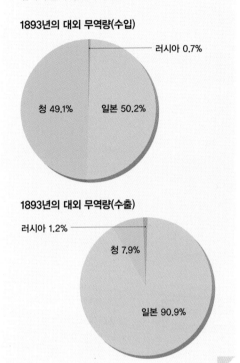

**| 1890년대 대외 무역**

이 시기의 무역은 일본 상인이 면제품을 가지고
와서 우리 쌀을 사 가는 방식으로 이루어졌다.
이 때문에 농촌 수공업이 타격을 입고, 쌀 가격이
급격히 올라 농민의 생활은 크게 악화되었다.

**1893년의 대외 무역량(수입)**

러시아 0.7%
청 49.1%  일본 50.2%

**1893년의 대외 무역량(수출)**

러시아 1.2%
청 7.9%
일본 90.9%

## ─ 농민들, 역사의 주인으로 일어서다

동학이 확산되면서 농민들의 활동 방식도 달라졌다. 흩어져 있던 농민의
불만과 요구 사항이 동학 조직을 통해 모아졌다. 고을 단위로 활동하던 예
전과 달리, 도 단위로 집회를 열어 관찰사에게 요구 조건을 내걸기도 하
고, 전국에서 대표를 뽑아 대궐 앞에서 상소 운동을 벌이거나 전국적인 농
민 집회를 열기도 하였다.

1893년 3월, 충청도 보은으로 수많은 농민들이 모여들었다. 전국 곳곳
에서 몰려든 수만 명의 농민들은 "척왜양 창의!"라고 쓴 깃발을 들고 여러
날 동안 행진과 집회를 거듭하였다.

같은 때, 전라도 금구에서도 비슷한 집회가 열렸다. 특히 금구의 농민들

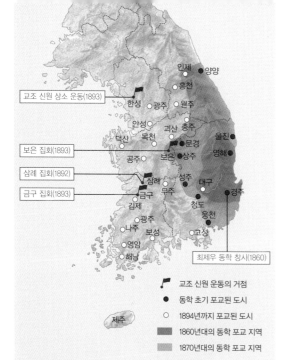

교조 신원 상소 운동(1893)

보은 집회(1893)

삼례 집회(1892)

금구 집회(1893)

최제우 동학 창시(1860)

제주

🚩 교조 신원 운동의 거점
● 동학 초기 포교된 도시
○ 1894년까지 포교된 도시
▨ 1860년대의 동학 포교 지역
▨ 1870년대의 동학 포교 지역

## | 동학의 확산

동학의 평등사상과 새 세상이 올 것이라는 예언은 민중들에게 큰 호응을 얻었다. 또한 사회를 바꾸고자 하는 사람들이 동학 조직에 참가하여 교도들과 함께 사회 개혁 운동에 나서려 하였다.

**▼최시형(1827~1898)**
동학의 제2대 교주로 경전을 정리하고 교단 조직을 만들었다. 사회 개혁을 위한 농민 항쟁보다는 동학 교세의 확장을 중시하였다.

**▲어윤중(1848~1896)**
개화 정책 추진에 많은 노력을 기울였던 어윤중은 보은 집회에 참가한 사람들을 "재주와 기개는 있으나 뜻을 이루지 못한 자, 탐학이 자행되는 것을 분하게 여겨 백성을 위하여 목숨을 걸고 탐학을 제거하려는 자, 외국 오랑캐가 우리의 이권을 침탈하는 것을 분하게 여겨 반대하는 자, 탐관오리들의 가렴주구에 시달리면서도 호소하여 억울함을 풀 길이 없는 자."라고 보고하였다.

은 보은에 모인 농민들과 합세하여 당장에라도 서울로 올라가자고 주장하였다.

당황한 조정에서는 여러 차례 높은 관리들을 보내 농민들과 대화를 시도하였다.

**농민** 일본과 서양 오랑캐가 나라 안을 차지하고 있으니, 한양은 이미 적의 소굴이 되었다.

**관리** 이 일은 조정에서 충분히 의논하여 결정한 일이다. 어찌 번거롭게 너희들이 끼어들려고 하는가?

**농민** 외국에는 나라마다 민회라는 것이 있어서, 거기에서 중요한 사항을 결정한다고 한다. 국민의 한 사람으로서 우리의 행동은 당연한 것이다.

결국 농민들의 의사를 정책에 충분히 반영하기로 약속한 관리들의 설득으로 농민들은 해산하였다. 그러나 여러 날에 걸친 집회 기간 동안, 농민들은 고을 단위로 일어났던 민란의 경험을 서로 나눌 수 있었다. 농민들은 자신들의 단결된 힘이 조정을 당황하게 할 정도라는 사실을 알고 자신감을 얻었다.

집회 참가자들은 자신들이 스스로 역사의 주인임을 주장하기 시작하였으며, 자신들이 세상을 바꿀 수 있음을 실감하게 되었다.

**나도 역사가**

1880년대 이후 동학이 농민들에게 확산된 이유를 이야기해 보자.

# 청춘과부의 재가를 허용하라!

아하 칭칭 나네
그달 그믐 허송하고 새달 초승 들었구나
이월이라 한식 날에 나무마다 꽃이 피고
가지마다 잎이 피고 어얼하다 우리 님아
기우대가 잦아지고 꽃 피는 줄 왜 모르노
잎 피는 줄 왜 모르노 ……

— 울산 지방에 전하는 민요

새달이 되고, 가지마다 잎이 나고, 꽃이 피어도 돌아올 수 없는 임을 그리는 젊은 과부의 가슴 아픔을 누가 함께해 줄 수 있을까?

양반입네 하는 집안일수록 청춘과부의 새 결혼은 불가능하였다. 그에게는 평생 동안 한숨과 눈물만이 기다렸다. 그렇게 살다 세상을 떠나면 그를 위해서가 아니라 그의 가문을 위해 작은 홍살문이 하나 세워졌다.

청춘과부의 재가, 그것은 여성을 인격을 가진 존재로 볼 때 가능한 일이었다. 남편을 위해 봉사하는, 자식을 낳아 대를 잇는 수단이 아니라 여성의 삶 그 자체가 목적으로 여겨질 수 있어야 하였다.

동학에서는 여성도 똑같이 존중받았다. 여성을 통한 신내림도 가능하다고 믿었으며, 실제로 신내림을 받기도 하였다. 1894년 농민군의 장흥 공격 때, 선두에 서서 농민군을 이끈 지도자는 여성이었다. 23세의 청춘과부 이소사가 바로 그였다.

여성도 사람으로서 존중받고, 뭇 남성을 지도하며 새 세상을 만드는 데 참여할 수 있는 세상을 활짝 열기 위하여 농민들은 "청춘과부의 재가를 허용하라!"라고 외쳤다.

# 보국안민의 깃발을 들고

가 볼 곳 황토재, 우금고개    만날 사람 전봉준, 김개남, 손화중    주요 사건 동학 농민 운동

"우리가 의로운 깃발을 들고 여기에 이른 것은 안으로는 못된 관리의 머리를 베고, 밖으로는 횡포한 외적을 내쫓고자 함이라." 힘차게 격문을 낭독하자 백산은 온통 함성으로 뒤덮였다.

## 고부성을 함락하고 서울로 가자

보은·금구 집회 이후 전라도의 동학 교도들은 본격적인 투쟁을 준비하였다. 특히 전봉준과 손화중, 김개남 등 금구 집회에 참여하였던 동학 지도자들은 1893년 가을부터 여러 차례 모임을 갖고 여러 고을에서 동시에 봉기를 일으켜 대규모 투쟁으로 확대하기로 의견을 모았다. 그리고 '고부성을 함락하여 군수 조병갑의 목을 벤 다음, 전주성을 함락하고 서울로 곧바로 쳐들어갈 것'을 주요 내용으로 하는 구체적인 봉기 계획을 세웠다.

**만석보 터에 세워진 비석**
만석보는 고부 민란의 발단이 되었다. 전봉준은 "고부 군수가 새로 만석보를 만들어 부당한 물세를 거두었으며, 자기 아버지의 비석을 세운다고 돈을 거두고, 부모에게 효도하지 않는다. 이웃끼리 화목하지 않다 등 말도 안 되는 이유로 수없이 많은 돈을 거두었기 때문에 봉기하였다."라고 말하였다.

**백산으로 몰려드는 농민군(민족 기록화)**
백산에 진을 친 뒤, 죽창을 손에 쥔 수많은 농민군이 몰려들었다. 앉으면 죽창만 드러나고, 일어서면 흰옷만 하얗게 보여 "앉으면 죽산, 서면 백산"이라는 말이 생겨났다.

이 무렵 고부의 농민들 사이에서 부정을 저지른 군수를 상대로 강력한 저항 운동이 일어났다. 농민들은 군수와 전라 관찰사에게 잘못을 바로잡아 줄 것을 요구하였다. 평화적인 시위가 먹혀들지 않자, 고부의 농민들은 전봉준이 봉기를 이끌기를 바랐다. 전봉준은 이를 사양하지 않았다.

봉기한 고부 농민들은 동헌을 공격하였다. 그들은 무기를 빼앗고 억울하게 잡혀 있던 죄수들을 풀어 주었으며, 창고를 열어 부당하게 빼앗긴 재물을 되찾았다. 1894. 1. 고부 민란

**전봉준(1855~1895)**
가난한 양반 출신으로 고부의 동학 접주였다. 동학 교도들을 조직하여 "못된 관리를 몰아내고 보국안민의 업을 이루기 위해" 1892년 동학에 가입하였다고 말하였다.

## 안으로 못된 관리의 머리를 베고

이후 고부 농민들은 해산했지만 전봉준 등 농민군 지도부는 군사력을 유지하면서 이웃 고을 농민들의 봉기를 촉구하는 격문을 발표하였다. 그리고 손화중, 김개남 등 이웃 고을 동학 지도자들과 접촉하면서 대규모 봉기를 추진하였다.

같은 해 3월 20일, 여러 고을의 민중들이 무장으로 모여들었다. 이들은 "나라를 바로잡고 민중의 생활을 개선하자. 보국안민"라며 본격적인 투쟁을 선언하였다. 1894. 3. 무장기포 그리고 고부를 다시 점령한 다음 백산에 진을 치고, "우리가 의로운 깃발을 들고 여기에 이른 것은 안으로는 못된 관리의 머리를 베고, 밖으로는 횡포한 외세를 우리 손으로 내쫓고자 함이라."라고 선언하였다. 바야흐로 동학 농민 운동이 불붙었다.

**김개남(1853~1895)**
1890년에 동학에 참가하였으며, 태인 지역의 접주였다.

당황한 전라 관찰사는 서둘러 조정에 군대 파견을 요청하는 한편, 전라도 일대의 모든 군대를 동원하여 농민군을 공격하였다. 그러나 농민군은 여러 고을을 공격하여 잘못된 행정을 바로잡고, 못된 관리와 양반 부호들을 응징하면서 관군과의 전투를 준비하였다.

## 새로운 세상을 만들자

농민군과 관군의 대규모 전투는 고부의 황토재에서 벌어졌다. 농민들의 전폭적인 지지를 받고 있던 농민군은 급하게 만들어진 전라 감영군을 단숨에 물리쳤다. 그리고 나서 여세를 몰아 전라도 여러 고을을 한꺼번에 해방하였다.

**손화중(1861~1895)**
1880년대 말 동학에 참가하였으며, 무장 지역을 중심으로 큰 세력을 이루었다.

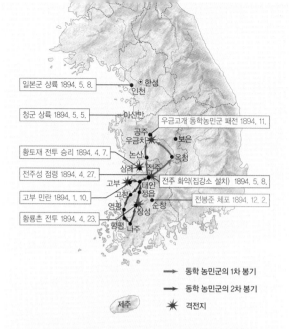

전라도 관군이 농민군에게 패하였다는 소식이 서울로 전해지자, 조정에서는 급히 서울의 정예 부대를 파견하였다. 그러나 농민군은 진격에 진격을 거듭하면서 정부군마저 물리치고 전주성을 점령하였다. 거듭되는 패배에 당황한 조정은 농민군을 진압하기 위해 청에 군대를 파견해 달라고 요청하였다. 청이 군대를 보내자, 일본도 뒤질세라 과거에 청과 맺은 조약[1885. 톈진 조약]을 근거로 조선에 군대를 파견하였다.

외세의 침략으로 상황이 급변하자, 농민군은 대개혁을 요구하며 조정과 협상을 벌였다. 조정으로부터 개혁 정책을 실천하겠다는 약속을 받아 낸 뒤 농민군은 전주성에서 철수하였다.[1894. 5. 전주 화약]

전주에서 물러난 농민들은 당당하게 자기 고을로 돌아가, 고을마다 도소 혹은 집강소라는 농민 자치 기구를 두고 그동안의 잘못된 행정을 뜯어고쳤다. 못된 양반과 부자를 혼내 주고 노비 문서를 불태웠다. 그리고 토지를 골고루 나눌 것을 주장하였다.

조정에서는 조세 행정을 고치고 탐관오리를 내쫓으며 신분제를 폐지하는 등 농민들의 요구를 받아들인 개혁을 추진하였다. 이제 농민 운동은 겉으로 드러난 잘못된 행정을 고치는 수준을 넘어서 새로운 사회를 건설하려는 혁명으로 발전하였다.

## 일본군을 물리치고 혁명을 완수하자

일본군은 궁궐을 점령한 뒤 조선을 보호국으로

## | 동학 농민군의 봉기와 청·일 전쟁

농민군의 봉기가 확산되자, 일본은 조선에 거류하는 일본인의 재산과 안전을 보호한다는 구실로 대규모 병력을 파견하였다. 그러나 그것은 구실일 뿐, 실제로는 갑신정변 이후 청과 정면 대결을 준비한 일본이 본격적으로 시도한 침략 전쟁이었다. 청·일 전쟁이 끝난 후 일본은 타이완을 지배하고, 조선을 보호국으로 삼고자 하였다.

**인천에 상륙한 일본군**
1894년 5월, 보병과 기마병으로 구성된 일본군이 인천에 상륙하였다. 갑신정변 때 청에 굴복하였던 일본은, 청을 가상의 적으로 삼고 10년 동안 전쟁을 준비하여 왔다.

**청과 일본의 전투 장면**
대규모 군대를 파견한 일본은 청군을 기습한 다음 전쟁을 선포하였다. 이듬해 초 전쟁이 종결되었는데, 청은 조선에서 완전히 철수하고, 타이완과 랴오둥 반도까지 일본에 넘겨주었다.

만들려는 계획을 밀어붙였다. 한편에서는 청과 전쟁을 시작하고, 다른 한편에서는 일본과 가까운 사람을 중심으로 정부를 꾸리도록 위협하였다. 청을 한반도에서 몰아낸 뒤에는 정부군을 앞세워 농민군을 진압하려 들었다.

그해 9월, 농민들은 '나라의 주권을 지키기 위해' 그리고 '농민 운동을 통해 이룩한 혁명의 성과를 지키기 위해' 다시 일어섰다. <sup>1894. 9. 제2차 봉기</sup>

> 우리 군은 훈련이 안 되어 있고 무기는 장난감과 같았다. 무기가 우수하고 잘 훈련된 일본군을 이길 수 있다고는 처음부터 믿지 않았다. 그러나 나라가 흔들리고 있으니 죽더라도 일어서는 것이 옳다.
>
> ─ 〈도쿄 아사히 신문〉, 1895년 3월 5일자

이런 전봉준의 마음은 모든 농민군의 마음이었다.

농민군은 일본의 정예 부대와 관군, 양반들로 조직된 민보군에 맞서 과감한 투쟁을 벌였다. 하지만 공주 우금고개 전투를 분기점으로 농민군의 항쟁은 좌절되고 말았다.

고부에서 시작된 농민들의 대항쟁은 끝내 성공하지 못하였다. 그러나 부패하고 무능한 정권을 무너뜨리고, 시대에 뒤떨어진 제도를 고쳐 근대 사회로 전환하는 디딤돌을 놓았다. 무엇보다 낡은 사회를 개혁하고 외세의 침략에 맞서는 위대한 운동 전통을 세움으로써, 이후로도 오랫동안 민족 운동에 나선 이들에게 용기와 희망을 불어넣었다.

### 나도 역사가

오른쪽 사진은 정읍시 고부면에 있는 '무명 동학 농민군 위령탑'이다. 다음 인터넷 사이트를 참고하여 동학 농민 운동의 전개 과정을 순서대로 정리하고, 관련된 유적지의 사진을 모아 보자.

• 정읍시 문화관광 http://culture.jeongeup.go.kr
• 정읍동학농민혁명계승사업회 http://www.donghak.or.kr

# 집강소를 찾아서

해미읍성 관아

늦잠을 잔 것도 아닌데 해는 벌써 중천에 떠 있었다. 서둘러 아침을 먹고 동헌으로 나갔다. 오늘은 하루 종일 동헌에 머물면서 우리 고을이 어떻게 돌아가는지 살펴보려 한 날이다. 아버지께서 왜 농민군에 가담하셨는지, 그리고 어떤 세상을 만들려 하시는지 알고 싶었다.

동헌 근처에 가니 창이나 칼을 든 사람들이 곳곳에 늘어서 있는 것이 보였다. 그러나 늘 호령하던 무서운 포졸의 느낌은 전혀 찾을 수 없었다. 동헌 문을 들어서니 뜰에 여러 명의 군인이 늘어서 있었다. 그중 집강 아저씨의 모습에서는 위엄이 엿보였다.

집강 아저씨의 호위군인 아버지께서 나를 반가이 맞아 주셨다. 그리고 오늘 아침에 있었던 일을 귀띔해 주셨다. 집강 아저씨와 원님은, 함부로 거두어들인 세금을 돌려주고, 나쁜 짓을 많이 한 향리들을 혼내 주기로 합의하였다고 하셨다. 그리고 조세 제도 개선을 요구하는 상소문을 원님이 작성하기로 하였다며 자랑스럽게 말씀하셨다.

점심 무렵, 동헌 문밖이 갑자기 시끄러웠다. 얼른 달려가 보니, 우리 마을의 김 진사님이 원님을 찾아온 것이었다. 도포 자락에는 흙이 묻어 있고, 갓도 뒤틀려 있었다.

"미련한 종놈이 글쎄 종 문서를 내놓으라고 행패를 부리지 뭐요. 양반과 상놈의 차별이 엄연한데, 저 무식한 상놈들이 글쎄, 내 옷을 이 모양으로 만들고, 허, 참……."

지난겨울에 소작료를 가지고 갔을 때 보았던 김 진사의 위엄은 온데간데없었다.

날이 어둑해지면서 사람들이 동헌에 몰려들었다. 그 무섭던 동헌 마당에서 아저씨들은 이야기꽃을 피웠다.

나는 아버지 옆에 쪼그리고 앉아 어른들이 나누는 이야기를 들었다.

"올가을부터는 지주가 세금을 내도록 했으면 좋겠어."

"왜 아니야, 원래 지주가 내야 할 세금을 모두 우리가 냈지. 그나마 소작지 떼일까 봐 대꾸 한 번 못 하고."

"아니야, 그 정도론 안 되지. 아예 소작료를 줄여 달라고 해야지."

"땅을 빼앗기고 외지로 떠난 복동이네도 불러들여야지. 그리고 그 사람들에게 농사지을 땅을 마련해 주어야 해."

"에이, 그놈의 땅이 뭔지. 농사꾼들이 골고루 땅을 가질 수 있다면 얼마나 좋겠나."

오늘 나는 아주 늦게야 집으로 돌아왔다.

우리 아버지와 더불어 모든 이의 소망이 꼭 이루어졌으면 좋겠다.

1894년 8월 ○○일

해미읍성 내아

해미읍성 옥사

# 자주와 근대화의 갈림길

가 볼 곳 경복궁　　　만날 사람 유길준, 김홍집　　　주요 사건 갑오개혁, 을미사변, 을미 의병

개혁이 진행되면서 왕실과 양반층의 격렬한 반대가 일어났다. 궁지에 빠진 개화파 정권은 일본군에 의존하여 농민군을 공격하는 길을 선택하였다. 농민군이 제압되고 개혁은 계속되었다. '근대화' 조치가 발표되었지만 아무도 달가워하지 않았다.

---

## 농민 운동이 근대적 개혁을 끌어내다

갑신정변이 실패로 끝난 뒤, 개혁을 주장하던 세력은 큰 타격을 받았다. 정변에 관련된 자들은 물론이고 관련되지 않은 사람들도 관직에서 밀려났다. 정치는 왕실 측근 세력을 중심으로 이루어졌다. 신문물 도입조차 청이 정해 준 범위 안에서만 소극적으로 이루어졌다.

1894년, 전라도에서 터져 나온 동학 농민 운동은 개혁 세력이 본격적으로 움직이는 계기가 되었다. 유길준 등은 "전라도 인민들이 폭동을 일으킨 것은 관리들의 부정과 비리에서 비롯된 것"으로 생각하였다. 그리고 "서둘러 수습하지 않으면 청과 일본의 개입으로 나라의 주권이 흔들릴 것"이라며, 개혁을 추진할 정권을 세우기 위해 노력하였다.

한편, 이 무렵 청군과 함께 조선을 침략한 일본은 청·일 전쟁을 도발하고 조선에 대한 지배권을 굳힐 기회를 엿보고 있었다. 일본은 조선의 내정 개혁을 요구하며 경복궁을 점령한 뒤, 김홍집, 유길준 등을 중

**김홍집(1842~1896)**
일찍이 일본의 발전된 문물을 수입하자고 주장하였던 개화파 정치인이다. 갑오개혁의 중심인물이었으며, 반일 분위기가 확산된 1896년 민중들에게 살해당하였다. 사진은 1880년 일본을 방문하였을 때 모습이다.

심으로 하는 개화파 정권을 탄생시켰다.

## 근대 사회로의 변화

개화파 정권은 특별 개혁 기구로서 군국기무처를 조직하였다. 김홍집을 비롯하여 군국기무처 의원들은 동등한 자격으로 토론에 참가하고 다수결 방식으로 정책을 결정하면서 수많은 개혁 정책을 만들어 냈다. 1894. 갑오개혁

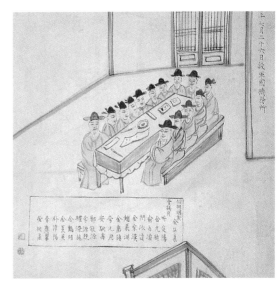

**개혁 안건을 토론하는 군국기무처**
경복궁을 점령한 일본은 왕을 압박하여 정치에서 손을 떼게 한 다음, 군국기무처를 통해 정책을 결정·집행할 수 있도록 하였다.

개화파 정권은 양반과 상민·천민의 차별을 폐지하고, 귀천의 구별 없이 인재를 고루 등용할 것이며, 지방민들이 고을의 행정에 참여할 수 있는 길을 열겠다고 선언하였다. 그리고 농민 운동의 직접적인 원인이 되었던 조세 행정을 고치고 부패한 관료들을 몰아냈으며, 과거 제도를 폐지하고 중앙 정치 제도를 개혁하였다.

군국기무처의 이러한 개혁 정책은 곧바로 한글로 인쇄되어 전국 각지에 공포되었으며, 온 나라 사람들에게 엄청난 충격을 주었다.

**국왕** 일본을 끌어들여 짐을 핍박하였으며 임금을 허수아비로 만들었다. 짐은 이를 결코 용서하지 않을 것이다.

**양반들** 반상의 구별은 엄연한 것, 도적들에 억눌려 오랜 전통을 무시하고, 외세를 끌어들여 임금을 위협하는 일은 참을 수 없다.

**농민들** 우리의 요구가 받아들여져 다행이다. 그러나 토지 개혁이 뒤따르지 않는다면 이 모든 조치가 허사가 될 것이다. 청과 일본이 우리 땅에서 전쟁을 벌이는데, 이들의 철수를 요구하라.

**천민들** 세부 지침이 빨리 내려져 모든 천민의 해방이 이루어져야 할 것이다. 그렇지 않으면 우리 손으로 자유를 쟁취할 것이다.

## 자주와 근대화의 갈림길에서

정부 주도의 개혁이 시작되면서 동학 농민 운동은 수습 단계에 접어들었

다. 농민들은 개혁의 진행을 지켜보면서 대규모 봉기를 자제하고 집강소를 중심으로 비교적 질서 있게 활동을 전개하였다.

그러나 개혁에 대한 왕실과 양반 계층의 반발은 거셌다. 왕실과 정부를 분리하고, 대신들이 합의에 의해 정치를 운영한다는 방침에 왕실은 강력히 반발하였다. 또 양반의 특권을 없애고 노비 해방을 추진하려는 조치에 대해서는 양반층이 강하게 반발하였다.

궁지에 몰린 개화파 정권은, 일본군의 지원과 양반들을 끌어들여 농민군을 공격하는 길을 선택하였다. 신분제의 완전 폐지는 문벌의 폐지로 축소되고, 농민들이 그토록 바라던 토지 개혁은 검토조차 되지 않았다.

농민군을 제압한 뒤에도 개화파 정권은 개혁 조치를 잇달아 발표하였다. 하지만 농민은 개혁을 지지하지 않았고, 양반 지배층도 그들을 못마땅하게 생각하였다. 일본은 조선을 침략한 자들이었기 때문에 이들에게 근대화는 일본을 닮아 가는 것으로 받아들

**건청궁 곤녕합**
경복궁 안에 있는 건청궁의 안채 격인 곤녕합이다. 이 건물의 남쪽 누각을 '옥호루'라 부르는데, 을미사변 당시 명성 황후가 그곳에 있다가 살해당한 것으로 알려진다.

**명성 황후의 장례식**
을미사변 이후 친일 내각은 명성 황후(1851~1895)의 장례식조차 치르지 않았다. 사진은 대한 제국 선포 이후 1897년 11월 국장으로 치러진 명성 황후의 장례식 장면이다.

여졌다. 결국 개화파 정권은 개혁을 추진하기 위해 점점 더 일본에 의존할 수밖에 없었다.

이런 가운데 개혁에 불만을 품은 왕실과 일부 세력이 러시아를 끌어들여 일본에 의존한 개화파 정권을 무너뜨리려 하였다. 그러자 일본은 군대를 동원하여 왕비를 살해하고,[1895. 을미사변] 친일 인사를 중심으로 새로운 정권을 세웠다.

새 정권은 양력 사용, 단발령 시행, 의복 제도 근대화 등의 조치를 발표하였다. 하지만 개화파 정권은 이제 친일 정권으로 받아들여졌고, 그들이 무슨 이야기를 하든 반발만 낳을 뿐이었다.

**단발령 실시(1895)**
갑오개혁 시기 전통적인 의복 제도를 서양식으로 개정한 '변복령'의 연장선에서 단발령이 나왔다. 아관 파천 이후 '단발 여부를 개인의 자율에 맡긴다.'라는 쪽으로 정책이 바뀌면서 혼란이 끝났다.

**나도 역사가**

다음 글을 읽고 단발령 실시에 얽힌 여러 가지 이야기를 조사해 보자.

을미사변 이후 성립된 개화파 정권은 단발령을 실시하려고 하였다.

'상투를 자르고 망건을 폐하자.'라는 단발령은 당시로서는 엄청난 충격이었다. 그래서 심각한 토론이 계속되었다. 한편에서는 "단발은 위생적이고 편하다."라며 근대적인 삶의 상징이니 서둘러 실시해야 한다고 주장하였다. 그러나 다른 한편에서는 "우리의 아름다운 전통을 지키는 것은 생활의 편리 그 이상의 것이다."라며 강하게 반대하였다. 이 같은 논란은 음력을 폐지하고 양력을 사용하자는 조치에 대한 논란으로도 이어졌다.

토론은 쉽게 끝나지 않았다. 그러자 개화파 대신들은 군대를 동원하여 국왕과 관리들의 상투를 강제로 잘랐다. 그다음, 단발령을 정식으로 내려 경찰과 관리들이 곳곳에서 길을 막고 강제로 상투를 잘랐다.

단발을 하려는 자와 당하지 않으려는 자들 사이의 숨바꼭질이 곳곳에서 계속되었다. 특히 유학자들은 "내 목을 칠 수는 있어도 상투만은 건드릴 수 없다."라며 강하게 반발하였다. 그리고 의병을 일으켜 일본 침략자들과 친일 개화파 정권을 무너뜨리기 위한 무력 항쟁을 시작하였다.

**과거와 현재의 대화**

다음 두 주장을 읽고 자신의 생각을 자유롭게 이야기해 보자.

| 두발 단속 찬반론 |
**주장1** 학생은 공부가 본분이다. 머리를 짧게 자르면 잡념 없이 공부하는 데 좋다.
**주장2** 머리 모양을 어떻게 하느냐는 개인의 자유에 관한 문제이다. 어른들이 이러쿵저러쿵할 문제가 아니다.

# 최초의 일본, 미국 유학생 유길준

"여기가 중국일세. 세계의 한가운데 있다는. 그런데 자네들 모두 잘 보게. 지구는 이렇게 빙글빙글 돌고 있단 말이야. 어찌 중국만 한가운데 있다고 할 수 있겠나?"

중국을 세계의 중심으로, 중국 문화가 세상에서 최고라고 여겨 온 유길준은 충격을 받았다. 지구 의를 돌리며 청년들에게 새로운 세계를 열어 준 이는 우의정을 지낸 노정승 박규수였다.

청년 유길준이 박규수의 사랑방을 드나들게 된 것은 그의 나이 18세인 1873년의 일이다. 그는 이 곳에서 우리 민족이 새로운 위기를 맞고 있음을 알게 되었다.

'과거가 다 무엇이냐? 출세가 다 무엇이냐?'

그는 결국 과거 준비를 그만두었다. 대신 우리 민족이 나아갈 길을 연구하기 시작하였다. "서양 세력을 막기 위해서는 서양을 알아야 한다."라는 노스승의 말씀을 마음속에 간직한 채 외국에 관한 책들을 닥치는 대로 읽었다.

1881년, 유길준은 다른 나라의 달라진 모습을 직접 눈으로 볼 수 있는 기회를 갖게 되었다. 조사 시찰단의 수행원으로 일본을 방문한 것이다. 26세의 청년 유길준에게는 모든 것이 새로웠다. 그리 고 이웃 일본의 눈부신 변신이 두렵기도 하였다.

유길준은 일본에 남기를 희망하였고, 그의 뜻대로 최초의 일본 유학생이 되었다. 그리고 일본어는 물론, 일본과 일본에 소개된 새로운 문물과 제도를 공부하였다.

그의 유학 생활은 그리 길지 않았다. 유학한 이듬해에 임오군란이 일어나, 국비로 유학하던 유길준도 돌아와야 하였기 때문이다. 하지만 이듬해 유길준은 다시 미국으로 떠났다. 그리고 최초의 미국 유학생이 되었다.

그는 항상 나라 밖 상황에 관심을 기울였고, 보고 듣고 느낀 모든 것을 기록하였다. 그리고 이를 널리 알리고자 하였다. 그는 일본에서 돌아와 신문을 발행하려 하였으며, 미국에서 돌아와서는 《서유견문》이라는 책을 남겼다.

'외국을 알아야 외국과 맞설 수 있다.' 유길준은 그렇게 생각하였던 것이다.

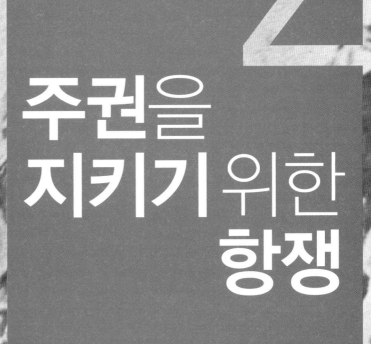

# 2

# 주권을 지키기 위한 항쟁

# 항일 의병

나는 그들이 가지고 있는 총을 보았다. 여섯 명이 가지고 있는 총 중에 다섯 개가 제각기 다른 종류였으며, 그중 어느 하나도 성한 것이 없었다. 그들은 전혀 희망 없는 전쟁에서 이미 죽음이 확실해진 사람들이었다. 그러나 바른쪽에 서 있는 군인의 영롱한 눈초리와 얼굴에 감도는 자신만만한 미소를 보았을 때 나는 확연히 깨달은 바가 있었다. 가엾게만 보았던 나의 생각은 아마 잘못된 것이었는지 모른다. 그들이 보여 주고 있는 표현 방법이 잘못된 것이었다 하더라도, 적어도 그들은 자신의 동포들에게 애국심이 무엇인가를 보여 주고 있었다. 그들은 자신들이 보람 있는 일을 하고 있다고 믿으면서 이렇게 말하였다. "우리는 어차피 죽게 되겠지요. 그러나 좋습니다. 일본의 노예가 되어 사느니보다 자유민으로 죽는 것이 훨씬 낫습니다."

— 매켄지, 《한국의 비극》, 1908

# 38도선으로 조선을 분할하자

**가 볼 곳** 독립문　　**만날 사람** 고종, 서재필　　**주요 사건** 독립협회 창립, 대한 제국 선포

독립문을 세우자는 모금 운동이 시작되었다. 이에 "청으로부터의 독립이, 러시아와 일본은 물론 서양 여러 나라로부터의 진정한 독립으로 이어지기"를 기대하는 수많은 민중이 참여하였다. 이들이 곧 독립협회의 회원이 되었다.

## 서울에서의 피난

청·일 전쟁에서 승리한 일본은 개혁을 내세워 조선을 보호국으로 삼으려 하였다. 이에 양반 유학자들과 민중들이 의병을 일으키는 등 일본에 반대하는 운동이 크게 일어났다.

**옛 러시아 공사관**
조선은 1884년 러시아와 수교하였다. 경운궁(현재 덕수궁) 뒤에 자리한 러시아 공사관은 1890년에 준공되었다. 지금은 3층으로 된 탑만 남아 있다.

개화파 관리들 가운데서도 개혁이 잘못되고 있다고 생각한 사람이 많았다. 일부 개화파 관리들은 일본의 감시와 위협에서 벗어나고자 국왕의 거처를 러시아 공사관으로 옮기려 하였다. 러시아는 조선의 정치에 개입할 수 있는 좋은 기회로 여겨 이를 받아들였다. <sup>1896. 아관 파천</sup> 이로써 친일 개화 정권도 무너졌다.

"한 나라의 왕이 다른 나라 공관으로 피난을 가다니!" 국가의 위신이 말이 아니었고 분노하는 이들도 대단히 많았다. 그러나 아관 파천을 주도한 관리들은 "일본의 압력에서 벗어나기 위해서는 어쩔 수 없는 일"이라며, 꾸준한 개혁으로 부국강병을 이루겠다고 다짐하였다.

새로 수립된 친러 정권은 근대화를 추진하기 위해 러시아에 도움을 요청하는 한편, 〈독립신

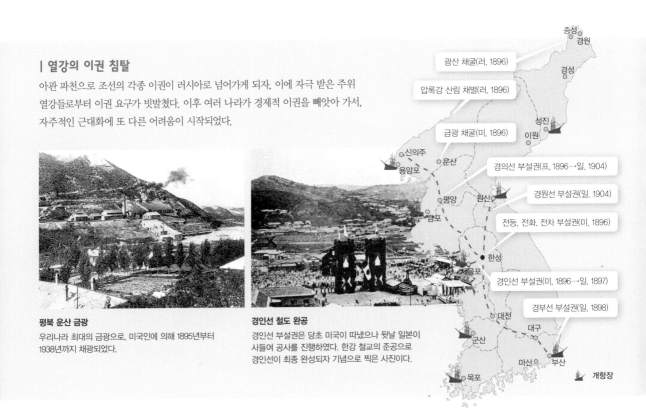

## | 열강의 이권 침탈

아관 파천으로 조선의 각종 이권이 러시아로 넘어가게 되자, 이에 자극 받은 주위 열강들로부터 이권 요구가 빗발쳤다. 이후 여러 나라가 경제적 이권을 빼앗아 가서, 자주적인 근대화에 또 다른 어려움이 시작되었다.

광산 채굴(러, 1896)

압록강 산림 채벌(러, 1896)

금광 채굴(미, 1896)

경의선 부설권(프, 1896→일, 1904)

경원선 부설권(일, 1904)

전등, 전화, 전차 부설권(미, 1896)

경인선 부설권(미, 1896→일, 1897)

경부선 부설권(일, 1898)

개항장

**평북 운산 금광**
우리나라 최대의 금광으로, 미국인에 의해 1895년부터 1938년까지 채광되었다.

**경인선 철도 완공**
경인선 부설권은 당초 미국이 따냈으나 뒷날 일본이 사들여 공사를 진행하였다. 한강 철교의 준공으로 경인선이 최종 완성되자 기념으로 찍은 사진이다.

문〉 발행을 지원하고 독립문 건립에 나서는 등 자주 독립의 내실을 다져 나갔다.

## ━ 38도선으로 조선을 분할하자

아관 파천으로 당황한 일본은 왕의 환궁을 요구하는 한편, '북위 38도선을 경계로 조선을 분할할 것'을 제안하는 등 러시아와 비밀 협상을 시도하였다. 물론 유리한 위치에 있던 러시아가 이 제의를 받아들일 리 없었다. 하지만 훗날 자신들이 불리한 처지에 놓이자 러시아는 또 다른 조선 분할안을 일본에 제안하였다.

이처럼 일본과 러시아가 서로 대립하면서 조선의 주권을 위협할 때, 다른 제국주의 국가의 침략도 노골화되었다. 미국과 영국을 비롯한 서양 여러 나라는 러시아나 일본 가운데 한 나라를 후원하면서 자국의 경제적 이익을 다양한 방법으로 추구하였다. 이 과정에서 조선은 근대 산업을 발전시키는 데 기초가 될 수많은 자원을 약탈당하였다.

## 〈독립신문〉과 독립협회

외세의 침략이 강화되자 자주 독립을 지키려는 운동도 활발해졌다. 특히 개화파 관리들과 애국적인 지식인들은 독립협회를 조직하여 민중들과 함께 근대화 운동을 펼치려 하였다.[1896]

서재필 등이 중심이 된 독립협회는 청으로부터의 완전한 자주와 독립을 선언한다는 의미에서 독립문 건립 사업에 나섰다. 이에 "청으로부터의 독립이 러시아와 일본은 물론 서양 여러 나라로부터의 독립으로 이어지기"를 기대한 수많은 민중이 성금을 모금하였으며, 이들이 곧 독립협회의 회원이 되었다.

독립협회는 〈독립신문〉을 통해 우리나라가 주권을 잃을지도 모를 큰 위기에 빠져 있음을 일깨우고, 이 위기를 극복하려면 대개혁이 필요하다고 주장하였다. 또 여러 차례 토론회와 연설회를 열어 개혁 방안을 연구하고 개혁의 필요성을 널리 알렸다.

**서재필(1864~1951)**
갑신정변에 참여하였다가 미국으로 망명하였다. 갑오개혁 이후 신문 발행을 도와 달라는 옛 동지의 요청을 받고 귀국해 1898년까지 국내에서 활동하였다.

**〈독립신문〉 창간호와 독립문**
왕에서 일반 서민들까지 많은 사람들이 독립문 건설에 적극적으로 참여하였다. 이 과정에서 도시의 시민 계층이 자주 독립운동에 동참할 수 있는 계기가 마련되었으며, 이들은 점차 독립협회에서도 중요한 역할을 하게 되었다.

## ━ 대한 제국의 성립

독립협회의 활동과 함께 왕이 궁궐로 돌아와야 한다는 여론이 높아졌다. 게다가 기대하였던 러시아의 도움도 보잘것없었다. 일본은 침략 행위를 하지 않겠다고 약속하였다. 왕이 러시아 공사관에 머물 필요가 없어진 것이다.

고종은 경운궁으로 돌아와 어느 나라에도 의존하지 않고 자주적으로 국가를 운영하겠다고 다짐하였다. 재야의 지식인과 관리들 가운데서 자주 독립과 부강을 이루기 위한 여러 가지 제안이 나왔다.

1897년 10월, 고종은 '대조선국'을 대신하여 '대한 제국'을 새로운 나라 이름으로 삼았다. 그리고 황제 즉위식을 치른 뒤, 이제 중국이나 일본, 러시아 어느 나라와도 대등한 국가임을 선언하였다. <sup>대한 제국 선포</sup>

**환구단과 황궁우**
환구단은 천자가 하늘에 제사를 지내는 곳으로, 황제 국가임을 상징하는 곳이다. 부속 건물인 황궁우를 지어 위패를 봉안하였다. 그런데 1914년 일제가 환구단을 헐어 버리고 호텔을 지었다. 사진은 1897년 황궁우를 짓는 모습(위쪽), 축조 후 황궁우와 환구단 모습(가운데), 1914년 일제가 환구단을 헐고 그 자리에 조선 호텔을 세운 모습(아래쪽)이다.

---

### 과거와 현재의 대화

지금도 우리나라에 외국 자본의 진출이 활발하다. 외국에 광산 개발권을 넘겨주는 문제에 대한 당시의 논쟁을 읽고, 자신의 의견을 써 보자.

**주장 1** 우리가 개발할 수 없는 광산은 미국인들이라도 개발하도록 하는 것이 좋지 뭐. 광산이 일자리를 만들기도 하고, 개발 이익의 일부가 우리에게도 돌아오겠지?

**주장 2** 지금 당장은 우리가 개발할 능력이 없지만, 나중에라도 우리가 개발할 수만 있다면 민족의 큰 자산이 될 수 있는 것이지. 그러니까 넘겨주어서는 안 돼.

**주장 3** 외국인이 우리나라에 투자를 많이 하면, 그들이 우리나라에 대한 애착이 생겨 우리의 독립을 위해 노력해 줄 거야. 그러니 여러 나라에 고루 권리를 주는 것이 좋겠어.

# 자주 독립을
# 지키기 위한 방법은?

**가 볼 곳** 덕수궁　　**만날 사람** 고종　　**주요 사건** 만민 공동회, 광무개혁

독립협회는 민권의 신장을 여러 차례 강조하였으며, 중추원을 개편하여 의회의 기능을 수행하게 하자고 정부에 제안하였다. 그러나 대한 제국 정부는 황실을 개혁의 중심으로 삼고, 군비 증강과 산업 육성을 강조하였다.

## ━━ 자주 독립 국가의 조건은?

독립은 선언한다고 지킬 수 있는 것이 아니다. 외세에 맞서려는 의지가 나라 안에 가득할 때, 그리고 외세의 침략을 막을 수 있는 힘을 가졌을 때 지킬 수 있다. 따라서 대한 제국의 선포는 자주 독립 국가로 가는 첫발을 내디딘 것일 뿐이었다.

　대한 제국을 선포한 뒤, 정부는 개혁을 통해 나라의 힘을 기르려 하였다. 독립협회를 비롯한 여러 단체도 토론회를 열어 교육 진흥, 산업 육성, 낡은

**만민 공동회**
신분 차이와 관직의 높고 낮음을 넘어서서 '애국의 한길에 모두가 동지'란 뜻에서 만민 공동회라는 이름이 붙었다. 만민 공동회에서는 누구나 연설할 수 있었다. 사진은 만민 공동회에서 사회를 보는 이상재(1850~1927)이다.

관습의 개혁과 같이 나라의 면모를 새롭게 하기 위한 여러 방안을 검토하였다.

바로 이 무렵 러시아가 침략 의도를 드러내고, 일본이 이를 견제하면서 어려운 상황이 빚어졌다. 이에 독립협회는 서울 종로에서 만민 공동회라는 대규모 민중 정치 집회를 열어 러시아의 침략에 반대하는 의사를 명백히 하였다. '러시아의 침략에 반대한다.', '자주 독립을 이룩하자.'라는 만민 공동회의 열기는 정부에 자신감을 불어넣었다. 그리하여 정부도 러시아의 침략 의도에 맞섰고, 러시아는 한발 물러서야만 하였다.

## 의회를 설립하자

날카롭게 대립하던 일본과 러시아가 한발씩 물러나면서 정부는 미루었던 개혁을 제대로 추진할 수 있는 기회를 맞이하였다. 하지만 준비할 것도 고쳐야 할 것도 많은데, 돈도 시간도 사람도 부족하였다.

이런 가운데 독립협회는 민권의 신장을 여러 차례 강조하였다. "모든 인민이 나라의 주인일 수 있을 때 그들의 애국심이 자라고, 그래서 더욱더 나라의 힘이 길러진다.", "인민의 생각이 반영될 수 있는 정치 제도를 만들어야 하며, 인민의 의사를 저버리고 인민을 수탈하려 들었던 관리들을 벌주어야 한다."라고 주장하였다.

1898년부터 독립협회는 중추원을 개편하여 의회 기능을 할 수 있도록 하자고 정부에 제안하였다. 상소를 올리거나 〈독립신문〉을 통해서도 제안하였으며, 만민 공동회를 열어 압력을 가하였다. 정부 관리들 중에서도 민의를 수렴하여 정치를 하자고 생각한 이들이 있어, 한때 의회 설치 직전까지 간 일도 있었다.

## — "대한국은 만세 불변의 전제 국가"

독립협회가 중추원 개편을 요구하면서 정부와의 사이가 점점 벌어졌다. 정부도 한때 여론에 밀려 독립협회의 안을 받아들였지만, 정부 관리들의 기본 입장은 "지금은 시간이 없다. 서둘러 개혁을 추진하지 않으면 독립을 지킬 수 없으니, 우리 모두가 황제를 중심으로 단결할 수밖에 없다. 이를 위해서는 황제의 권력을 크게 강화하는 것이 옳다. 중추원 개편은 국론의 분열만 가져온다."라는 것이었다.

또 다른 부분에서도 정부와 독립협회는 서로 생각이 달랐다. 정부 관리들은 "독립을 지키기 위해서는 무엇보다 군대를 기르는 것이 필요하다."라고 주장한 반면, 독립협회는 "독립은 군사로 지킬 수 없는 것"이라며, "열강에게 고루 이권을 나누어 주면 어느 한 나라가 일방적으로 주권을 빼앗지는 못할 것"이라 주장하였다.

또한 정부는 상공업 진흥을 위해 국가가 계획적으로 경제를 운영해야 한다고 생각하였지만, 독립협회는 누구나 자유롭게 상업 활동을 할 때 경제가 발전할 수 있음을 역설하였다.

초기에는 정부와 독립협회의 정책에 큰 차이가 없었다. 관리의 상당수

**고종(1852~1919)**
1863년, 12세의 나이로 왕위(재위 1863~1907)에 올랐다. 외세의 침략이 본격화되는 가운데 자주적 근대화를 이룩하지 못한 채, 결국 주권을 일제에 빼앗기는 비운의 인물이 되었다. 대한국 국제를 반포한 뒤 프로이센 황제 복장과 비슷하게 갖춰 입었다.

**덕수궁**
아관 파천 이후 고종이 머물던 곳이다. 고종은 이곳에서 대한 제국을 선포하고 광무개혁을 추진하였다. 당시에는 경운궁이라 불렸다. 멀리 보이는 건물은 1900년에 착공하여 1910년대 완공된 석조전이다.

가 독립협회에 참가하였기 때문이다. 하지만 관리들은 점차 독립협회를 떠났으며, 중추원 개편을 둘러싼 논쟁이 오갈 때쯤에는 서로 대결하는 상황에 이르렀다.

결국 정부는 중추원을 개편하여 의회처럼 운영하자는 주장을 묵살하고 독립협회를 해산시켰다. 그리고 "대한국은 만세 불변의 전제 국가이며, 황제는 무한한 권력을 가진다."라는 내용의 대한국 국제를 반포하여 황실 중심으로 근대화를 추진하겠다고 선언하였다.

이후 정부는 군대를 강화하고 학교를 지었으며, 대규모 토지 재조사 작업을 추진하였다. 또한 광산을 개발하고 공장을 짓는 등 상공업 진흥에도 힘썼다. <sup>광무개혁</sup>

하지만 황제 측근에서 일방적으로 일을 처리하거나, 국가 전체의 이익보다는 황실의 이익을 내세우는 경우가 적지 않았다. 게다가 외세의 간섭으로 개혁이 제대로 진행되지 못해 광무개혁도 큰 성과를 거두지는 못하였다.

○ 1894 동학 농민 운동, 갑오개혁

○ 1895 을미사변, 을미개혁

○ 1896 아관 파천, 독립협회 창립

○ 1897 대한 제국 선포

○ 1898 독립협회의 의회 개설 운동

○ 1899 대한국 국제 반포

### 나도 역사가

자주적 근대화를 위한 올바른 길은 무엇이었을까? 독립협회와 정부 관리들의 주장을 비교하는 표를 만들어 보자.

### 과거와 현재의 대화

100년 전 우리 사회는 종종 오늘을 비추는 거울이 된다. 학급마다 만민 공동회를 열어 오늘날 우리 사회가 해결해야 할 개혁 과제들을 자유롭게 제기하고 토론해 보자.

| 총선 연대 만민 공동회, 농민도 주부도 마이크 잡고 열변 |

대한 제국 시절 대중 토론의 장이었던 '만민 공동회'가 102년 만에 다시 선보였다. 100여 년 전 주최자가 독립협회이고 현안이 '애국 계몽'이었다면, 이번 행사의 주최 측은 총선 시민 연대이고 현안은 '정치 개혁'인 점이 다를 뿐이다.

9명의 시민이 나서 정치 개혁에 대한 소신을 발표하고 젊은 층의 적극적인 선거 참여를 호소한 이 행사에서 한지양(36세, 주부, 서울 중구 신당동) 씨는 "썩은 정치를 바꾸려면 뒤에서 누가 해 주기만 바랄 게 아니고 직접 나서야 한다."라고 목소리를 높였다. 투박하지만 진지한 발언이 이어지는 동안 참관자들은 박수로 분위기를 북돋웠고, 지나가던 사람들도 발길을 멈추고 '보통 시민'들의 정치관에 귀를 기울였다.

— 〈○○일보〉에서 옮김

# 19세기의 저녁, 1899년의 10대 뉴스

19세기의 저녁, 그때 우리는 러시아와 일본을 비롯한 강대국의 침략적 개입으로부터 자주 독립을 지키기 위한 힘겨운 항해를 하고 있었다. 1899년, 이해의 10대 뉴스를 알아보자.

**01 중등 교육의 새 출발**

정부에서 교육 개혁의 중요성을 생각하여 중등 학교 관제를 발표하고, 학교 교육을 강화하라는 조서를 발표하였다. 교원 임용 시험에 관한 각종 규칙을 정비하는 등 이제 중등 교육이 본격적으로 시작될 전망이다.

**02 서구식 의학 교육 시작**

서구식 의학 교육을 체계적으로 실시할 제중원 의학교가 설립되었다. 1904년에 병원 건립에 거액을 기부한 세브란스의 이름을 붙여 세브란스 의학교로 개칭된 이 학교는, 세브란스 병원과 함께 서구식 의학을 본격적으로 소개하였다.

**03 제2차 개항**

열강들의 끊임없는 요구로 마산, 군산, 성진 등 세 항구가 추가로 개항되었다. 특히 마산과 군산은 우리나라의 곡창 지대와 연결되어 있어 너무 많은 쌀이 팔려 나가지 않을까 걱정된다.

**04 서울에서 전차 운행 개시**

서대문에서 청량리까지 처음으로 전차가 운행되었다. 운행한 지 며칠 안 되어 다섯 살짜리 어린아이가 전차에 치여 목숨을 잃었는데, 흥분한 아이의 아버지와 군중이 전차에 불을 질러 전차가 완전히 불타 버린 일도 있었다.

**05 영학당, 전라도에서 또 봉기**

"외세의 침략을 반대하고 탐관오리를 내쫓자."라는 주장을 내건 영학당이 전라도의 고부와 강진 등에서 봉기하였다. 한 해 동안 크고 작은 농민 운동이 20여 차례나 일어났다. 시급한 개혁이 절실히 요구되는 현실이다.

1  2  3  4  5

### 08 한·청 통상 조약 체결

대한 제국이 청과 대등한 국가의 자격으로 한·청 통상 조약을 맺었다. 청이 우리나라가 독립국임을 공식적으로 인정한 셈인데, 이것이 완전한 자주 독립으로 이어지기를 바란다.

### 09 철도 운행 시작

2년 6개월간의 공사를 마치고 제물포와 노량진 구간에서 처음으로 철도가 운행되었다. 일본인이 건설한 철도가 우리 민족에게 얼마나 도움이 될지 두고 볼 일이다.

### 06 원수부 설치

고종이 군대 통수권을 분명히 하기 위해 원수부 관제를 반포하였다. 군대를 확실하게 장악한 황제의 권한은 이전보다 훨씬 강해졌다. 1902년에는 제국익문사라는 비밀 정보기관을 만들어 황제권을 더욱 강화하였다.

### 07 대한국 국제 반포

의회 설립이냐 황제권 강화냐를 둘러싸고 진행된 독립협회와 정부의 충돌은 결국 황제권 강화로 마무리되었다. 8월에 반포된 대한국 국제는 모든 권력을 황제에게 집중시켰다. 황제 중심의 근대화가 가능할지 두고 볼 일이다.

### 10 〈독립신문〉 폐간

독립협회의 해산과 연이은 간부진 구속으로 어려움을 겪던 〈독립신문〉이 결국 폐간되었다. 어려움 속에서도 언론이 올바른 길을 걸어 민권 신장과 민족 생존에 이바지하기를 바란다.

(월)
12
11
10
9
8
7
6

1899년 우리나라는 인구 1,710만 명의 가난한 농업 국가였으며, 러시아와 일본의 침략으로 큰 어려움을 겪고 있었다. 당시 서울 인구는 20만 922명, 주택 수는 총 4만 2,870호였는데, 초가집이 70%, 기와집이 20%, 반기와집이 10%였다고 한다.

# 오늘 목 놓아 통곡하리 ③

가 볼 곳 덕수궁 　　만날 사람 이완용, 안중근 　　주요 사건 을사조약

"안은 관리들의 말에 따라 몇 분간 조용히 기도를 하였고, 기도가 끝나자 몇 명의 간수에 둘러싸여 교수대로 향하였다. 교수대의 구조는 마치 2층집 같아서 작은 계단 7개를 올라가면 화로방 같은 것이 있는데, 안은 조용히 걸어서 한 계단 한 계단 죽음의 길로 다가갔다. 그때의 감정이나 얼굴색은 흰옷과 어우러져 더욱 창백하였다."

## ― 1905년 11월 17일

오호라. 개돼지 새끼만도 못한 소위 우리 정부 대신이라는 작자들이 이익을 추구하고, 위협에 겁을 먹어 나라를 파는 도적이 되었으니, 사천 년 강토와 오백 년 종사를 남에게 바치고 이천만 국민을 남의 노예로 만들었으니……

― 〈황성신문〉, 1905년 11월 20일자

"아, 원통하고도 분하도다. 우리 이천만 남의 노예가 된 동포여! 살았는가? 죽었는가?"라고 절규한 장지연의 논설은 온 나라를 통곡으로 몰아넣었다.

신문이 전하는 바에 따르면, 1905년 11월 17일 나라의 운명을 판가름하

---

### | 을사조약에 찬성한 대신들

을사조약은 국제법상 성립되지 않는 조약이었다. 회의에 참여하였던 대신들 가운데 황제로부터 조약 체결을 위임받은 사람은 아무도 없었다. 회의 결과 또한 황제의 재가를 받지 않았다. 을사조약은 두 나라 사이의 조약이 아니라, 일제가 군사력으로 주권을 강탈한 것이다.

학부대신 이완용

내부대신 이지용

외부대신 박제순

농상공부대신 권중현

군부대신 이근택

**명칭도 비준 서명도 없는 을사조약 문서**
고종 황제의 비준을 받지 않은 실효성 없는 비합법적 조약으로, 일제는 조약의 명칭조차 부여하지 못하였다. 이 조약을 통해 일제는 대한 제국의 외교권을 박탈하였으며, 조약 비준을 2년간 거부하던 고종 황제는 1907년 강제 퇴위되었다.

는 중요한 회의가 열렸다고 한다. 경운궁에서 열린 이 회의에 일본 특사인 이토 히로부미가 참여하였고, 회의장 밖은 일본군에 둘러싸여 있었다.

회의는 이토가 대신들에게 조약에 대한 찬반 의견을 묻는 이상한 방식으로 진행되었으며, 반대한 사람들은 곧바로 회의장 밖으로 끌려 나갔다. 대신들 가운데 다섯 명이 찬성 의사를 밝히자 이토는 조약의 성립을 선포하였다.

이 조약이 바로 대한 제국의 외교권을 강탈한 을사조약이다. 주권을 일본에 넘기는 데 찬성한 사람은 이완용을 비롯하여 권중현, 이지용, 이근택, 박제순 등 다섯 명이었다. 민중들은 그들을 을사오적이라 불렀다.

## ▬ 성립되지 않은 조약

일제는 대한 제국의 외교권을 빼앗고 통감부를 설치하여 내정에도 깊숙이 개입하였다. 얼마 뒤에는 고종 황제를 강제로 퇴위시키고, 군내를 해산하였다.

일본이 군대를 주둔시켜 대한 제국을 통치하려 든 것은 1904년부터였다. 그들은 러·일 전쟁을 일으킨

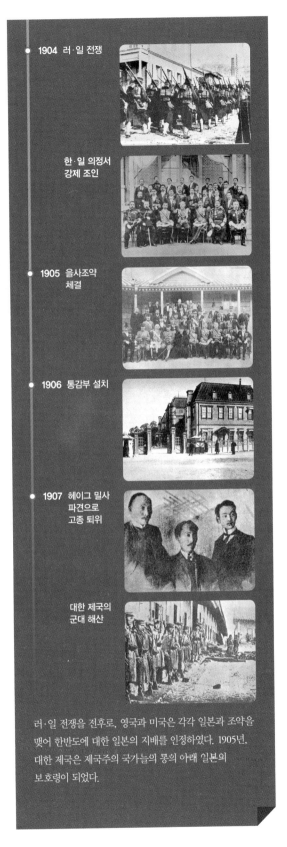

1904 러·일 전쟁

한·일 의정서 강제 조인

1905 을사조약 체결

1906 통감부 설치

1907 헤이그 밀사 파견으로 고종 퇴위

대한 제국의 군대 해산

러·일 전쟁을 전후로, 영국과 미국은 각각 일본과 조약을 맺어 한반도에 대한 일본의 지배를 인정하였다. 1905년, 대한 제국은 제국주의 국가늘의 몽의 아래 일본의 보호령이 되었다.

▲오적 암살단
을사조약에 찬성한 대신들을 암살하기
위해 만들어졌다. 왼쪽부터 이기,
나철, 홍일주, 오기호 의사들이다.

▶유언을 남기는 안중근
"이익을 앞에 두고는 옳고 그름을
생각하고, 위험한 상황에서는
내 목숨을 내놓는다(見利思義
見危授命)."라는 글을 즐겨 썼던
안중근(1879~1910)은 일제의 침략이
깊어지자 학교를 세워 인재 양성에
앞장섰으며, 1907년 연해주로 가서
의병 운동에 참여하였다. 훗날
대한의군 참모중장으로서 적장 이토
히로부미를 사살하였으니 포로로
대접하라고 요구하였다.

뒤 대한 제국의 중립 선언을 무시하고 서울과 전국 주요 도시를 점령하였
다. 그 뒤 두 차례의 조약을 강요하여 일본군의 주둔을 합법화하려 들었으
며, 대한 제국의 외교와 재정을 수중에 넣었다. 을사조약은 이 같은 강점을
바탕으로 한 보호국화 정책의 마지막 절차였다. 그러나 을사조약은 국제법
상 성립되지 않은 조약이며, 일제가 폭력을 앞세워 주권을 강탈한 대표적
인 사례였다.

## ▬ 나라가 위험해지면 목숨을 내놓는다

을사조약 소식이 전해지면서 소식을 일찍 접한 관리나 언론인이 이를 반대
하는 운동에 나섰다. 〈황성신문〉의 주필이었던 장지연은, '시일야방성대곡
(오늘 목 놓아 통곡하리)'이라는 글을 써서 조약 체결 과정을 알리고 이에
찬성한 매국 대신을 규탄하였다. 많은 전현직 관리들이 '을사오적의 처단과
조약 무효화 선언'을 요구하는 상소를 올렸으며, 스스로 목숨을 끊은 이들
도 있었다. 상인들은 상점 문을 닫고 학생들은 수업을 거부하며 일제를 규
탄하고 조약 무효화를 주장하였다.

침략의 원흉인 일본인과 이에 협조하여 나라를 파는 데 앞장선 매국노를
처단하려는 의거 활동도 활발해졌다.

나철과 오기호 등은 오적 암살단을 만들어 을사조약에 찬성한 다섯 대신

들을 처단하려 하였으며, 이재명은 이완용을 처단하려 하였으나 불행히도 성공하지 못하였다. 안중근은 을사조약을 강요하고 초대 통감으로 우리나라 침략에 앞장선 이토 히로부미를 사살하였다.

이러한 활동은 일제의 침략에 대한 우리 민족의 반대 의사를 명확히 보여 주었으며, 주권 회복을 바라던 우리 민족에게 용기와 자신감을 주었다. 그리고 더욱 조직적이고 체계적인 주권 회복 운동으로 이어졌다.

## 나도 역사가

역사 신문사에서는 을사조약 1주년을 맞이하여 우리 민족이 나아가야 할 길을 모색하고자 토론회를 열었다. 토론의 요지를 보고, 독자 투고를 작성해 보자.

**사 회 자**　우리가 주권을 잃은 것은 일제의 부당한 침략 때문이며, 주권을 되찾기 위해서는 일본을 이겨야 한다. 좋은 생각들을 거침없이 이야기해 주기 바란다.

**언 론 인**　힘 있는 자가 힘없는 자를 잡아먹는 것은 세상의 이치다. 온 국민이 단결하여 실력 양성에 나서자. 학교를 짓고, 공장을 세우고, 새로운 문물을 받아들이자.

**소년 의병**　이 땅은 일본에 의해 군사적으로 점령되었다. 이들을 내쫓지 않고서는 실력 양성도, 국권 회복도 기대할 수 없다. 군대를 조직하여 이들과 싸우는 것이 우선이다.

**친일 단체 간부**　일본은 러·일 전쟁을 통해 백인종의 아시아 침략을 막아 냈다. 일본의 보호 아래서만 황실의 안정이 유지될 수 있으며, 발전된 일본의 지도를 받는 것이 우리 사회를 근대화하는 지름길이다.

**미국 한인 단체 회원**　황제 한 사람이 모든 권리를 가지고 온 국민이 그의 노예가 되어 있으니, 민족 운동이 크게 일어나지 못한다. 국민이 주인이 되는 사회를 만들어야 국민의 애국심이 높아진다. 정치를 바꾸어 국민을 단결시키지 않고서는 나라를 되찾을 수 없다.

# 자, 우리 총칼을 들자!

가 볼 곳 모덕사, 신돌석 생가     만날 사람 최익현, 신돌석     주요 사건 의병 항쟁

양반 유학자들이 의병을 일으키자 이름 없는 농민들이 이들의 부대를 찾아 목숨을 바치겠다고 나섰다. 평민들도 따로 의병 부대를 조직하여 일제에 맞섰는데, 태백산을 중심으로 활동한 신돌석은 대표적인 평민 의병장이었다.

## ━ 이루지 못한 꿈을 위하여

1894년 동학 농민 운동의 실패는 농민들에게 큰 좌절감을 안겨 주었다. 그러나 민중들은 좌절하고 지낼 수만은 없었다. 날이 갈수록 생활은 악화되고 탐관오리와 외세의 횡포는 그칠 줄을 몰랐기 때문이다.

그리하여 동학 농민 운동에 참여하였던 사람들은 지역별로 농민 조직을 만들어 지난날의 운동을 계승·발전시켰다. 전라도에서는 동학의 주장을 바탕으로 조직된 영학당이 고부에서 봉기를 일으켰다. 그러고 나서 무장과 흥덕을 함락하기도 하였다.

비슷한 시기에 다른 지역에서는 활빈당이라는 농민 무장 조직이 나타났다. '자유와 평등의 실현, 나라의 혁신'을 기치로 내건 활빈당은 탐관오리와 횡포한 양반 부호를 응징하고, 외세와 그 앞잡이들을 공격하였다.

**신돌석과 그가 태어난 집**
의병장 신돌석(1878~1908)은 몰락한 중인 가문 출신으로 영해, 영덕, 평해를 거점으로 활발한 의병 활동을 펼쳐 '태백산 호랑이'라는 별명을 얻기도 하였다. 1850년경에 지은 이 작은 초가집은 경북 영덕에 있다. 1940년에 일제가 우리의 민족정기를 꺾으려고 불태웠던 것을 1955년에 다시 지었다.

## — "자, 우리 총칼을 들자"

일제가 러·일 전쟁을 도발하고 우리 국토를 강점하려 들자 민
중들의 무장 활동은 더욱 거세어졌다. 활빈당의 활동이 활발한
지역, 그리고 철도 건설로 특히 침략을 많이 받은 지역이 그러
하였다. 이들의 항일 투쟁은 일제가 을사조약을 강요하여 우리
의 주권을 빼앗으려 든 1905년 이후 더욱 조직적인 의병 운동
으로 이어졌다.

먼저 대규모 의병을 일으킨 쪽은 민종식, 최익현과 같은 전
직 관리나 양반 유학자들이었다. 이들은 을사조약을 강요한 일
제가 옛날 임진왜란을 일으켰던 그 침략자들이며, 10년 전 을
미사변을 일으켜 왕비를 살해한 그 일본이라는 점을 강조하였
다. 그리고 온 국민이 나서서 일제의 침략에 맞서 싸우자고 호
소하였다.

양반 유학자들이 각지에서 의병을 일으키자 이름 없는 농민
들이 이들의 부대를 찾아 목숨을 바치겠다고 나섰다. 평민들도
뜻이 맞는 이들끼리 따로 의병 부대를 조직하여 일제에 맞섰는
데, 태백산을 중심으로 활동한 신돌석은 대표적인 평민 의병장
이었다.

**최익현(1833~1906)**
대표적인 양반 유학자 의병장이었던 최익현은 일제에
체포된 뒤 쓰시마 섬으로 끌려가 최후를 맞았다. 당시
최익현은 "왜놈 땅을 밟지 않겠다."라며 버선에 흙을
담아 신고 갔으며, "목말라 죽을지언정 도적의 것은 물 한
방울도 마시지 않겠다."라며 아무것도 먹지 않다가 끝내
세상을 떠났다.

## — 의병 항쟁, 범국민적인 대일 전쟁으로 발전하다

의병의 활동은 일제가 군대를 강제로 해산하자 더욱 활발해졌다. 많은 군
인이 일제의 해산 조치를 거부하고 시가전을 벌였으며, 해산된 뒤에도 의
병 부대에 합류하여 일제에 맞섰다.

해산 군인들이 참여하면서 의병 항쟁은 범국민적인 대일 전쟁으로 발전
하였다. 양반 유학자와 해산 군인들은 물론이고, 포수나 이름 없는 농민에
이르기까지 각계각층에서 의병 활동에 참여하였다.

항쟁에 나선 의병들은 친일 관리와 일본인들을 주요 공격 대상으로 삼았
다. 평민 의병장들은 이들 이외에 탐관오리와 못된 양반 지주를 공격하기
도 하였다.

## | 의병 항쟁

을미사변과 일본의 영향력 확대로 시작된 의병 항쟁은
1907년 하반기부터 1909년까지 가장 활발하였다.
의병들의 활동으로 을사조약 이후 조선을 식민지화하려는
일제의 시도를 여러 해 동안 막아 낼 수 있었다.

### 의병 항쟁 발생 지역

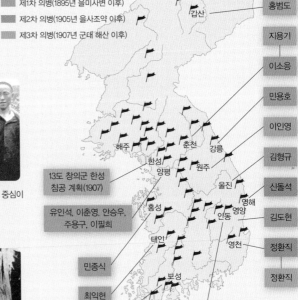

ᐳ 의병 발생 지역
▨ 제1차 의병(1895년 을미사변 이후)
▨ 제2차 의병(1905년 을사조약 이후)
▨ 제3차 의병(1907년 군대 해산 이후)

홍범도
지용기
이소응
민용호
이인영
김형규
신돌석
김도현
정환직
정환직

갑산
해주
춘천
강릉
한성 양평
원주
울진
영해
영양
안동 영천
영천

13도 창의군 한성
침공 계획(1907)
유인석, 이춘영, 안승우,
주용규, 이필희
홍성
태인
보성

민종식
최익현
안규홍
김도화

### ○ 1895 을미사변 ▶ 의병 항쟁 시작

을미사변과 단발령을 계기로 의병 항쟁이 처음 시작되었다. 양반 유학자들이 중심이
되었다.

### ○ 1905 을사조약 ▶ 의병 다시 일어나다

러·일 전쟁과 을사조약을 전후하여 의병의 활동이 다시 불붙었다. 일반 민중들의
참여가 크게 늘었다.

### ○ 1907 군대 해산 ▶ 의병 운동의 확산

군대 해산 이후 의병 운동은 크게 확산되어 각계각층이 참여하는 범국민적인 항일
전쟁으로 발전하였다.

### 군대 해산 이후 의병 항쟁 상황

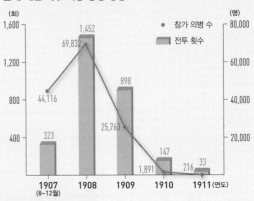

(회)
1,600
1,200
800
400

(명)
80,000
60,000
40,000
20,000

● 참가 의병 수
▨ 전투 횟수

44,116
69,832
1,452
898
25,763
147
1,891
216
33
323

1907 (8~12월)
1908
1909
1910
1911 (연도)

### ○ 1909 의병 대탄압 ▶ 나라 밖에 근거지를 만들자

1909년부터 일제는 의병 활동을 대대적으로 탄압하기 시작하였다. 의병들은 산악 지대로 옮겨 유격전을 벌이기도
하였으나 점차 새로운 활동 무대를 찾아 국경을 넘었다.

1907년에는 여러 지역에서 활동하던 의병이 연합 부대를 구성하여 서울로 진격하였다.[13도 창의군] 이 운동이 좌절된 이후에도 소규모 의병 부대가 조직되어 전국적으로 활동하였다. 특히 머슴 출신 안규홍, 포수 출신 홍범도 등 평민 의병장의 활동이 어느 때보다 활발하였다.

## ━ "다시 돌아오리라"

의병 항쟁에 나선 이들은 일제에 맞서 나라를 지키겠다는 뜨거운 애국심을 바탕으로 여러 차례 친일 정권과 일본군을 궁지에 빠뜨렸다.

그러나 일본이 대규모 부대를 보내 탄압하면서 의병들은 점차 어려움에 빠졌다. 특히 일본군이 의병들이 나타났던 지역 전체를 불태우고 인근의 주민들까지 잔인하게 학살하면서 의병들은 점차 고립되어 활동이 어려워졌다.

의병들의 국내 활동은 시간이 지날수록 어려워졌다. 그러나 많은 사람들이 만주나 연해주로 자리를 옮겨, 다시 돌아올 그날까지 의병 활동을 이어 갔다.

이들의 투쟁은 일제를 몰아내는 데 성공하지는 못하였지만, 수많은 사람에게 희망과 용기를 주었다. 그리고 여러 해 동안 일제의 강점을 지연시켰으며, 다양한 민족 운동이 전개될 수 있도록 지원하였다.

**나도 역사가**

다음은 의병 활동에 참여하였던 유인석 의병장이 남긴 시의 일부이다. 의병 활동에 참여하였던 분들의 어록을 만들어 보자.

우리는 오직 마음과 힘을 다할 뿐
무기가 좋고 나쁨은 다음의 일이다.
다만 정성이 부족하지 않은가 근심하고
적이 강하다고 물러나지 않는다.

# 실력 양성으로
# 주권을 회복하자

가 볼 곳 국채 보상 운동 기념비 　　 만날 사람 장지연, 신채호 　　 주요 사건 대한 자강회, 신민회 창립

주권을 잃을지도 모른다는 위기감이 높아지면서 수많은 사람이 단체를 만들어 민족 운동에 나섰다. 곳곳에 학교를 세웠으며, 신문과 잡지, 우리말과 우리 역사에 대한 연구를 통해 민족의식을 높였다.

**이승훈(1864~1930)**
놋그릇 제조와 판매로 큰돈을 번 기업인이었다. 신민회 회원으로 태극 서관이라는 출판사와 도자기 회사를 세워 사장을 지냈다. 1907년 오산 학교를 세워 신학문과 애국 사상을 고취하였다.

### ━　총칼을 드는 사람도 있어야겠지만

"나라가 기울어 가는데 그저 앉아만 있을 수 있겠는가? 이 아름다운 강산, 조상들이 지켜 온 강토를 원수 일본인들에게 내맡길 수가 있겠는가? 총을 드는 사람, 칼을 드는 사람도 있어야 할 것이다. 그러나 그보다 중요한 것은 백성들이 깨어나는 것이다."

평안도 정주에서 오산 학교가 문을 열던 날, 이승훈은 학생과 학부모들에게 이렇게 마음을 털어놓았다. 그리고 자신이 세운 이 학교가 "만 분의 일이라도 나라에 도움이 되기를 원한다."라며 연설을 마쳤다.

교육을 통해 나라의 힘을 기르자며 재산을 털어 학교를 세운 이들이 많았다. 그리하여 보성·양정·대성 등 많은 사립 학교가 세워졌다.

### ━　문제는 힘, 힘을 기르자!

많은 사람들이 학교 설립 운동에 나선 것은 을사조약 이후의 일이다. 외세의 침략은 날로 거세지고 친일파들이 관직을 독점하고 있으니, 머지않아 나라를 잃을지 모른다는 위기감이 커질 무렵이었다.

애국적 지식인들은 서로 머리를 맞대고 의견을 모았다. 그리고 나서 대한 자강회, 신민회와 같은 단체를 조직하여 국권 회복 운동에 나섰다.

장지연 등은 대한 자강회를 조직하였다.[1906] 회원들은 '교육과 산업을 일

**안창호와 대성 학교**
신문물 도입을 위해 미국으로 건너갔던 안창호(1878~1938)는 을사조약 소식을 듣고 귀국하여 신민회를 조직하고 본격적인 계몽 활동을 벌였다. 왼쪽 사진은 안창호가 평양에 세운 대성 학교(1908~1912)와 학생들의 모습이다.

으켜 세우는 것이 주권 회복의 기초'라고 생각하였다. 그리하여 연설회와 토론회를 열고, 언론 활동을 통해 자신들의 생각을 널리 알렸다.

> 나라의 독립은 무릇 나라의 힘이 강하냐 그렇지 못하냐에 달려 있다. …… 무릇 교육이 일어나지 않으면 사람의 지혜가 깨치지 못하게 되고, 산업이 일어나지 않으면 국부가 증가하지 못한다.
>
> — 대한 자강회 창립 선언문

**대한 자강회 기관지**

**장지연(1864~1921)**
〈황성신문〉 사장으로 대한 자강회 회장을 맡았다.

대한 자강회에 이어 많은 단체가 조직되었다. 여러 단체의 회원들은 곳곳에서 학교 건립에 나서 교육과 언론 활동을 통해 민족 의식을 북돋웠다. 그리고 근대 문물의 수용과 산업 진흥을 위한 활동을 전개하였으며, 일본에 진 빚을 갚자는 국채 보상 운동을 전개하기도 하였다. 이들의 운동을 자강 계몽 운동이라 한다.

### ━ 국가는 망해도 민족이 살아 있으면……

지식인들의 자강 계몽 운동이 크게 일어나자 일제와 친일 관리들은 당황하였다. 일제는 단체를 강제로 해산시키고, 터무니없는 법률을 만들어 활동

**〈대한매일신보〉와 편집부원들**
〈대한매일신보〉는 의병 항쟁을 비롯한 항일 운동 소식을 널리 전한 대표적인 애국 언론이었다. 사원 모두가 신민회의 회원이었다.

**양기탁(1871~1938)**
〈대한매일신보〉 주필로 신민회 창립에 앞장섰다. 1930년대에는 임시 정부의 주석을 잠깐 맡기도 하였다.

**신채호(1880~1936)**
〈대한매일신보〉 주필로 신민회 회원이었다. '역사는 곧 민족사'라면서 역사 연구를 통해 민족의식을 고취하였다.

을 제한하였다.

이처럼 공개적 활동이 어려워졌을 때 미국에서 활동하던 안창호가 귀국하였다. 그는 양기탁을 비롯한 지식인들을 두루 만나 새로운 활동 방식을 협의하였다. 그리고 나서 새로운 유형의 단체를 만들었다. 그것이 바로 신민회였다.[1907]

신민회는 일제 몰래 조직되어 활동하였다. 신민회는 실력 양성을 위해 교육과 산업 진흥 운동을 전개함은 물론, 결국은 전쟁을 통해서만 독립을 쟁취할 수 있다는 것을 깨닫고 나라 밖에 독립운동의 근거지를 마련하기 위한 활동도 전개하였다. 신민회 회원들은 군주제를 반대하고 공화제를 지향하였으며, 국민이 나라의 주인이 되는 국민 혁명만이 독립을 유지할 수 있다고 생각하였다.

한편, 주권을 잃을지도 모른다는 위기감이 높아지면서 '나라는 망해도 민족이 살아 있으면 언젠가 나라를 다시 찾을 수 있다.'라는 생각에서, 나라 말과 나라 역사를 연구하고 보급하려는 운동이 크게 일어났다. 아울러 단군을 숭배하는 대종교가 일어나 많은 사람들의 마음을 사로잡았다. '우리는 모두 단군의 후손으로 고유한 말과 역사를 가진 한민족'이란 생각이 이 무렵 크게 높아졌다.

**나도 역사가**

대한 자강회, 신민회의 창립 선언문을 찾아서 읽어 보자. 이 단체 회원들이 어떻게 주권을 회복하려 하였는지 토의해 보자.

# 반지 빼고 비녀 뽑고, 금 모아서 나라 빚 갚기

2월 24일 : 서울 상사동의 이씨 부인, 패물을 팔아 신화 2환을 보탬.

2월 25일 : 약방 기생 39인이 "비록 여자 중 천인이나 국가의 의무를 저버릴 수 없다."라며 신화 24환을 합동으로 보탬.

2월 26일 : 대안동 어느 관리 집에 더부살이를 하면서 일하는 가난한 강씨 부인이 품값으로 받은 4원을 보탬.

양성환 씨의 딸로, 아산 백산에 있는 이씨 댁에 출가하였다가 일찍이 과부가 되어 홀로 두 아들을 키우는 양 부인이 "본인도 비록 안방이나 지키는 일개 여인에 불과하나 대한 국민의 한 사람으로 의무를 느껴 눈물이 절로 떨어지나 힘이 정성을 미치지 못해 겨우 구화 12원을 기부한다."라는 편지와 함께 돈을 보내 옴.

2월 27일 : 북촌 인력거꾼 이씨가 그의 어머니에게 국채 보상에 출연할 몇십 전을 요구하자 그 어머니가 "어찌 몇십 전으로 되겠는가?"라면서 4원을 줘서 보냄.

2월 28일 : 한정렬 씨 부인이 배앓이로 30년간 피우던 담배를 끊고 바느질삯을 모아 2원을 보내 옴.

3월 1일 : 김일당과 김석자 등이 매일 아침밥과 저녁밥을 반 그릇으로 줄인 석 달분 값으로 신화 2원 70전을 보내 옴.

— 1907년 〈대한매일신보〉에 실린 국채 보상 운동 관련 기사

나라 빚 갚기 운동!

시작은 비록 남성들이 하였으나 여성들의 참여도 남달랐다.

남성들은 담배를 끊어 돈을 모았다. 그리고 여성들은 밥을 줄이고 반찬값을 아껴 돈을 모았다. 정말 어려울 때를 위해 장롱 깊숙이 넣어 둔 반지며 비녀를 꺼내 모금에 참가하였다.

'부모가 빚이 있으면 자식이 감당하고, 나라에 빚이 있으면 국민이 갚아야 한다.' 남성도 여성도 모두 그렇게 생각하였다.

다 같이 국민으로서의 의무를 느꼈으니, 다 같은 국민으로 차별받지 않는 권리를 누리리라.

# 청년 학도들이여!
# 그대들의 어깨에 나라의 운명이 달려 있나니

서양 강국이 부강한 것을 보면 소위 개화가 오래되었다고 하는 나라도 40, 50년을 넘지 못하고 30년 정도밖에 안 되는 나라가 많다. 이와 비교해 보면 우리나라는 4000년 이래 문화의 기풍이 있으며, 우리 조선조에 이르러서는 더욱 강하고 밝게 하여 문학과 정치가 각국을 초월하여 세계 여러 나라의 모범이 될 수 있으나 오직 최근에 시세의 변화에 달관하지 못하였는데, 이것은 하지 않았기 때문이지 할 수 있는 능력이 없는 것은 아니다.

이 나라는 인물이 천하의 최고이고 산천도 요충에 위치하고 있으니 만약 지금 덕이 있는 정치를 해서 부강을 이루면 강국의 기상으로 구주의 여러 나라와 대등할 것이다. 부강의 도는 국정을 정돈하는 것과 관계있는데, 국정을 정돈하는 데는 학교보다 급한 것이 없다. 더욱 실심으로 실학하여 만세불발의 기초를 건립하고 오

주에서 독립할 수 있는 시대를 열어야 하니 이것이 어찌 여러 학생들의 책임이 아니겠는가. 이에 학생들에게 여러 문제를 내니 훈령이 도착한 후 3개월 이내에 답을 떠서 송부하는데, 스스로의 안목이 성장하는 기반이 되게 할 것이며 다른 사람의 것을 베끼지 말고, 한문만을 쓸 것이 아니라 국한문을 써도 좋고 국문만으로 전용하여도 좋다. 오직 생각을 진솔하게 적을 것이니 화려한 문장을 꾸미는 데 힘쓰지 말 것이다.

- 법국(프랑스)은 무슨 이유로 커다란 난이 일어났으며, 나폴레옹 1세는 무엇 때문에 영웅이라고 하나?
- 영국은 무슨 이유로 흥성하여 세계 일등국이 되었으며, 정치의 좋고 나쁨이 우리나라에 비교하면 어떠한지 숨기지 말고 실제에 근거하여 사실대로 쓸 것.
- 인도국은 무슨 이유로 영국의 속국이 되어서 지금까지 자주국이 되지 못하였는가?
- 독일과 프랑스의 전쟁에서 독일은 어찌해서 승리하였으며, 프랑스는 어찌해서 패배하였나?
- 우리나라 대한은 어떻게 정치를 하여야 세계 일등국이 되며, 또 개혁을 하지 않으면 어떠한 지경에 이를까?

이 글은 1898년 11월 4일자 〈황성신문〉에 실린 학부 훈령으로, 당시 교육에 걸었던 높은 기대를 짐작할 수 있게 한다.

당시에는 학교에서 배우는 교과목이나 일과, 시험 방법 등에 학교마다 차이가 있었다. 대개 세계사(만국사), 세계지리(만국지지), 한국사(아조사), 산술, 작문, 논어, 대학 등을 배웠다. 시험 방법은 필기시험 외에도 경서를 외우고 뜻에 대한 질문에 대답하는 '면강문대', 책은 선생님 앞에 펼쳐 놓고 돌아앉아서 외우며 질문에 대답하는 '배강문목' 등 다양한 방법이 있었다. 등하교 시간도 차츰 자리를 잡게 되었는데, 예를 들면 해가 긴 입하부터는 오전 8시에 등교하여 오후 6시에 귀가하고, 점점 등교 시간이 늦추어지다가 입동부터는 오전 10시에 등교하여 오후 4시에 귀가하였다. 공립 소학교에서는 7, 8세 아동을 학생으로 받아들이도록 되어 있었는데, 아동들이 웃고 다투며 돌을 던지고 시끄러워서 15~25세를 선발하는 학교도 있었다.

# 3

# 일제의 강점과 뒤틀린 근대화

—

# 한국 최초의
# 장면들

외국과 교류가 시작되면서 일본과 서양인을 통해 수많은 신
문물이 소개되었다.

외국의 발달된 과학 기술 수준은 순식간에 많은 사람들의
관심을 끌었으며, 많은 사람들은 부러운 시선으로 새것을
바라보았다.

새것의 편리함과 우수함을 본 이들은 하루빨리 새것을 익혀
야 한다고 생각하였다. 학교에서는 외국에서 전해진 새로운
학문을 가르쳤고, 새것을 익히는 데 도움이 되는 외국어도
가르쳤다. 그러나 새로운 문화를 누릴 수 있는 사람들은 일
본인이나 소수의 한국인뿐이었다. 대다수 한국인들은 이들
의 문명 생활을 위해 희생을 강요당하였다. 그리하여 '문명
이 조선인의 주인이 되고, 조선인은 문명의 종이 되는' 기막
힌 일이 벌어졌다.

# 삼천리 금수강산 지옥이 되어 ①

가 볼 곳 서대문 형무소      만날 사람 황현      주요 사건 조선 총독부 설치, 무단 통치, 이른바 문화 통치

"강도 일본이 헌병 정치, 경찰 정치를 행하여 우리 민족은 조그만 행동도 마음대로 못하고, 언론·출판·집회의 자유가 일체 없어 고통과 울분, 원한이 있어도 벙어리 냉가슴이나 만질 뿐이요, 눈 뜬 소경이 되고 말았으니……."

## ━ 선생님, 서대문 형무소에 다녀왔어요

'자주 독립을 위해 세운 독립문 앞에, 독립투사들을 가두고 고문하였던 형무소가 있다니…….'

처음 역사관에 도착했을 때부터 기분이 무척 안 좋았어요.

처음엔 영상을 시청했어요. 그리고 옥중 생활이 전시된 2층을 보았답니다.

지금도 지하 감옥을 잊을 수가 없어요.

아무에게도 도움을 청할 수 없는 암흑의 공간, 그리고 그곳에서 무자비한 폭력에 시달렸던 분들……. 그분들의 피울음 소리가 지금도 들리는 듯해요.

'약해져서는 안 된다.' 마음을 다잡아 보지만, 지금도 이 글을 쓰면서 눈물이 나와요. 오늘 우리는 어떻게 해야 할까요?'

— 2002년 2월 김시정 올림

**서대문 형무소**
1908년에 완공되었다. 해방을 맞기까지 수많은 애국지사가 이곳에 투옥되어 고문을 당하거나 처형되거나 병으로 세상을 떠났다.

## ━ 1910년 8월 29일

1910년 8월, 대한 제국은 역사 속으로 사라지고 조선 총독부가 설치되어 한민족을 통치하기 시작하였다. 한국인은 모두 일본인의 일부가 되어야 했다. 그러나 한국인이 일본인이 될 수는 없었고, 일본인 역시 한국인을 자신들처럼 대우하고 싶은 생각이 없었다.

일제는 입으로는 늘 한국인들을 더 잘살게 하기 위해 나라를 하나로 합쳤다고 주장하였다. 일진회를 중심으로 한 매국노들도 병합이 모두에게 도움이 된다고 떠벌렸다.

일제와 매국노들은 관리들을 협박하고 황실의 안전을 보장하겠다고 어르면서, "한국의 황제 폐하께서는 대한 제국 정부에 관한 일체의 통치권을 완전히, 또한 영구히 대일본 제국 천황 폐하께 넘겨준다."라는 조약문안을 들이밀었다. 그리고 나서 조약 체결이 선언되었다. 황제의 서명도 없이.

한국인 대부분은 일제와 매국노의 말을 믿지 않았다. 많은 사람들이 죽음으로써 조약 체결에 반대하였으며, 더 많은 사람들이 일제와 매국노에 맞서는 새로운 투쟁을 다짐하였다.

## ━ 삼천리 금수강산 지옥이 되어……

민족적 저항 속에 강행된 일제의 '병합'은 오직 군대에 의해 이루어진 '강제

**황현(1855~1910)**
1910년 일제에 주권을 빼앗기자 "새와 짐승도 슬피 울고 산하도 찡그리니 / 무궁화 나라는 이미 사라졌는가 / 가을 등불 아래 책 덮고 옛일 회상하니 / 글 아는 사람 구실 참으로 어렵구나."라는 시를 남기고 스스로 목숨을 끊었다.

**헌병 경찰 통치**
1910년 10월 1일 최고 통치 기구로
신설된 조선 총독부 초대 총독으로
데라우치 마사타케 통감(왼쪽)이
부임하면서, 군대와 폭력을 동반한
무단 통치가 단행되었다. 군인의
경찰인 헌병이 전시 군인에게나
적용될 법한 가혹한 규칙으로
일반인을 통제하였다. 오른쪽 사진은
함경북도 경성 헌병대 본부이다.

점령'이었고 폭력을 통해서만 유지될 수 있는 무단 통치였다. 일제는 전국 곳곳에 군대를 주둔시켰다. 그리고 한국인들의 말과 행동 하나하나를 감시하였다. 그들의 눈에 조금이라도 어긋날 경우에는 가차 없이 폭력을 가하였다. 심지어 학교 교사들조차 칼을 차고 위협적인 분위기를 연출하였다.

어느 독립운동가는 다음과 같이 분노하였다.

> 강도 일본이 헌병 정치, 경찰 정치를 행하여 우리 민족은 조그만 행동도 마음대로 못 하고, 언론·출판·집회의 자유가 일체 없어 고통과 울분, 원한이 있어도 벙어리 냉가슴이나 만질 뿐이요, 눈뜬 소경이 되고 말았으며, 자식을 낳으면 일어를 국어라, 일본글을 국문이라 가르치는 노예 양성소<sup>학교</sup>로 보내고, …… 똑똑한 자식을 낳으면 세상을 비관하고 절망하는 타락자가 되거나, 그렇지 않으면 음모 사건의 이름 아래 감옥으로 끌려가 온갖 악형을 다 당하고 요행히 살아서 감옥 문을 나오더라도 일생 동안 불구가 되어 폐인이 될 뿐이며, 그렇지 않을지라도 창의적 생각이 짓밟히고, 진취적이고 활발한 기상은 소멸되어…….
> — 신채호, 〈조선 혁명 선언〉

또한 만주에서 활동하던 독립군은 "삼천리 금수강산 지옥이 되어, 모두 도탄에서 헤매고 있다. 동포는 기다린다. 어서 가자 조국에"라는 노래를 부르며 옷고름을 다잡았다고 한다.

**105인 사건으로 끌려가는 애국지사들**
일제가 주권을 빼앗은 직후, 총독 암살
사건을 날조하여 민족 운동가 700명을
검거하고 105인에게 유죄 판결을 내렸다.

## ▬ 우리 민족을 분열시킨 일제

군대와 폭력을 동반한 무단 통치에도 독립운동은 끊이지 않았다. "내 육신은 거두어 갈 수 있어도 정신만은 꺾지 못할 것"이라는 강력한 저항 정신 앞에 일제는 더 이상 무단 통치를 지속할 수 없었다.

3·1 운동이라는 민족적 저항에 부닥친 일제는 1920년 이후, 이른바 문화 정치라는 새로운 정책을 내세웠다. 이에 따라 한글 신문도 생기고 여러 단체가 조직되었으며 다양한 사회 활동이 전개되었다.

일제는 조선을 문화적으로 계발할 터이니, 자신들에게 협조해 달라고 말하였다. 그러면서 친일 단체의 조직과 지원에 온갖 노력을 기울였다.

자유롭게 활동할 수 있는 자유는 친일파들에게만 보장되었을 뿐이다. 일제 통치 정책에 반대하거나 독립을 위해 노력하는 이들에게는 폭력적 탄압이 계속되었다. 일제의 문화 정치는 친일파를 육성함으로써 민족을 분열시키고자 하였던 또 하나의 죄악일 따름이었다.

**〈조선일보〉 창간 기념호(1920)**
3·1 운동 이후 언론·집회·결사의 자유가 부분적으로 인정되었다. 문화 통치는 일제의 폭력적 무단 통치를 무너뜨린 3·1 운동의 성과이면서, 1920년대에 다양한 대중 운동이 일어날 수 있는 배경이 되었다.

---

**나도 역사가**

1. 독립 기념관과 서대문 형무소 역사관을 방문하여 주권 상실 이후 우리 민족이 겪었던 고통에 관해 조사해 보자.
2. 독립운동에 나섰던 사람들의 전기를 읽고, 이들이 독립운동에 나서게 된 배경에 관해 이야기해 보자.

# 일제, 그리고 지주와 소작인

가 볼 곳 군산항, 목포항          주요 사건 토지 조사 사업, 산미 증식 계획

식량을 구하기 위해 빚을 내고, 빚내서 빚을 막다가, 마침내는 손바닥만 한 땅뙈기마
저 팔아넘기고 소작인이 되어야 했다. "내 땅을 가졌으면, 쌀밥에 고깃국 한번 먹어 봤
으면……." 그것은 일제하 농민들 대다수의 소망이었다.

### ━ 하루 한 끼 먹는 사람이 30%

고창군의 인구 10만 4,930명 가운데서, 하루 세 끼 먹는 인구가 23.6%인 데 비
해, 하루 두 끼 먹는 인구가 45.2%이고, 하루 한 끼 먹는 인구는 31.1%나 되었
다. 또한 이 중에서 쌀밥을 먹는 인구가 전체의 21.7%인 데 비해, 잡곡을 먹는
인구가 48.3%이며, 잡곡에 풀잎을 섞어 먹는 사람이 25.5%이며, 풀뿌리와 나
무껍질로 연명하는 사람이 4.6%나 되었다.

— 〈동아일보〉, 1924년 10월 21일자

### | 토지 조사 사업

1910년에서 1918년 사이에 진행된 이
사업은 토지의 소유권, 토지 가격과 토지의
생김새 등을 조사하고, 그 결과를 바탕으로
토지 대장을 만들어 소유권을 법적으로
공인한다는 명분으로 실시되었다. 인구
조사와 호적 정리를 포함한 민적 조사와
함께 식민 통치의 기반이 되는 대규모
조사였다. 토지 조사 사업의 결과,
총독부는 막대한 지세 수입을 안정적으로
확보하여 식민 통치의 기반을 마련하였다.
왼쪽 사진은 토지 측량을 하는 모습이고,
오른쪽 사진은 한국의 농토를 무차별
수탈한 일본의 대표적인 민간 기업 불이
농장으로, 용암포의 개펄을 개간하여
피밭으로 만든 것이다.

끼니를 제대로 때우지 못하는 사람이 무려 76%라는 이야기이다.

이와 비슷한 기사는 며칠 간격으로 계속 발견된다. 그런데 10월은 추수가 막 끝난 시점이니, 이런 가난은 일시적 현상이 아니었음을 알 수 있다. 더군다나 신문 기사에 등장하는 지역은 대부분 널찍한 평야 지대에 자리 잡은 호남 지방이었다. 그러니 농민들이 겪는 고통이 어느 한 지역에 국한된 것만은 아니었다.

## ▬ 가난은 일제가 가져다준 유일한 선물

굶주림을 면하기 어려울 정도의 가난은 일제 강점 이후 그 정도가 더욱 심해졌다. 일제는 주권을 빼앗은 직후부터 근대적 토지 소유 제도를 확립한다고 떠들어 대면서 이른바 토지 조사 사업을 실시하였다.

이 사업으로 일제는 왕실과 공공 기관의 토지, 여러 사람이 함께 주인이던 토지 등 수많은 토지를 빼앗았다. 그리고 나서 그 땅을 일본인들에게 헐값으로 되팔았다. 아울러 대대로 누려 온 농민들의 경작권을 부정하고 지주들의 소유권만 보장함으로써 땅 없는 농민들을 궁지에 몰아넣었다. "토지를 골고루 나누어 경작하자!"라며 분연히 일어섰던 갑오년 농민들의 바람은 일제의 식민 통치로 끝내 실현되지 못하였다.

땅이 없는 농민들은 지주의 땅을 빌려서 농사를 짓는 소작인 처지가 되었다. 그러나 이들의 권리는 아무도 보장해 주지 않았다. 소작인들은 지주가 원하는 대로 소작료를 내야만 하였고, 지주가 요구하는 대로 세금까지 대신 부담해야 하였다. 행여 항의라도 할라치면, 이듬해 농사는 포기해야 할 판이었다. 이는 모두 지주의 소유권만을 일방적으로 인정한 토지 조사 사업 때문이었다.

## ─── 지주들의 태평천하

지주로부터 부당한 대우를 받게 된 농민들은 저항하였다. 농민들은 "경작권을 인정하라! 소작료를 내려라!"라고 주장하였다. 그러나 그때마다 일제는 지주를 대신하여 농민들을 억눌렀다.

일제는 지주들을 도왔다. 자유롭게 토지를 사고팔 수 있도록 제도를 만들었으며, 지주들이 토지를 더 많이 사들일 수 있도록 돈도 빌려 주었다. 일제는 지주들이 더 많은 농토를 소유하는 것이 유리하였다. 지주가 농토를 많이 소유할수록 소작료로 더 많은 쌀을 거두어들일 수 있고, 그래야 더 많은 쌀을 일본으로 가져갈 수 있기 때문이었다.

해마다 막대한 양의 쌀이 일본으로 팔려 나갔는데, 그 쌀은 대부분 지주

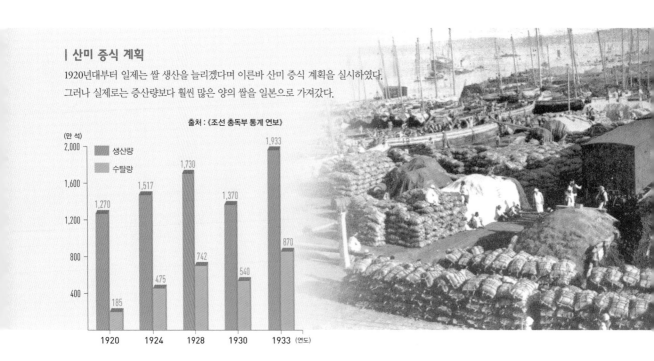

**| 산미 증식 계획**

1920년대부터 일제는 쌀 생산을 늘리겠다며 이른바 산미 증식 계획을 실시하였다.
그러나 실제로는 증산량보다 훨씬 많은 양의 쌀을 일본으로 가져갔다.

출처 : 《조선 총독부 통계 연보》

(만 석)
생산량
수탈량

1920 — 생산량 1,270 / 수탈량 185
1924 — 생산량 1,517 / 수탈량 475
1928 — 생산량 1,730 / 수탈량 742
1930 — 생산량 1,370 / 수탈량 540
1933 — 생산량 1,933 / 수탈량 870
(연도)

가 소작인들로부터 받은 소작료였다. 쌀값은 당연히 치솟았고, 지주들의 재산은 눈덩이처럼 불어났다. 천 석꾼이니 만석꾼이니 하는 큰 부자들이 곳곳에서 생겨났다.

## ━ 쌀밥에 고깃국 한번 먹어 봤으면

쌀값이 오르면 농민들이 좋아해야 하련만 현실은 전혀 그렇지 않았다.

대다수의 농민은 빚에 허덕였고, 그래서 추수가 끝나면 곧바로 빚부터 갚아야 했다. 빚을 갚고 나면 식량이 부족해 쌀을 사 먹어야 할 지경이었다. 그러니 쌀값 인상은 빚이 늘어나는 원인이 될 뿐이었다. 식량을 구하기 위해 빚을 내고, 빚내서 빚을 막다가, 마침내는 손바닥만 한 땅뙈기마저 팔아넘기고 소작인이 되어야 했다. 그나마도 없는 사람은 자식이라도 팔아야 할 형편이었다. '내 땅을 가졌으면, 쌀밥에 고깃국 한번 먹어 봤으면…….' 그것은 일제하 농민 대다수의 소망이었다.

### | 농촌의 계급 구성 변화

당시 인구의 대다수가 농민이었다. 그런데 그들 대부분이 자기 땅이 없는 소작인이거나, 자기 땅만으로는 먹고살기 어려운 자소작인이었다. 1932년 당시 소작농과 자소작농을 합하면 무려 80%에 달했다.

출처 : 《조선 총독부 통계 연보》

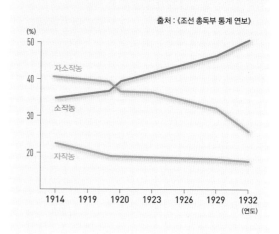

---

### 나도 역사가

일제 강점기 농촌 사회의 현실을 소재로 한 다음 소설들을 읽고, 작품 속에 나타난 농민들의 삶을 역사극으로 구성해 보자.

- 이기영의 〈고향〉 · 심훈의 〈상록수〉

# 식민지 도시의 세 얼굴 ③

만날 사람 김성수      주요 사건 회사령 제정, 경성 방직 설립

도시에는 세 부류의 사람들이 살았다. 고향을 잃고 살길을 찾아 밀려온 이들, 더 많은 돈을 벌기 위해 서울로 온 기업인들, 그리고 조선을 통치하기 위해 일본에서 건너온 사람들이 그들이었다.

## ━  고향을 떠난 사람들 1

식민지 농민들은 늘 배가 고팠다. 그러나 어떻게 해서든 고향에 눌어붙어 있으려고 안간힘을 썼다. 한 번도 고향을 떠나 본 적이 없는 데다, 비록 굶을지언정 피붙이가 함께 있었기 때문이다. 그러나 땅을 빼앗기고 늘어 가는 빚을 견디지 못한 이들은 떠나야만 했다.

아무것도 가진 것 없는, 그래서 자신의 몸을 팔아 생계를 유지할 수밖에 없는 사람들은 고향을 떠났다.

그러나 그들이 갈 곳은 많지가 않았다. 일제의 경제 침략으로 공업 발전이 늦어져, 어디에서도 일자리를 찾기 어려웠기 때문이다. 그래서 고향을

**만주로 떠나는 사람들**
1945년 당시 재외 동포 수는 400만 명으로 전체 인구의 1/6에 이르렀다.

부두 노동자들

광산 노동자들

잃어버린 이들은 광산이나 부두로 몰려갔고, 도시에서 막노동을 하면서 근근이 생계를 이어 갈 따름이었다.

농촌에서 쫓겨나고 도시에서도 자리 잡지 못한 사람들은 낯설고 물선 땅으로 떠나야 했다. 수많은 사람들이 농사지을 땅을 찾아 만주로 떠났으며, 일자리를 찾아 일본으로 갔다. 그러나 이들을 기다리고 있는 것은 또 다른 차별뿐, 그들을 배불리 먹여 주는 곳은 어디에도 없었다.

## 고향을 떠난 사람들 2

고향을 떠난 이들 가운데는 새로운 기회를 찾아 적극적으로 도시를 찾은 사람도 많았다. 특히 3·1 운동 이후 일제가 조선인의 기업 설립을 억제해 왔던 회사령을 폐지하자, 많은 지주들이 돈을 모아 공장을 짓고 기업을 운영하기 시작하였다. 1919년 서울에 세워진 경성 방직 주식회사는 전국적으로 유명한 대지주들이 투자하여 만든 대표적인 기업이었다. 평양에도 크고 작은 메리야스 공장이 들어섰으며, 전국 여러 곳에 공장이 세워지고, 상업이나 무역 회사도 만들어졌다.

조선인이 세운 기업은 민족 기업으로 받아들여져 조선 사람들의 사랑을 많이 받았다. 하지만 값싸고 질 좋은 일제 상품에 맞서 경쟁력을 유지하기에는 힘이 달렸다. 게다가 일본 기업은 총독부를 등에 업고 일본계 은행의 도움을 받아 기업 활동을 펼친 반면, 조선인은 기업 활동에 많은 어려움을

**김성수 (1891~1955)**

일본과 쌀 무역을 하면서 성장한 고부의 만석꾼 집안 출신으로, 1923년 무렵에는 2,000여 명의 소작인을 거느렸다. 3·1 운동을 전후하여 면직 공업에 많은 자본을 투자하였다. 〈동아일보〉를 창간하였으며, 중앙 학교를 인수하였다. 훗날 이광수 등과 함께 자치론을 주장하기도 하였다.

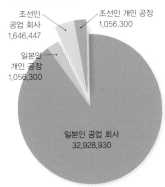

## | 일제하 공업 부문 민족별 자산 규모

1945년 8월 당시 공업 부문에서 일본인 소유 자산은 92.6%에 이르렀다. 조선의 공업은 곧 일본인의 공업이었으며, 공업이 발달할수록 오히려 많은 조선인 기업가들이 경쟁력을 잃었다. 일제 강점기 동안 조선에 거주한 일본인은 전체 조선 인구의 3%에도 이르지 못하였다.

**조선인 자본금 7.4%**

조선인
공업 회사
1,646,447

조선인 개인 공장
1,056,300

일본인
개인 공장
1,056,300

일본인 공업 회사
32,928,930

**일본인 자본금 92.6%**

(단위 : 1,000엔)
출처 : 허수열, 《개발 없는 개발》

겪었다. 결국 조선의 산업은 점차 일본인의 손아귀에 들어가고 말았다.

## ― 도시의 사람들 1

도시에 들어선 것은 공장만이 아니었다. 수많은 일본인이 국내로 밀려들어 곳곳에 일본인들의 거주 지역과 상가, 벚꽃길이 만들어졌다. 일본인들이 다니는 학교도 곳곳에 세워졌다. 이제 이들을 통해 일본 문화와 일본식으로 소화한 서양 문화가 밀려들었다.

일본에 맞서기 위해, 아니 최소한 살아남기 위해서라도 많은 사람들은 교육을 받아야 한다고 생각하였다. 그래서 돈 많은 집안에서는 자식을 도시로, 서울로, 일본으로 유학을 떠나보냈다. 그리하여 도시 곳곳에는 깔끔한 교복 차림의 학생들이 무리를 지어 다녔다. 새로운 학문, 새로운 생각, 새로운 문화가 이들을 통해 형성되었으며, 유학자가 아닌 새로운 지식 계층이 형성되었다.

## ― 도시의 사람들 2

굶주린 배를 움켜쥔 채 도시로 밀려든 가난한 사람들에게 도시 생활은 그리 호락호락하지 않았다. 그들 대부분은 마땅한 일자리를 구하지 못한 채 날품을 팔아 하루하루를 이어 갔다. 운이 좋아 직장을 구하더라도 급여는 충분하지 못하였고, 언제 해고당할지 모르는 불안한 상태에서 힘든 노동을 견뎌야 했다.

근대식 건물이 들어서고 새롭게 단장한 한옥도 속속 지어졌다. 그러나 토막이라 불린 가건물이 하천변을 따라서 혹은 산비탈을 거슬러 올라가면서 그보다 빠른 속도로 늘어났다. 이곳에 사는 이들에게 도시의 삶은 농촌 시절보다 더 나은 것이 별로 없었다.

**1** 뛰— 뛰— 공장에 고동 소리가
　　아침 해도 돋기 전에 들려서 오면
　　나는 혼자 공장에 달려갑니다.

**2** 저녁때에 시계가 일곱 시를 치면
　　온종일 공장에 일을 하고서
　　동무들과 모여서 집에 옵니다.

**3** 일 년 동안 이렇게 공장 안에서
　　하루 날도 안 쉬고 일을 하여도
　　배부르게 한 번도 못 먹어 봤네.

**4** 공장 감독 오늘도 나가라 하네
　　우리보다 값싸게 주어서라도
　　일 시킬 일꾼들 많이 있다고.

　　　　　　　—〈중외일보〉, 1930년 1월 28일자

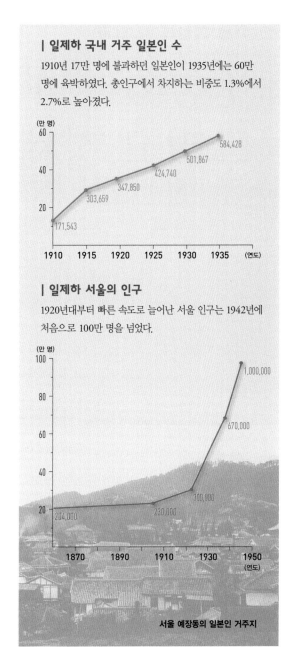

**| 일제하 국내 거주 일본인 수**

1910년 17만 명에 불과하던 일본인이 1935년에는 60만 명에 육박하였다. 총인구에서 차지하는 비중도 1.3%에서 2.7%로 높아졌다.

(만 명)
171,543 / 303,659 / 347,850 / 424,740 / 501,867 / 584,428
1910 / 1915 / 1920 / 1925 / 1930 / 1935 (연도)

**| 일제하 서울의 인구**

1920년대부터 빠른 속도로 늘어난 서울 인구는 1942년에 처음으로 100만 명을 넘었다.

(만 명)
204,000 / 230,000 / 300,000 / 670,000 / 1,000,000
1870 / 1890 / 1910 / 1930 / 1950 (연도)

**서울 예장동의 일본인 거주지**

나도 역사가

현진건의 소설 〈운수 좋은 날〉을 읽고, 도시의 가난한 사람들이 어떻게 살았는지 이야기해 보자.

서울 도심의 세 얼굴

# 명동과 종로,
# 그리고 청계천변

1920년대 이후 서울은 인구가 꾸준히 늘면서 근대식 건축물이 속속 등장하였다. 학교와 극장과 백화점이 생겨나고, 근대적인 상가가 나타나는 등 그 면모 또한 날로 새로워졌다.

그러나 서울 사람이 다 잘살았던 것도, 서울이 모두 깨끗한 근대식 건축물로 채워졌던 것도 아니다.

서울의 중심가는 뭐니 뭐니 해도 오늘날 명동과 충무로 일대인 남촌이었다. 이곳에는 신식 상수도가 들어서고, 널찍한 도로가 났으며, 전기가 밤을 낮처럼 밝혔다. 수많은 상가는 화려한 물건으로 가득했다. 그러나 이곳에 살고 있는 사람들은 모두 일본인이었고, 일본인 거리를 만들기 위해 수많은 한국인이 쫓겨나야 했다.

● **남촌의 일본인 상가**
오늘날 명동을 중심으로 충무로, 퇴계로로 이어지는 지역을 남촌이라 하였다. 일제는 충무로를 '도시의 중심이 되는 거리'라는 뜻을 지닌 본정(本町)이라 불렀다. 사진은 1920년대 충무로의 모습이다.

종로의 북쪽, 양지바른 북촌의 모습도 달라졌다. 권세깨나 누리던 양반들의 전통 가옥이 즐비하던 이곳에, 1920년대 이후 새로운 집들이 나타났다. 돈 많은 신흥 양반들이 옛 양반 거주지를 중심으로 신식 주택을 짓기 시작하였다. 문화 주택이라 이름하였던 새 집들은 돈 많은 지방 지주들의 서울 별채로도 지어졌다. 서울로 유학 온 지주의 아들딸들이 이 집에서 학교를 다녔다.

● 북촌 거리와 문화 주택의 정원
부유층은 서양식으로 욕실, 주방, 화장실 등을 주택 내부에 들여놓고, 정원도 서양풍으로 꾸민 문화 주택에 살면서 신식 생활을 누렸다.

북촌과 남촌 사이에는 청계천이 흘렀다. 빽빽이 늘어선 주택가 옆을 흐르면서, 아이들의 놀이터이자 아낙들의 빨래터인 청계천변에 새로운 집들이 생겨났다.

개천가의 새 집들은 집이기도 하고 집이 아니기도 하였다. 땅을 파고 거적을 덮어씌운 토막집에는 남촌에서 쫓겨난 사람들과 굶주림에서 벗어나고자 도시로 온 사람들이 살았다.

남촌의 화려한 전등불, 북촌의 문화 주택과 조선인 상가, 그리고 그 사이를 흘러 토막민까지 받아들인 청계천은 식민지 서울의 세 얼굴이었다.

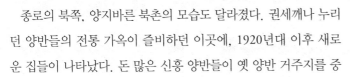

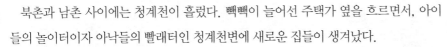

● 청계천변과 토막촌
1930년대 총독부의 통계를 보면, 기록에 잡혀 있는 토막 거주자가 서울에만 5,000여 명이 넘었다. 이 같은 토막촌은 전국 어느 도시에서나 볼 수 있었다.

# 새것과 오래된 것

만날 사람 김용관, 정인보      주요 사건 신문화 도입

모든 분야에서 '새것'들이 소개되었다. 외국의 문학과 연극, 음악과 미술이 차례로 소개되어 신소설, 신문학, 신극 등 신(新)이라는 글자가 넘쳐 났다. 또한 양말, 양악, 서양화와 같이 양(洋)이라는 글자도 넘쳐 났다.

## ━ 방송이 처음 시작되던 날

1926년, 서울에 경성 방송국이 세워졌다. 그러고 나서 이듬해 2월 16일, 라디오 방송이 본격적으로 시작되어 뭇사람들의 관심을 불러일으켰다. 시험 방송이 시작된 것은 벌써 몇 해 전이었다. 어느 신문사가 주관한 당시의 시험 방송은 대단한 관심을 끌었다. 이상한 기계에서 흘러나오는 사람의 음성을 들으려고 사람들이 구름처럼 모여들었다고 전한다.

전기가 처음 들어오던 날, 그리고 전차가 처음으로 운행되던 날의 분위기도 이와 비슷하였다. 전기가 들어오던 날에는 나라의 대신들이 신기한 조화에 흥분을 감추지 못하고 밤을 지새웠으며, 전차가 운행되는 것을 구경하려는 인파가 지방에서까지 밀려들었다.

'개화'가 시작되면서 일본을 통해, 그리고 서양인을 통해 수많은 신문물이 소개되었다. 외국의 발달된 과학 기술은 순식간에 관심을 끌었으며, 사람들은 부러운 눈빛으로 새로운 것들을 바라보았다.

**경성 방송국 개국**
경성 방송국 개국을 보도한 신문 기사와 경성 방송국에서 사용한 JODK 라디오이다.

## ━ 새것과 오래된 것

'새것'의 편리함과 우수함을 본 이들은 하루빨리 새것을 익혀야 한다고 생각하였다. 학교에서는 외국에서 전해진 새로운 학문과 새것을 익히는 데 도움이 되는 외국어를 가르쳤다.

과학 기술은 물론 모든 분야에 새것들이 소개되었다. 외국의 문

## | 변화된 사회

개항 이후 다른 세계와 교류하면서 새로운 문화가 수용되었으며, 일제 강점기를 거치는 동안 그 변화는 더욱 빨랐다. 수많은 사람이 도시로 몰려들었고, 공업 생산액이 농업 생산액을 초과하였다. 라디오 방송과 음반·영화의 보급 등과 같은 현대화된 모습은 이미 이 시기에 나타났다.

### ● 교통과 통신의 변화

전차와 자동차, 전기, 전화 사업은 도로 사업과 더불어 서울의 모습을 완전히 뒤바꾸어 놓았다. 대로 위로 전차가 다니고, 전화로 소식을 전하고, 밤에는 가로등이 어둠을 밝히는 등 서울은 근대화된 도시로 탈바꿈하게 되었다.

자동차

전기의 보급

### ● 근대 문화의 수용

미술, 음악, 연극, 영화 등 문화 전반에 걸쳐 서구식 근대 문화가 활발하게 수용되어 당시 사람들에게 새로운 감각과 새로운 시선을 체험하게 하였다. 특히, 1910년대부터는 우미관과 단성사에서 영화를 상영하면서 영화의 시대가 열렸다. 사진은 영화 〈아리랑〉을 감독한 나운규와 당시 영사기이다.

### ● 신여성의 등장

동학 농민 운동과 갑오개혁 이후 제도적 평등이 이루어지면서 여성 교육이 확대되고, 여성의 사회 진출도 늘어났다. 1923년 여성 잡지 《신여성》이 발간되고, 자유 연애와 남녀 평등 의식이 확산되는 등 남성 중심 문화에 변화가 나타났다.

유성기를 듣는 모습

나운규

**김용관(1897~1967)**
발명 학회 창립, 《과학 조선》 창간 등을 통해 과학 기술에 국경이 없다는 주장에 반대하고, 민족 기업의 발전에 도움이 되는 기술 개발을 주장하였으며 과학 대중화 운동을 벌였다.

**정인보(1892~?)**
우리 고전의 소개와 연구에 앞장섰다. 특히 실학자들의 학문과 사상을 연구하여 사회 개혁 방안을 전통 사상 속에서 찾으려 하였다.

학과 연극, 음악과 미술이 차례로 소개되어 신소설, 신문학, 신극 등 신(新)이라는 글자가 넘쳐 났다. 또한 양말, 양약, 서양화와 같이 양(洋)이라는 글자도 넘쳐 났다.

'신○○'이라는 말, '양'이라는 글자가 들어가는 말은 일제 강점기에 더욱 널리 쓰였다. 신교육을 받거나 아예 일본에서 유학한 사람도 늘어나고, 나아가 서울에 거주하는 일본인들의 수도 많아졌기 때문이다. 오래된 것을 벗어던지고 새것을 익혀야 한다는 '신지식인'도 나타났다. 이들은 새것은 미래와 문명으로, 오래된 우리 것은 낡고 극복해야 할 대상으로 여겼다. 이제 신학문이 구학문을, 서양 의학이 한의학을, 서양의 음악과 미술이 전통 예술을 대신하였다. 조상 대대로 내려온 사상과 문화는 위기를 맞았다.

## ─ 새것은 다 좋은가

새로운 문화를 누릴 수 있는 사람들은 소수였다. 서울의 전화 가입자 82%가 일본인이었으며, 일본인 가구 100%가 전깃불을 사용한 반면 한국인 가구는 10%만이 전기를 사용하였다. 신교육이 늘어났다 해도 한국인의 초등학교 진학률은 국내 일본인의 1/6에 불과하였다. 어쩌면 대다수 사람들의 삶이 예전보다 못해졌을 수도 있었다. 일본인과 소수 한국인의 편리를 위해 수많은 소작 농민이 50% 이상의 소작료를, 도시의 노동자는 저임금과 극단적인 노동 조건을 강요당하였기 때문이다. 그래서 '문명이 조선인의 주인이 되고, 조선인은 문명의 종이 되는' 기막힌 일이 벌어졌다.

뜻있는 기술자와 학자도 많았다. 김용관 등은 과학과 기술이 민중의 실생활을 개선하고, 민족 기업을 육성하는 데 기여해야 한다며 과학 기술자 운동을 벌였다. 정인보와 백남운 같은 역사학자는 민족 전통이 갖는 새로운 의미와 조선의 실정에 맞는 사회 변화의 가능성을 찾아 나갔다.

**나도 역사가**

영화 〈서편제〉를 보고 서양 문화의 도입 이후 판소리가 어떻게 변화되었는지 정리해 보자.

**과거와 현재의 대화**

과학 기술의 발전은 우리 모두를 행복하게 해 줄지 찬반 토론을 해 보자.

# 나혜석의 결혼 조건

1921년 4월 3일자 〈매일신보〉에 촉망받던 신여성이 쓴 시 〈인형의 가(家)〉가 소개되었다.

내가 인형을 가지고 놀 때 / 기뻐하듯 / 아버지의 딸인 인형으로 / 남편의 아내 인형으로 /

그들을 기쁘게 하는 / 위안물 되도다. / (……) / 아아, 사랑하는 소녀들아 /

나를 보아 / 정성으로 몸을 바쳐 다오. /

맑은 암흑 횡행(橫行)할지나 /

다른 날, 폭풍우 뒤에 /

사람은 너와 나.

뭇 남성들에게 충격을 준 이 시는 나혜석의 작품이었다.

그는 종종 "조선의 여성은 오랫동안 남자를 위해 살도록 길러져 왔음"을 비판하고, 훌륭한 여성은 현모양처가 아니라 "자기의 개성을 발휘하려는 자각을 가진, 실력 있는 사람"이라고 강조하였다.

그는 늘 여성이 아니라 인간으로 살고 싶어 하였다. 서양화가로서 문학인으로서 자신의 삶을 사랑하였고, 자신의 세계를 가꾸려 하였다.

그리하여 자신에게 청혼한 남성에게 "일생을 두고 자신을 사랑할 것, 그림 그리는 일을 방해하지 말 것, 시어머니, 전처가 낳은 딸과 떨어져 두 사람만 따로 살 것"이라는 결혼 조건을 내걸었다.

그는 뭇사람의 반대를 물리치고 자신이 사랑한, 그리고 자신을 사랑한 남성과 결혼하였다.

"내 삶이 걸작이고 싶어요!" 나혜석의 소망은 그것이었다.

# 직업 소년들의 가지가지 설움

저의들의 설음을 말슴해 달나고요! 직업 소녀들의 설음이야 다 맛찬가지이겟지만 참말이지 저의들의 슬흠을 말하자면 한이 업습니다.

날마다 새벽 네 시에 일어나서 세수하고 가서는 조희에다 담배 싸는 일을 하로 종일 하는데 아흔 갑을 싸서 네 통을 만드러 노아야만 겨우 3전의 삭을 밧습니다. 지금 열일곱 살인데 벌서 사오 년재나 이 일을 하고 잇담니다.

죽지 못해 하는 일이라 늘 괴롭지요. 담배를 싸서 가저다 검사를 맛흘 쌔 잘못 햇스면 매를 맛구 쏘 벌을 당하게 된담니다. 심지어 내여 쫏기기까지 한담니다. 저의들은 그동안 그런 일을 날마다 보다십히 한담니다. 감독하는 이 압헤서는 그저 고양이 압헤 쥐색이지요.

지독한 담배 쌔에는 골치가 쏘고 담배 쫏에 손이 부릇트고, 심하면 사상까지 나는 일이 잇는데 하로 종일 안저서 하는 짜닭에 허리가 저리고 쑤시여 못 견대지요.

원수의 날이 쏘 샘니다. 밉살스러운 해가 쏘 씀니다. 영원히 잠드럿스면 조흐련만은 살아지는 목숨을 엇지하오릿가? 오날도 아침 먹고 일하고 자고 쏘 일하고 …… 이러다가 죽을 생각에 하로하로의 날이 밝는 것이 퍽도 무섭습니다. ……

죽더라도 일을 해야 될 생각에 미리부터 진저리가 남니다. 발서 삼 년재나 이 노릇을 하노라니 사람이 쏫긔게 달아지듯 되어 버리고, 긔게와 나는 형제와 갓습니다. ……

남들은 학교에를 감니다. 그러나 나는 왜? 열여섯 살의 한창인 쌔를 학교에 발도 드러노아 보지 못하고 하로 이십팔 전이란 돈에 목을 매고 공장 구석에서 썩어야만 합닛가? 내 죄일가요?

선생님, 열다섯의 새봄이 왔습니다. 어늬새 풀이 돗고 닙히 나고 벌서야 창경원에는 밤사구라 꼿구경이 열니엿습니다.

오늘도 진종일 쌀 고르는 일을 하고, 지금은 밤! 피곤할 대로 피곤해진 몸을 억지로 안치고 잠 오는 정신을 억지로 두들겨서 제의 설음을 이 붓 긋흐로 대신하나이다.

선생님, 돈푼이나마 버시노라고 어머님은 쑤벅쑤벅 조시면서 바느질을 하심니다만은 잇다금 손긋을 바늘에 찔니시고는 쌈싹쌈싹 놀나심니다. 버리가 업서서 노시기만 하시는 아버님은 근심스러운 얼골에 일종 타가운 빗츨 씌우시고 몹시도 괴로운 쑴을 쑤시는지 몸을 뒤흔들며 즈무심니다.

동생아! 지금 나는 공장에 잇다. 말업시 일을 하면서 귀여운 너를 생각하고 눈물지운다. 너는 학교에 잘 단이겟지? 나는 어머니 모시고 하나밧게 업는 너를 공부식히려고 얼마나 애를 쓰고 잇는지 너는 아느냐?

벌서 륙 년째나 식사와 의복 범절도 내가 하고, 매일 아침 여섯 시에 공장으로 가서 저녁 여섯 시에 도라오는 것을 발서 륙 년째나 하얏고나. 쏘 압흐로도 얼마나 계속하게 될른지 모를 이 신세를 생가하면 도모지 살고 십흔 생각이 조곰도 업다.

동생아! 내가 어머니나 너한태 무슨 원망을 품는다는 것은 결코 안이다. 네가 잘 자라서 내 은혜를 갚허 달나는 것도 안이다. 나는 다만 이것이 나의 의무인 줄노 알고 복역할 쑨이다.

※ 이 글은 1929년 5월에 발간된 잡지 《어린이》에 실린 글을 띄어쓰기만 다시 해서 원문 그대로 옮긴 것이다.

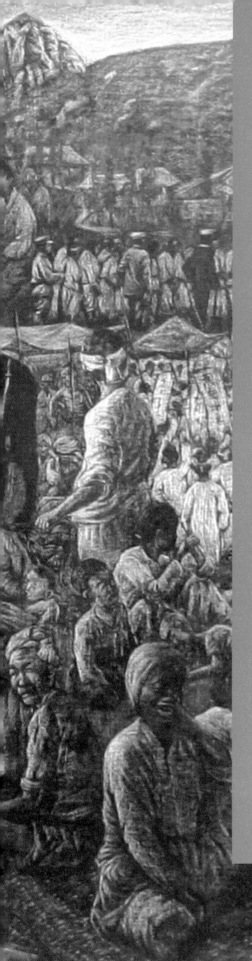

# 4

# 민족 운동의
# 새로운 전진

# 또 하나의
# 독립 선언서

패자 약자 떠돌이 고향을 잃어버린 자 조국에서 쫓겨난 자 국경 없는 유랑꾼이 우리의 별명이요, 오대양 육대주 사람 사는 거리거리 가는 곳마다 발 구르는 소리요, 피눈물이었다. 엄청난 형벌을 받아야만 하는 죄가 나라 없는 죄요, 뼈 저린 설움이 나라 잃은 설움이어라. 벽옥 같은 조국의 하늘, 기름진 이 강산을 두고 갈 곳이 어디인가? 제 어깨로 제 몸 뚱이를 지탱하지 못할지니 형제여, 짐승으로 살려 하는가? 나라 없는 개가 되랴?
이 피맺힌 목청으로 조국의 서울에서 함성이 솟았다. 삼천 리에는 전 민족의 함성과 발등마다 핏물이 흐르는 세기의 행진곡이 시작되었다. 동포여, 대도의 거리로 나아오라! 봉 사여 귀먹이여 입 있는 벙어리여 굶주린 내 동지여! 삼천리 내 땅 내 거리 내 형제 내 누이 원통하게 죽은 혼들이여 모 두 나오려므나!

— 3·1 운동 때 충무에서 작성된 독립 선언서(충무 독립 선언서)

# 터지자 밀물 같은 대한 독립 만세!

**가 볼 곳** 탑골 공원　　　**만날 사람** 박상진, 유관순, 차금봉　　　**주요 사건** 3·1운동

서울과 평양을 비롯한 전국 주요 도시는 아침부터 술렁거렸다. 정오가 지나자 수많은 학생과 시민이 손에 손에 태극기를 들고 예정된 장소로 모여들었다. 그리고 나서 두 시, 한 학생이 단상으로 뛰어올랐다.

## ━ 어둠을 헤치는 사람들

일제가 이 땅을 점령한 뒤 민중들의 삶은 더욱 어려워졌다. 이에 농민과 노동자들은 토지 조사 사업 방해, 납세 거부, 파업 투쟁으로 자신의 권익을 지키며 일제에 맞섰다. 그러나 일제의 폭력을 앞세운 무단 통치로 단체의 결성과 언론의 자유는 억압되었다. 또한 사회 곳곳에 감시의 눈이 번뜩이고 있어 항일 활동은 대단히 어려웠다.

**삼엄한 국경 경비**
일본군 국경 경비대는 한·만 국경의 한국인 월경자를 철저하게 검문검색하였다.

오인은 대한의 독립된 국권을 광복하기 위하여 오인의 생명을 희생에 제공함은 물론, 오인이 일생의 목적을 달성하지 못할 시에는 자자손손이 계승하여 수적 일본을 완전히 구축하고 국권을 광복하기까지 절대 불변할 것을 천지신명께 서고함.

— 대한 광복회 서약문

**박상진(1884~1921)**
의병장 허위의 제자이다. 빼앗긴 주권을 되찾고 공화제 국가를 건설하자며, 1915년 비밀 조직인 대한 광복회를 조직하여 활동하다 체포되어 처형되었다.

　많은 사람들이 이와 같은 각오로 비밀 조직을 결성하여 어둠 속을 헤쳐 갔다. 임병찬 등 양반 유학자들은 대한 독립 의군부[1912]를 조직하여 좌절된 의병 활동의 맥을 이으려고 하였다. 또 박상진 등은 대한 광복회[1915]를, 장인환 등은 조선 국민회[1915]를 조직하여 자금을 모으고 친일파를 처단하는 등 항일 운동을 벌였다. 그 밖에도 많은 단체들이 어려운 조건 속에서 활동을 이어 갔다.

　나라 안에서의 활동이 어려워지면서 만주와 연해주가 새로운 독립운동의 중심지로 떠올랐다. 만주에서는 신민회 회원들이 중심이 된 삼원보와 한인 이주가 많았던 용정, 옌지, 왕칭, 러시아 연해주에서는 블라디보스토크의 신한촌이 독립운동 기지 역할을 하였다. 또 미국에서는 안창호, 박용

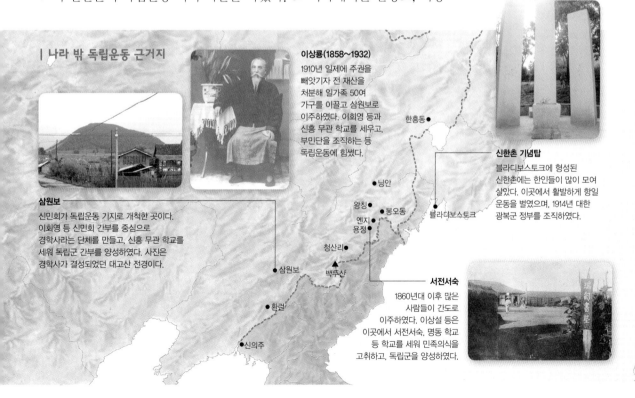

**| 나라 밖 독립운동 근거지**

**이상룡(1858~1932)**
1910년 일제에 주권을 빼앗기자 전 재산을 처분해 일가족 50여 가구를 이끌고 삼원보로 이주하였다. 이회영 등과 신흥 무관 학교를 세우고, 부민단을 조직하는 등 독립운동에 힘썼다.

**삼원보**
신민회가 독립운동 기지로 개척한 곳이다. 이회영 등 신민회 간부를 중심으로 경학사라는 단체를 만들고, 신흥 무관 학교를 세워 독립군 간부를 양성하였다. 사진은 경학사가 결성되었던 대고산 전경이다.

**신한촌 기념탑**
블라디보스토크에 형성된 신한촌에는 한인들이 많이 모여 살았다. 이곳에서 활발하게 항일 운동을 벌였으며, 1914년 대한 광복군 정부를 조직하였다.

**서전서숙**
1860년대 이후 많은 사람들이 간도로 이주하였다. 이상설 등은 이곳에서 서전서숙, 명동 학교 등 학교를 세워 민족의식을 고취하고, 독립군을 양성하였다.

한흥동 · 닝안 · 왕칭 · 봉오동 · 엔지 · 용정 · 블라디보스토크 · 청산리 · 백두산 · 삼원보 · 환런 · 신의주

만 등이 대한인 국민회[1910]를 조직하여 독립운동을 전개하였다.

이들은 이주민 사회를 중심으로 민족의식을 고취시키기 위한 교육 활동을 전개하는 한편, 독립 전쟁을 위한 준비를 해 나갔다. 그리고 제1차 세계 대전이 끝날 무렵에는 국민 주권에 입각한 임시 정부 수립을 주장하고, 이를 위한 민족 대회 소집을 추진하기도 하였다.[1917, 대동단결 선언]

**종교계 대표의 독립 선언(민족 기록화)**
3·1 운동을 준비하는 데 앞장선 종교계 지도자들이 서울 태화관에서 독립 선언식을 치르는 모습이다.

## 기미년 3월 1일

1917년 러시아에서 혁명이 일어나고, 이듬해 제1차 세계 대전이 끝나면서 독립운동에 유리한 조건이 만들어졌다. 러시아의 혁명 정부와 미국에서 잇달아 민족 자결주의를 발표한 것이다.

식민지 주민의 독립할 권리를 국제적으로 천명한 이 선언에 나라 안팎의 애국지사들은 크게 고무되었고, 유리한 조건을 잘 이용하여 대대적인 독립 투쟁을 전개하기로 합의하였다.

이들은 조선인의 독립 의지를 전하기 위하여 대표단을 조직하여 국제 회의에 파견하였다. 동시에 나라 안팎에서 독립을 요구하는 거족적인 집회와 시위를 벌이고, 일본 정부를 향해 독립을 요구하기로 하였다.

본격적인 준비는 천도교와 기독교, 불교 등 종교계와 학생 단체가 맡았다. 이들은 독립 선언서를 만들고 독립 선언식과 시위 운동을 위한 체계적

인 준비를 서둘렀다.

마침내 3월 1일이 왔다.

서울과 평양을 비롯한 전국 주요 도시는 아침부터 술렁거렸다. 정오가 지나자 수많은 학생과 시민이 손에 손에 태극기를 들고 예정된 장소로 모여들었다. 그리고 나서 두 시, 한 학생이 단상으로 뛰어올랐다. 그리고 역사적인 독립 선언서를 낭독하였다.

> 오등은 자에 아 조선의 독립국임과 조선인의 자주민임을 선언하노라. 차로써 세계만방에 고하야 인류 평등의 대의를 극명하며, 차로써 자손만대에 고하야 민족자존의 정권을 영유케 하노라.
>
> — 〈독립 선언서〉

"대한 독립 만세! 대한 독립 만세! 대한 독립 만세!"

만세 소리가 우레와 같이 터져 나왔으며, 태극기 물결이 온 세상을 뒤덮었다.

당황한 일제 군인과 경찰은 시위대 앞을 가로막고 해산을 요구하였다. 시위대가 물러가지 않자 일제는 평화적인 시위대를 향해 무자비한 폭력을 휘둘렀다. 그런데도 시위는 멈추지 않았다.

**독립을 요구하는 시위 행렬들**
왼쪽에서부터 현재 광화문 사거리,
흥인지문, 덕수궁 앞

터졌구나 터졌구나 조선 독립성

십 년을 참고 참아 인제 터졌네

뼈도 조선 피도 조선 이 피 이 뼈는

살아 조선 죽어 조선 조선 것일세

— 3·1 운동 때 불렀던 투쟁가

나지막한 소리로 노래를 부르기도 하고, "만세! 만세! 만만세!"를 소리 높여 부르기도 하면서 손을 잡은 시위 행렬은 이날 내내 이어졌다.

## ▬ 민중들, 만세 시위의 중심에 서다

3월 1일이 지난 뒤에도 만세 시위는 끊이지 않았다. 3월 중순을 지나면서 철도가 연결된 중소 도시로 확산되었고, 3월 말에서 4월 초에는 전국적으로 만세 시위가 일어났다.

시위가 확산되면서 운동을 조직하는 사람이나 운동에 참가하는 사람들의 구성도 많이 달라졌다. 초기에는 학생과 종교인이 앞장서서 시위를 조직하였다. 그러나 점차 농민과 노동자를 비롯한 이름 없는 민중들의 참여가 늘어 운동은 거족적인 투쟁으로 발전하였다.

노동자들은 파업 투쟁을 전개하면서 여러 차례 시위 운동을 벌였다. 농

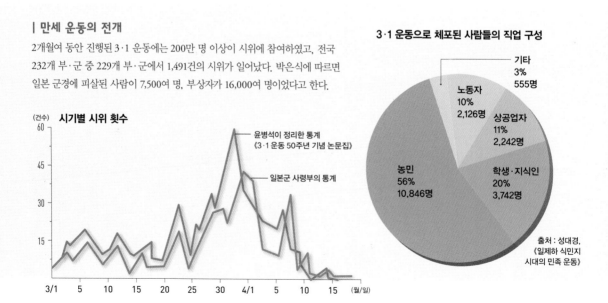

**| 만세 운동의 전개**

2개월여 동안 진행된 3·1 운동에는 200만 명 이상이 시위에 참여하였고, 전국 232개 부·군 중 229개 부·군에서 1,491건의 시위가 일어났다. 박은식에 따르면 일본 군경에 피살된 사람이 7,500여 명, 부상자가 16,000여 명이었다고 한다.

**시기별 시위 횟수**

(건수)

윤병석이 정리한 통계
《3·1 운동 50주년 기념 논문집》

일본군 사령부의 통계

(월/일)

**3·1 운동으로 체포된 사람들의 직업 구성**

기타
3%
555명

노동자
10%
2,126명

상공업자
11%
2,242명

농민
56%
10,846명

학생·지식인
20%
3,742명

출처 : 성대경,
《일제하 식민지
시대의 민족 운동》

민들은 지역별로 장날에 대규모 독립 선언식을 거행하고 만세 운동을 전개하였다. 만세 운동 초기에 앞장서서 시위에 참가하였던 학생들은 이후 각자의 고향으로 돌아가 시위를 조직하는 데 힘썼다. 상인들은 가게 문을 닫고 만세 운동에 참가하였다.

민중들의 참여가 늘면서 운동의 형태도 많이 달라졌다. 민중들은 민족 자결주의가 무엇인지도 몰랐고, 평화적으로 시위를 벌이다 무참하게 학살당하였던 초기의 운동 방법을 고수하지도 않았다.

민중들은 일제를 우리 손으로 몰아낼 수 있을 때 독립이 이루어지리라 믿었다. 그래서 일제의 통치 기관이나 시위 참가자가 갇힌 헌병 주재소, 경찰서를 공격하여 일본인을 쫓아내기도 하였다.

**차금봉에 대한 일제의 재판 기록**

차금봉(1898~1929)은 철도 노동자로 3·1 운동 때 노동자를 조직하여 시위를 벌이다 해고되었다. 1928년 조선 공산당 책임비서가 되어 3·1 운동 기념 투쟁을 준비하다 체포되어 감옥에서 죽음을 맞았다.

## 3·1 운동, 이루지 못한 혁명

3월 1일에 시작된 운동은 5월이 되자 수그러들었다. 군대를 동원한 일제의 야만적인 탄압을 넘어서지 못했기 때문이다.

그러나 3·1 운동은 일제의 억압적인 통치 방식을 변화시켰다. 거족적인 투쟁으로 일제가 그토록 억누르려 하였던 시민적 자유를 일부나마 쟁취하여 민족 운동이 새롭게 발전할 수 있는 기틀을 마련하였다. 또한 나라 밖에서 임시 정부가 조직되고, 무장 독립군 활동이 크게 일어나는 계기가 되었다.

**나도 역사가**

다음 자료를 참고하여 일제의 3·1 운동 탄압 과정에 대한 조사 보고서를 작성해 보자.

**유관순(1902~1920)**

3월 1일 서울에서 만세 시위를 벌인 후 고향으로 돌아가 만세 운동을 조직하였다. 시위 도중 일본 경찰에 체포되었다. 가혹한 고문을 받아 몸을 가눌 수 없는 상태에서도 당당하게 재판을 받았으며, 옥중에서도 만세를 부르며 동지들을 격려하다가 옥사하였다.

**제암리 학살 사건(1919)**

일제 경찰은 마을 주민 모두를 교회에 모이게 한 후, 문을 폐쇄하고 교회에 불을 지르면서 무차별 총격을 가하였다. 이로써 23명이 현장에서 죽고 교회는 물론 마을 전체가 불에 타 흔적조차 없이 사라졌다. 사진은 희생자 유족들의 모습(왼쪽)과 한 선교사가 현장을 답사하는 광경(오른쪽)이다.

# 민족주의와 사회주의

가 볼 곳 암태도  만날 사람 조만식, 나석주  주요 사건 물산 장려 운동, 소작 쟁의, 노동 쟁의, 동척 폭파 사건

"보아라, 우리의 먹고 입고 쓰는 것이 다 우리의 손으로 만든 것이 아니었다. 이것이 세상에 제일 무섭고 위태한 일인 줄을 오늘에야 우리는 깨달았다. 입어라, 조선 사람이 짠 것을. 먹어라, 조선 사람이 만든 것을. 써라, 조선 사람이 지은 것을. 조선 사람 조선 것."

## ━ 새로운 출발, 조직적으로 투쟁하자

거족적으로 싸웠으나 독립을 쟁취하지 못하였으니, 3·1 운동 이후 민족 운동은 수그러들었을까? 현실은 그 반대였다. 3·1 운동을 거치면서, 많은 사람들은 서로의 마음속에 독립을 향한 뜨거운 열망이 있음을 확인하였다. 좌절 속에서 오히려 희망을 발견하였던 것이다.

청년은 청년대로, 농민과 노동자들은 또 그들끼리 자주적인 단체를 만들었다. 빼앗긴 것을 되찾고 더 나은 것을 향해 활동하기 시작하였다. 나아가 지역과 계층을 뛰어넘는 연대를 도모하였다.

독립이 꼭 필요하지만, 당장은 일제와 정면으로 맞서기 어렵다고 생각하는 이가 많았다. 그래서 우선은 일제에 맞설 수 있는 민족의 실력을 길러야 하고, 이를 위해서는 새로운 지식을 익히고 생활을 개선하며 경제력을 길러

**물산 장려 운동**
'내 살림 내 것으로, 조선 사람 조선 것'을 구호로 내건 물산 장려 운동은 1940년 일제에 의해 물산 장려회가 해산당할 때까지 경제 자립 운동으로 전개되었다.

야 한다고 보았다. 이처럼 민족 독립을 가장 중요한 과제로 생각하고, 지역과 계층의 차이를 뛰어넘어 단결하자고 주장한 이들을 민족주의자라 한다.

한편, 농민과 노동자들이 조직한 단체 가운데 지주나 자본가 등 힘 있는 자들에 맞서 자신의 권리를 지키려는 단체가 많았다. 이들의 활동이 활발해지면서 농민·노동자 등 노동 계급의 해방과 민족의 독립을 동시에 추구하자는 사회주의 운동이 일어났다. 그 과정에서 사회주의자들은 조선 공산당을 조직하여 활동하였다.[1925]

민족주의자들과 사회주의자들은 서로 대립하고 비판하면서도 민족의 장래를 올바른 길로 열기 위해 함께 노력하였다.

## — 실력 양성으로 독립의 기초를

민족주의 계열 인사들은 민족이 실력을 길러야만 독립을 이룰 수 있다고 생각하였다. 이상재 등은 조선 교육회를 조직하여 조선어와 신문화를 보급하는 계몽 활동을 벌였으며, 민립 대학 설립 운동을 위한 모금 활동을 전개하였다. 또 수많은 청년 단체들이 지역별로 야학을 열어 학교에 가지 못하는 농민, 노동자, 여성을 대상으로 계몽 운동을 전개하였다.

한편, 조만식 등은 1920년 평양에서 토산품 애용 운동을 시작하였다. 이 움직임은 1923년 전국적으로 확산되어 조선 물산 장려회와 토산 애용 부인회의 조직으로 이어졌다. '국산품 애용, 민족 기업 육성'을 기치로 내건 물산 장려 운동이 전국적으로 전개되었다. 이렇듯 민족주의자들의 활동이 활발해지면서 독립을 이룩하려는 민족의 의지는 더욱 높아졌다.

**이동휘(1872~1935)**
대한 제국 군인 출신으로 신민회 활동으로 투옥되었다. 러시아의 연해주에서 독립운동을 벌이던 중 러시아에서 사회주의 혁명이 일어나자, 한인 사회당을 조직하여 연대를 모색하였다. 대한민국 임시 정부 국무총리를 지냈으며, 민족의 독립과 사회주의 혁명을 함께 추구하였다.

**조선 공산당 사건 관련 기사**
1920년대에는 사회주의 이념을 받아들인 사회 운동, 독립운동이 매우 활발하였다. 사진은 1925년에 조직된 조선 공산당 관련자를 일제가 체포한 소식을 보도한 신문이다.

**조만식(1883~1950)**
포목상과 지물상을 경영하여 많은 재산을 모았으며, 일본에서 공부하기도 하였다. 3·1 운동으로 옥고를 치른 뒤, 1920년에 평양에서 조선 물산 장려 운동을 일으켰으며, 민립 대학 설립 운동에도 참여하였다.

**토산 애용 부인회**
1923년 여성들로 조직된 토산 애용 부인회는 강연회를 개최하는 등 여성들을 대상으로 다양한 선전 활동을 전개하였다.

**| 1931년 당시 한국인 공장 노동자의 노동 시간**　　**원산 총파업 ▶**

공업 발전이 지체된 상황에서 노동자들은 장시간 노동과
저임금, 그리고 해고의 위험으로 큰 어려움을 겪었다.

- 8시간 미만 0.8%
- 8~10시간 27.7%
- 12시간 59.6%
- 10~12시간 11.9%

출처 : 호소가와 가로쿠, 《식민사》, 1942

**나석주(1892~1926)**
황해도 재령군 북률 출신으로 동양
척식 주식회사 소유의 토지를
경작하던 농민 가정에서 태어났다.
의열단 단원으로 활동하던 중 북률
농민들의 소작 쟁의에 감동하여
동양 척식 주식회사에 폭탄을
던지고 일본인들을 살해한 뒤
스스로 목숨을 끊었다.

## ━ 일어서는 민중들

농민과 노동자들은 3·1 운동 때 앞장서서 투쟁하였다. 그리고 3·1 운동 이후에는 농민·노동 단체들을 앞다투어 조직하여 자신들의 권리를 지키고, 일제에 반대하는 운동을 활발하게 전개하였다.

농민들은 소작인회나 농민 조합을 조직하여 지주에 맞섰다. 전남 신안군의 암태도 농민들의 투쟁[1923]과 황해도 재령군 북률 농민들의 투쟁[1924]은 지주와 이들을 후원하는 일제 당국에 맞서 2년여에 걸쳐 전개된 대표적인 소작 쟁의였다.

노동자들은 직업별 혹은 지역별로 노동조합을 결성하여 투쟁하였다. 5,000여 명의 부두 노동자들이 하나로 단결하였던 부산 부두 노동자 파업[1921]과 지역의 노동자들이 대거 참가하여 4개월 이상 투쟁을 벌였던 원산 총파업[1928~1929]이 대표적인 노동 쟁의였다.

소작 쟁의와 노동 쟁의는 민중들이 직접 일어나 자신의 생존권을 지키려는 운동이었으며, 민족적·계급적 차별을 폐지하려는 투쟁이었다. 그리하여 농민·노동자들의 투쟁은 사회주의 운동으로 이어지거나, 일제의 통치 기관이나 민중 수탈 기관에 대한 무력 공격으로 확대되기도 하였다.

**나도 역사가**

1920년대에 살았다면 어떻게 독립운동을 할지 계획을 세워 보자.

# 굶어 죽을지라도 굴복할 수 없다

1923년 7월 4일, 서울에는 비가 내렸다. 비는 밤새 쉴 없이 내렸다.

그 비를 다 맞으며 밤을 샌 노동자들이 있었다. 여성들이었고, 숫자도 그리 많지 않았다. 소리 높여 구호를 외치는 것도 아니었고, 플래카드도 없었다. 단지 굳게 닫힌 공장의 문을 바라보며 죽음을 각오한 듯 처연하게 앉아 있을 뿐이었다.

이날 서울의 고무 공장 노동자들은 경성 고무 직공 조합을 결성하였다. 그리고 나서 임금 삭감을 중단할 것과 무례한 일본인 감독의 해고를 요구하기로 하고 업주 측과 교섭에 들어갔다.

하지만 업주 측은 교섭 대표를 만나기는커녕 파업에 참여한 노동자 모두를 해고하기로 결정하였다. 심지어는 파업 참여자 명단을 전국의 고무 공장에 돌려 아예 취업조차 못 하게 만들었다.

노동자들은 크게 낙담하였다.

"이제 어찌 사나, 병든 남편이랑 올망졸망한 자식들이랑……."

"내 월급 기다리는 고향 어머니는 이제 어떡해……."

통곡하는 사람도 많았다.

"당신 해고야!" 이 말은 그들에게 사형 선고와도 같았다.

행여 해고당할까 봐 숨죽이며 살아온 시간들, 못된 일본인 감독의 성희롱과 민족 차별에도 견뎌 왔던 날들이 더욱 설움을 돋우었다.

그래서 이들은 밤새 공장 앞에서 비를 맞았다. 어차피 죽을 것이니, 이 자리에서 굶어 죽겠노라고 아사 동맹을 조직한 것이다. 빗속에서 진행된 이날 농성 이후 전국에서 지지와 성원이 이어졌다. 노동자들의 단결과 여론 앞에 업주 측은 결국 파업 노동자의 전원 복직과 임금 인상, 상여금 지급을 약속하였다.

# 암태도를 찾아서

목포에서 뱃길로 1시간 30분 거리에 암태도라는 섬이 있다. 돌이 많고 바위가 병풍처럼 둘러쳐져 있어 암태라는 이름이 붙었지만, 13km²(총면적 39km²) 규모의 적지 않은 논밭이 섬 사람들을 먹여 살려 왔다. 그러나 그 논밭이 모두 농민들의 것은 아니었다.

암태도 땅의 대부분은 문씨와 심씨 성을 가진 몇몇 집안의 것이었다. 농민들은 무려 수확량의 70~80%를 소작료라는 이름으로 그들에게 수탈당하였다.

대부분의 농민들은 저항하지 못한 채 그렇게 살았다. 농민들에게 저항은 곧 땅을 떼이는 것을 의미하였고, 일제의 탄압으로 이어지기 일쑤였다.

3·1 운동 이후 암태도에도 변화의 바람이 일었다. 수탈당하고 억압받던 암태도 청년들은 청년회를 조직하였다. 함께 학교를 운영하였으며, 더 나은 미래를 위해 뜻을 모았다. 그리고 1923년 가을, 암태도 농민들은 암태 소작인회를 결성하여 지주들에게 소작료를 낮추어 줄 것을 요구하였다.

지주들은 소작인들의 요구를 웃어넘겼다. 그리고 회유와 협박으로 소작인회를 무너뜨리려 하였다. 이에 소작인들은 추수 거부와 소작료 불납 투쟁으로 맞섰다. 투쟁은 해를 넘겨 계속되었다.

당황한 지주들은 소작료를 강제로 징수하려 들었다. 이 과정에서 충돌이 일어나자 곧바로 경찰이 개입하여 소작인회 간부들을 구속하기에 이르렀다.

그러나 농민들은 물러서지 않았다. 싸움은 이제 일제에 맞선 싸움으로 바뀌었다. 4월과 6월 두 차례에 걸쳐 농민들은 목포 경찰서와 법원 앞에서 항의 시위를 벌였다.

7월에는 '아사 동맹'을 결의한 농민 600여 명이 목포 재판소로 몰려갔다.

● **누구를 위한 소작인가**
암태도 소작 쟁의는 일본에 의한 식민지화 이후 점점 더 가혹해진 소작료 수취에서 비롯되었다. 식민지 농민들은 가을걷이가 한창인 들판을 보고서도 기쁨보다는 한숨이 앞섰다. 그림은 소작 쟁의 당시 농민들의 모습을 형상화한 화가 김호원의 '암태도 소작 쟁의 연작' 가운데 〈누구를 위한 소작인가〉(1993, 왼쪽) 일부와 〈암태도 소작 쟁의〉(1998, 오른쪽)이다.

이들은 "대지로 요를 삼고 창공으로 이불을 삼아, 입은 옷에야 흙이 묻든지 말든지, 졸아드는 창자야 끊어지든지 말든지, 오직 하나 집을 떠날 때 작정한 마음으로 습기가 가득한 밤이슬을 맞으면서……."(〈동아일보〉, 1924년 7월 13일자) 단식 농성을 벌였다.

투쟁이 이어지면서 언론은 물론 전국의 노동·사회 단체가 지지하고 나섰다. 결국 일제가 물러서자 지주들도 양보할 수밖에 없었다.

"소작료는 지주 몫을 4할로 낮춘다. 지주는 소작인회에 기부금 2,000원을 내놓는다."

농민들의 승리였다. 1년여에 걸친 눈물겨운 투쟁으로 이룩한 값진 승리였다.

● 소작 쟁의 지도자 서태석(1885~1943)

이 운동의 지도자였던 서태석은 3·1 운동 기념 시위로 옥고를 치르기도 하였다. 1924년 항쟁 이후 농민 운동과 사회주의 운동을 계속하다가 일본 경찰에 끌려가 고문을 받고 그 후유증으로 사망하였다. 위 신문 기사는 1924년 4월 6일자 〈동아일보〉에 게재된 서태석과 목포 경찰서장의 면담 내용이다.

# 신대한 독립군 백만 용사야!

가 볼 곳 임시 정부 청사　만날 사람 홍범도, 김좌진, 김구　주요 사건 임시 정부 수립, 봉오동·청산리 전투

만주와 연해주에서, 상하이와 미국 곳곳에서 한인들은 만세 시위 운동을 전개하고 독립을 이룩하기 위한 새로운 투쟁을 다짐하였다. 또한 더 많은 투쟁을 하고자 국경을 넘었던 사람들이 이곳으로 모여들면서 나라 밖의 독립운동이 크게 일어났다.

**| 두만강 상류**

두만강 건너편 간도에는 많은 한인들이 이주해 살았고, 군사 활동에 유리한 밀림과 천연의 요새가 많았다. 게다가 이곳은 중국 영토여서 독립군이 활동하는 데 유리하였다.

봉오동 전투의 승리를 알리는 〈독립신문〉 기사

## ━ 일어서는 민중들

> 독립군 승리! 봉오동에서 적을 대파
> 크게 패해 달아난 적은 120여 명이 죽거나 다쳤다.
> 6월 7일의 전투에 관한 우리 군대의 소식.
> ― 〈독립신문〉, 1920년 6월 22일자

1920년 6월 4일, 우리 독립군은 두만강을 건너서 우리 국토를 강점하고 있던 일본군을 공격하였다. 이렇게 시작된 전투는 대규모 일본군의 역습과 매복한 우리 독립군의 반격으로 이어졌다.

상하이에 있던 임시 정부는 "홍범도, 최명록 장군이 즉시 적을 공격하여 사격함으로써 적이 120여 명의 사상자를 내고 도주하게 만들었으며, 도망하는 적을 쫓아 추격전을 전개하여 지금도 전투 중"이라는 내용의 〈독립신문〉 호외[1920.6.22.]를 배포하기도 하였다. 이후 계속된 전투는 두만강에서 40여 리 떨어진 험준한 산악 지대에서 벌어졌는데, 독립군은 이 전투에서 일본군 300여 명을 살상하는 대승리를 거두었다.

그런데 왜 두만강 건너편에 독립군이 모여 있었을까? 그리고 임시 정부는 또 무엇일까? 〈독립신문〉은 이미 폐간되지 않았나?

## ━ 우리는 독립된 민주주의 국가를 원한다

3·1 운동 직후 나라 밖에서도 민족 운동이 크게 일어났다. 만주와 연해주에서, 상하이와 미국 곳곳에서 한인들은 만세 시위 운동을 전개하고 독립을 이룩하기 위한 새로운 투쟁을 다짐하였다. 또 더 많은 투쟁을 하고자 국경을 넘었던 사람들이 이곳으로 모여들면서 나라 밖의 독립운동이 크게 일어났다.

3·1 운동을 전후하여 연해주와 상하이, 서울에서 임시 정부가 만들어졌다. 독립을 선언하였으니 마땅히 정부가 있어야 한다거나, 독립 투쟁을 좀더 조직적이고 체계적으로 전개하자고 생각한 이들이 모여 민주적 절차를 거쳐 임시 정부를 구성하였다.

세 곳에서 따로 만들어진 임시 정부는 모두 민주 공화제를 지향하였다. 대한민국의 주권은 인민에게 있으며, 남녀·귀천·빈부의 차별이 없는 새로운 나라를 만들겠다는 뜻을 밝혔다.

세 임시 정부는 얼마 뒤 하나로 통합되었다. 대통령은 이승만, 국무총리는 이동휘가 맡았고, 상하이를 근거지로 활동하였다. 임시 정부와 별도로 오늘날 국회에 해당하는 임시 의정원도 있었다.

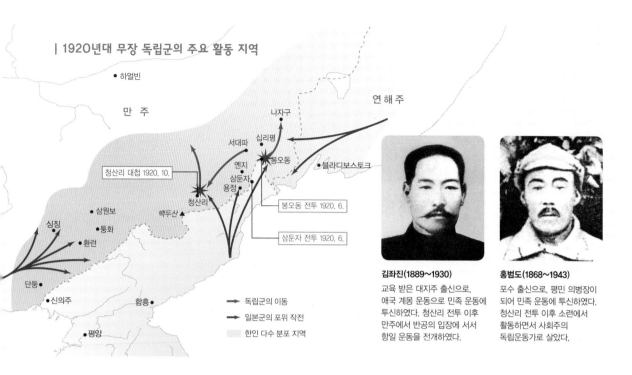

| 1920년대 무장 독립군의 주요 활동 지역

김좌진(1889~1930)
교육 받은 대지주 출신으로,
애국 계몽 운동으로 민족 운동에
투신하였다. 청산리 전투 이후
만주에서 반공의 입장에 서서
항일 운동을 전개하였다.

홍범도(1868~1943)
포수 출신으로, 평민 의병장이
되어 민족 운동에 투신하였다.
청산리 전투 이후 소련에서
활동하면서 사회주의
독립운동가로 살았다.

임시 정부는 독립에 유리한 국제 여론을 불러일으키기 위해 외교 활동에 힘을 기울이면서 연해주와 만주에서 활동하는 독립군과 함께 항일 활동도 전개하였다. 그리고 〈독립신문〉을 발행하여 독립운동 소식을 나라 안팎에 전하였다.

### ─ 우리는 대한의 독립군!

많은 사람들은 무장 투쟁으로 일제를 몰아내야만 독립도, 민주 국가의 건설도 가능하다고 생각하였다. 이런 생각을 가진 사람들이 만주로 몰려들었다. 이들은 두만강과 압록강 건너편 산 깊숙한 곳에 자리를 잡고, 이곳에 이주한 동포의 도움을 받아 군대를 길렀다. 그리고 국경을 넘어 일본군 초소를 공격하거나 일본군의 활동을 방해하고, 친일파를 처단하기도 하였다.

1920년, 독립군은 여러 곳에서 일본군을 크게 무찔렀다. 홍범도가 이끄는 대한 독립군은 봉오동에서 일본군과 싸워 크게 이겼다. 그리고 김좌진의 북로 군정서군과 협력하여 청산리에서 만주 독립 전쟁 역사상 최대의 승리를 이끌었다.

그러나 독립군이 충분한 준비를 갖추고 전쟁에 나서거나 항상 승리를 거

둔 것은 아니었다. 늘 추위와 굶주림에 시달렸고, 일
제의 감시에 긴장을 늦추지 않고 살아야 했다.

일본군이 청산리 전투 이후 만주에 거주하는 한인
들을 대거 학살하여<sup>1920. 간도 참변</sup> 독립군이 그곳에서 지
속적으로 활동하는 데 큰 타격을 입었다. 또한, 러시
아로 이동한 독립군이 소련군에 의해 무장 해제를 당
하는 등 어려움은 말할 수 없이 많았다. 1925년에는
일제의 압력을 받은 중국 당국이 독립군 활동을 금지
함으로써 더 큰 어려움을 맞았다.

**간도 참변(1920)**
임시 정부 통신원에 따르면 1920년 10월부터 11월에 걸쳐 한국인 3,600여 명이
피살되고 민가 3,500여 채가 파괴되었다고 한다.

---

**나도 역사가**

다음은 독립군이 즐겨 불렀던 〈독립군가〉이다. 노래를 배워 불러 보고, 독립군의 마음가짐에
대해 이야기해 보자.

# 단결하여 투쟁하자!

가 볼 곳 광주 학생 항일 운동 기념탑   만날 사람 이광수, 이상재, 홍명희   주요 사건 6·10 만세 운동, 신간회 창립

우리는 조선 민족의 정치·경제적 해방을 위해 노력한다.

우리는 일치단결하여 민족의 대표 기관이 되도록 노력한다.

우리는 일제와 타협하지 않고, 민족의 당면 이익을 위하여 투쟁한다.

— 〈신간회 강령〉(재구성)

## ━ 짧은 애국, 긴 매국

1921년 3월, 상하이에서 활동하던 이광수가 서울을 향해 길을 나섰다. 그러나 그는 곧바로 일본 경찰에 체포되어 서울로 압송되었다.

많은 사람들은 그의 귀국과 일제의 조사 과정에 주목하였다. 그는 일본 유학생 출신의 대표적 지식인이었으며, 일본에서 독립 선언을 주도하였고, 상하이에서는 임시 정부의 〈독립신문〉 발간 활동을 하였기 때문이다.

그런데 뭇사람들의 예상과는 달리 그는 별다른 조사나 재판을 받지 않고 곧바로 풀려났다. 어찌된 영문인지 많은 사람들이 궁금해하였다.

이듬해부터 이광수는 여러 편의 글을 잇달아 발표하였다. "주권을 잃은 것은 우리의 그릇된 민족성 때문이다.", "독립을 위한 투쟁보다는 근대 문물을 받아들여 힘을 기르는 것이 더 중요하다."라고 주장하였다. 이광수는 조급한 독립 투쟁보다 그릇된 민족성을 고치려는 도덕성 개조가 중요하다며, 일제가 만든 법을 지키는 범위 안에서 민족 운동을 벌일 것을 제안하였다.

일제가 육성한 친일파를 포함해 일부 민족주의 인사들은 우선 자치를 인정받아 실력을 기르고, 그다음에 독립운동을 하자며 이광수의 주장에 동조하였다.

**이광수 (1892~1950)**

조선 총독부에서 이광수의 귀국과 취직을 주선하였다. 이처럼 일제는 독립운동 경력이 있는 사람들을 친일파로 만들어 민족 운동을 분열시키려 하였다. 사진은 임시 정부 사료 편찬부 주임 시절의 이광수(앞줄 가운데)이다.

6·10 만세 운동(1926)

순종의 장례 행렬이 지나는 창덕궁에서
동대문까지 곳곳에서 학생과 시민들은
격문을 뿌리고 만세 시위를 벌였다.

## ─ 조선 독립 만세!

자치를 내세우는 이광수 등의 주장은 독립운동을 무기한 연기하자는 것이
나 마찬가지였다. 일제의 침략으로 날마다 고통을 겪고 있는 민중들이나
일제의 본질을 잘 알고 있는 인사들로서는 받아들일 수 없었다. 그리하여
1920년대 중반에는 자치론자를 제외한 민족주의자들과 사회주의자들이 서
로 협력하여 항일 운동을 전개하자는 움직임이 일어나게 되었다.

1926년, 마지막 황제였던 순종이 세상을 떠났다. 이에 사회주의자들로
조직된 조선 공산당과 학생 단체에서 순종의 장례식을 기해 전국적인 만세
시위 운동을 추진하였는데, 여기에 민족주의 인사들도 함께 참가하였다.

일제는 3·1 운동 때를 생각하며 삼엄한 경계망을 펼쳤다. 그리고 평양,
함흥, 원산 등에 주둔하고 있던 군대를 서울로 집결시키고, 부산과 인천에
는 함대를 대기시켜 놓았다.

그러나 6월 10일 일제의 삼엄한 경계 속에서도 서울 곳곳에서는 만세 운
동이 활발하게 전개되었다. 독립을 향한 우리 민족의 의지가 유감없이 과
시되었다. 1926. 6·10 만세 운동

## | 신간회의 창립

1927년 이상재를 회장으로, 홍명희를 부회장으로 하는 신간회가
탄생되었다. 사진은 신간회의 창립을 알리는 당시의 신문 기사이다.

**이상재(1850~1927)**

독립 협회 활동을 하였으며,
기독 청년회(YMCA)를 통한
계몽 운동과 물산 장려 운동,
민립 대학 설립 운동을 전개한
대표적인 민족주의자이다.

**홍명희(1888~?)**

사립 학교 교사와 언론인으로
활동하였으며, 신간회 활동으로
투옥되기도 하였다. 해방 이후
북한에서 부수상에 올랐으며,
유명한 소설 〈임꺽정〉의 저자이다.

**신간회 안동 지회 제2회 정기 대회
(1928. 1. 29.)**

신간회가 결성되자 안동에서도 같은
해 8월 26일, 회원 197인의 발기로
신간회 안동 지회가 조직되었다. 그
뒤 안동 지회는 강연회를 통한 계몽
운동과 향교 철폐 운동 등 다양한
활동을 펼쳤다.

### ━━ 단결하여 투쟁하자

6·10 만세 운동을 함께 전개하였던 민족주의자들과 사회주의자들은 그 뒤
에도 여러 차례 만남을 가졌다. 민족주의자들은 민족의 독립을 위해 모두
의 단결이 필요하다는 것을 여러 차례 강조하였다. 사회주의자들은 농민과
노동자들의 권리를 지키는 활동을 강조하였다.

두 세력은 서로의 차이를 인정하면서, 함께할 수 있는 부분을 찾기로 하
였다. 여러 차례 만남을 통해 "기회주의를 일절 배격하며, 민족의 독립과
경제적 해방을 위해 함께 싸우기"로 합의하고, 최대의 항일 운동 단체인 신
간회를 조직하였다.[1927]

서울에 신간회 본부가 결성된 후 전국 곳곳에 지회가 조직되어 여기에 청
년회, 농민회, 노동조합 등에서 활동하던 인사들이 대거 가입하였다. 그리
하여 1931년에는 전국 141개 지회와 4만여 명의 회원을 가진 최대의 항일
운동 단체로 자리를 잡았다.

일제는 신간회 본부의 활동을 사사건건 방해하여, 본부에서는 총회조차
열 수가 없었다. 하지만 지회에서는 야학을 설립하고 웅변회와 연설회를 열
어 민중들의 투쟁 의지를 드높였으며, 농민과 노동자들의 이익을 해치는 일
제의 정책에 반대하는 투쟁을 벌이고, 청년 학생 단체의 활동을 지원하였다.

## | 광주 학생 항일 운동

1930년 3월까지 계속된 이 운동에 전국 194개 학교, 54,000여 명이 참가하였다. 이는 당시 중등 이상 학생 수의 1/10에 달한다. 사진은 운동에 참가하였던 사람들의 재판을 보도한 당시의 신문 기사이다.

### 광주 학생 항일 운동의 발단

통학 열차 안에서 일본인 학생이 조선인 여학생 2명(광주 여고보 3학년 박기옥과 이광춘, 아래)을 희롱하는 것을 보다 못 한 광주 고보 2학년 박준채(왼쪽)가 일본인 학생과 싸운 것이 발단이 되었다.

### ━━ 광주 학생 항일 운동, 그리고 신간회

이런 가운데 1929년 11월에 광주 학생 항일 운동이 일어났다. 이 사건은 통학 열차 안에서 일어난 조선인 학생과 일본인 학생 사이의 사소한 다툼에서 시작되었다. 그러나 일본 경찰이 이를 일방적으로 처리하자, 광주 지역 학생들은 '민족 차별 중지, 식민지 교육 제도 철폐' 등을 주장하며 대규모 시위를 벌였다.

이에 신간회는 즉시 조사단을 파견하고, 학생들의 운동을 지원할 수 있는 방안을 모색하였다. 그리고 광주 학생들의 소식을 전국으로 알리면서, 이를 대규모 민중 운동으로 발전시키려 하였다. 이 계획은 일제의 탄압으로 실현되지 못하였지만 학생들의 투쟁은 전국 곳곳으로 확산되어 3·1 운동 이후 최대 규모의 항일 운동으로 발전하였다.

### 나도 역사가

신간회의 성립과 활동 과정을 더 조사하여, 이념이 서로 다른 사람들끼리 함께 활동할 때의 장단점을 찾아보자.

# 어느 보통학교의 졸업식장에서

1919년 3월 2일, 만세의 함성이 지나간 다음 날 서울은 조용하였다. 다다음 날도 그랬다. 학교는 더욱 조용하였다. 학생들이 아무도 등교하지 않았기 때문이다.

이런 날은 제법 오랫동안 계속되었다. 일제는 어린아이들이 등교를 거부하자 매우 당혹하였다. 어느 커다란 소학교에서는 집집마다 연락하여 졸업식만이라도 참가해서 졸업 증서를 받아 가도록 애원하기도 하였다.

그러다가 결국 한 학교에서 졸업식이 열리게 되었다. 학교 당국의 애원에 자신의 뜻을 꺾은 듯, 많은 학생들이 식장에 나타났다. 그리고 많은 학부모들도 자리를 채웠다.

수많은 관리와 이름난 일본인들이 자리한 가운데 졸업식이 시작되었다. 학생들에게는 차례대로 귀중한 졸업 증서가 주어졌다.

그런 다음, 열두어 살쯤 된 학생 대표가 선생님과 당국에 감사의 뜻을 전하기 위해 앞으로 걸어 나왔다. 그는 깍듯이 예의를 갖추는 듯하였다. 인사를 할 때도 허리를 90도로 굽혀 최대한 경의를 표하였으며, 최대한 존경의 마음을 실어 인사말을 하였다. 그 모습에 내빈들은 모두 기분이 좋았다.

인사말이 거의 끝나 갈 무렵, 그의 목소리가 바뀌었다.

"이 말만은 꼭 하고 싶습니다."

그는 몸을 곧추세우고 결연한 눈빛으로 말하였다.

그는 지난 며칠 동안 지금 자기가 하고자 하는 말 때문에 많은 사람들이 죽었다는 사실을 잘 알고 있었다.

그는 겉옷 속에 손을 집어넣었다. 그러고 나서는 지니고 있다는 사실만으로도 죄가 되는 태극기를 끄집어냈다.

"우리나라를 돌려 달라! 대한 독립 만세!"

태극기를 흔들며 그는 울부짖었다.

모든 학생이 자리를 박차고 일어나 품속에서 태극기를 꺼내 흔들며 만세를 불렀다. 그들은 기절초풍한 내빈들 앞에서 졸업 증서를 찢어 바닥에 던져 버리고 떼를 지어 밖으로 나갔다.

— 매켄지, 《한국의 독립운동》, 1919

3·1 운동이 시작된 후, 수많은 학생이 만세 운동에 참여하였다. 나이 어린 보통학교 학생들의 참여도 대단하였다. 전국의 수많은 학교에서 동맹 휴학을 벌였고, 수십 명씩 수백 명씩 대오를 이루어 시위를 벌이기도 하였다. 보통학교의 졸업식이 예정되어 있던 3월 23일 서울의 정동 보통학교와 의동 보통학교에서는 어린이들이 졸업식장에서 만세 시위를 벌였다.

# 5

## 해방의
## 그날까지

# 강보에 싸인
# 두 아들
# 모순과 담에게

너희도 만일 피가 있고 뼈가 있다면
반드시 조선을 위해 용감한 투사가 되어라.
태극 깃발을 높이 드날리고
나의 빈 무덤 앞에 찾아와 한 잔의 술을 부어 놓아라.
그리고 너희들은 아비 없음을 슬퍼하지 말아라.
사랑하는 어머니가 있으니
어머니의 교양으로 성공한 자를 동서양 역사상 보건대
동양으로 문학가 맹자가 있고
서양으로 프랑스의 혁명가 나폴레옹이 있고
미국에 발명가 에디슨이 있다.
바라건대 너희 어머니는 그의 어머니가 되고
너희들은 그 사람이 되어라.

— 윤봉길 의사의 편지글

# 빼앗긴 조국, 끌려간 사람들

가 볼 곳 나눔의 집    만날 사람 군대 '위안부', 친일파들    주요 사건 징용, 징병, 황국 신민화 정책

일본으로 간 우리 젊은이들은 노예 같은 생활을 강요받았다. 물론 그들 중 일부는 돈을 벌기 위해 스스로 바다를 건넜다. 하지만 더 많은 사람들이 일제에 의해 강제로 동원되었다. 그러나 누구도 돈을 벌지 못하였고, 살아서 고향 땅을 밟지 못한 이들도 대단히 많았다.

## ― 노동자 합숙소의 하루

이른 새벽 기상을 알리는 주번의 호령 소리로 하루가 시작된다. 노동자들이 긴 통나무 베개를 같이 쓰고 있어, 감독들은 호령과 함께 통나무 베개 한쪽 끝을 몽둥이로 마구 때려 노동자들을 깨운다.

간밤에 도망자가 없었는지를 확인하려고 이른 새벽부터 점호를 한다. 그러고는 식사를 서둘러 마친 뒤 어두운 새벽길을 가로질러 작업장으로 향한다.

인부 다섯 명에 감독이 한 명씩 붙어서 몽둥이를 휘두르고 욕설을 해 대며 작업을 다그친다. 또한 날마다 책임량을 정해 주는데, 이를 완수하기 위해서는 어떤

▲한인의 죽음
일본 지쿠호의 한 탄광에 강제 징용되었다가 죽음을 당한 한인의 품에서 발견된 가족사진이다.

▶규슈 탄광에서 일하는 한인 노동자

날은 15~16시간 동안 쉬지 않고 일을 하기도 한다. 숙소 벽에는 채찍과 몽둥이 등 고문을 할 수 있는 도구들이 걸려 있다. 혹시 병이라도 걸리면 아무런 치료도 받지 못한 채 죽어야 하고, 영양실조와 감독의 폭행으로 죽는 사람도 많다.

—《빼앗긴 조국, 끌려간 사람들》, 1995

그것은 노예의 생활이었다.

일본으로 간 우리 젊은이들은 노예 같은 생활을 강요받았다. 물론 그들 중 일부는 돈을 벌기 위해 스스로 바다를 건넜다. 하지만 더 많은 사람들이 일제에 의해 강제로 동원되었다. 그러나 어떤 경우든 그들의 생활은 마찬가지였고, 누구도 돈을 벌지는 못하였다. 살아서 고향 땅을 밟지 못한 이들도 많았다.

### ▬ 인간을 사냥하는 침략자들

일제는 강점과 동시에 우리 땅을 빼앗고 자원을 약탈하였다. 또한 우리 민족의 발전을 가로막고 사상과 문화의 발전을 왜곡시켰다. 그것도 모자라 1930년대 이후에는 생명 그 자체를 요구하였다.

1930년대 초에 대공황이 전 세계를 휩쓸자 일제는 우리 민족에 대한 수탈을 더욱 강화하였다. 그들은 값싼 노동력과 자원을 활용하기 위해 조선에 공장을 지었다. 싼 임금을 지불하고 노예 같은 노동을 강요하였으며, 임금 인하에 반대하는 노동자들의 운동을 짓밟았다. 농민들에 대한 수탈도 더욱 강화하였다. 심지어는 전국의 농촌을 돌며 젊은이들을 모집하여 일본에 있는 기업으로 끌고 갔다.

이런 정책은 일본이 만주와 중국을 침략하고 미국

| 강제 징병

일제에 의해 강제로 동원된 사람은 군인과 군 관련자 40만여 명을 포함하여 700만 명(이 인구는 당시 조선 인구의 1/4가량 된다)을 넘어선다. 이 가운데 일본으로 끌려간 사람들의 수는 200만여 명이다.

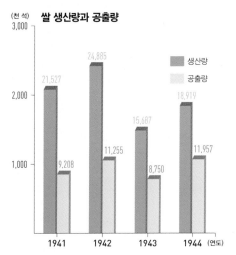

(천 석) 쌀 생산량과 공출량

생산량 / 공출량

- 1941: 21,527 / 9,208
- 1942: 24,885 / 11,255
- 1943: 15,687 / 8,750
- 1944: 18,919 / 11,957

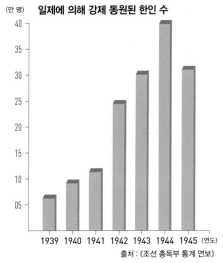

(만 명) 일제에 의해 강제 동원된 한인 수

1939 1940 1941 1942 1943 1944 1945 (연도)

출처: 《조선 총독부 통계 연보》

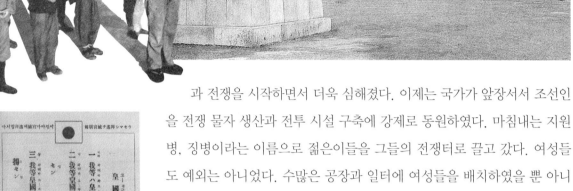

황국 신민의 서사 암송

어린아이들조차 아침 조회 시간마다 황국
신민의 서사를 외워야만 하였다.

과 전쟁을 시작하면서 더욱 심해졌다. 이제는 국가가 앞장서서 조선인
을 전쟁 물자 생산과 전투 시설 구축에 강제로 동원하였다. 마침내는 지원
병, 징병이라는 이름으로 젊은이들을 그들의 전쟁터로 끌고 갔다. 여성들
도 예외는 아니었다. 수많은 공장과 일터에 여성들을 배치하였을 뿐 아니
라, 군대 '위안부'로 동원하여 성노예 생활을 강요하였다.

## — 조선 민족은 사라지고 말 것인가

일제는 조선의 자원과 물자를 수탈하고 '전시 총동원 체제'라는 이름 아래
폭력적인 통치를 자행하였다. 군대와 경찰의 숫자를 대폭 늘렸으며, 농민
들을 애국반이라는 조직으로 묶어 서로서로 감시하도록 하였다.

폭력적인 지배를 뒷받침하기 위해 일제는 교육과 언론, 문화 활동을 통
제하였다. '일찍이 조선과 일본의 조상이 같다.'라는 둥 '조선은 발전 가능성
이 없는 정체된 사회이기 때문에 외부의 도움을 받아야만 발전할 수 있다.'
라는 둥 역사 왜곡을 일삼았다. 그것도 모자라 아예 조선어와 조선의 역사
연구와 교육을 모두 금지하였다.

그뿐만 아니라 모든 조선인에게 일본식으로 이름을 바꾸고 일본어를 사
용하도록 강요하였다. "우리는 대일본 제국의 신민으로 마음을 다해 천황
폐하께 충성을 다한다."라는 황국 신민의 서사를 외우고 일본 천황을 살아
있는 신으로 섬기도록 강요하였다.

이로써 민족의 독립운동은 위기에 빠졌으며 민족의 존립조차 위태로워
졌다. 그리고 민족 운동 속에서 자라난 민주 역량도 짓밟혀, 이미 오래전

극복한 군주제 사회로 다시 후퇴하고 말았다.

## — 친일파, 잊어서는 안 될 이름들

일제가 조선 민족을 말살하고, 조선인들을 그들의 침략 전쟁에 동원하기 시작하면서 일제 편에 서서 민족을 배반하는 무리들도 많아졌다. 이들은 "조선인의 일본화가 조선 문화의 당면 과제"<sup>최남선</sup>라거나, "일장기가 날리는 곳이 내 자손의 일터"<sup>이광수</sup>라며, 조선의 독립을 부정하고 일제의 통치가 영원히 진행되어야 한다는 궤변을 늘어놓았다.

**님의 부르심을 받들고서**

1943년 일제는 침략 전쟁에 조선의 젊은이들을 동원하기 위해 징병제를 실시하고 이를 특별히 기념하는 주간을 정하기까지 하였다. 기념 주간 동안 김동환, 노천명 등 7명의 시인들은 〈님의 부르심을 받들고서〉라는 제목의 친일시를 〈매일신보〉에 돌아가며 발표했다. 위의 사진은 1943년 8월 4일자 〈매일신보〉 지면으로, 김상용의 시에 친일 화가 김인승이 삽화를 그렸다.

> 남아면 군복에 총을 메고
>
> 나라 위해 전장에 나감이 소원이리니
>
> 이 영광의 날
>
> 나도 사나이였드면 나도 사나이였드면
>
> 귀한 부르심 입는 것을
>
> — 노천명, 〈님의 부르심을 받들고서〉

이렇게 우리 젊은이들을 일제의 침략 전쟁으로 내몬 이들도 있었다.

민족을 배반한 무리들 가운데는 일제의 압력을 이기지 못해 형식적으로 동참한 사람도 있었다. 하지만 일신의 영달을 위해 일본 군인이나 관리가 된 사람도 있고, 자발적으로 친일 활동을 한 인사도 적지 않았다. 이들은 일본인보다 더욱 철저하게 일본인처럼 행세하면서 우리 민족을 감시하고 민족 운동을 탄압하였다. 그리고 조선인의 생명과 자원을 일본에 바치자고 떠들어 댔다. 부유한 이들은 자산을 털어 비행기를 헌납하거나,<sup>박흥식</sup> 수많은 돈을 전쟁 헌금으로 냈다.

**또 하나의 '금 모으기 운동'**

김복완, 김활란 등 상류층 여성들이 중심이 되어 조직한 애국 금차회는 금비녀와 금가락지를 빼 일제의 국방비로 헌납하는 운동을 벌였다. 화가 김은호는 이 운동을 돕고자 그림을 그렸다.

**나도 역사가**

징용, 군대 '위안부', 학병으로 끌려간 사람들의 입장이 되어, '나의 작은 꿈'이라는 제목으로 글을 써 보자.

# 군대 '위안부', 아물지 않은 상처

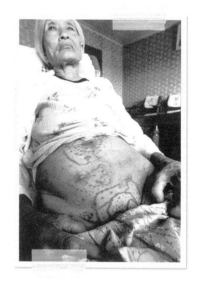

**군대 '위안부'**
일본군들은 패전 이후 '위안부'들을 죽이거나 아무런 대책 없이 먼 타국 땅에 그대로 남겨 두고 철수하였다. 사진은 1945년 8월 14일 미얀마의 미이토키나에서 연합군에게 포로로 잡힌 한국인 군대 '위안부'들(왼쪽)과 '위안소'에서 탈출하다 잡혀 온몸에 문신을 당한 '위안부' 출신 할머니(오른쪽)이다.

우리가 처음 나눔의 집을 찾은 것은 한 달 전이었다. 수요 집회에서 처음 할머니들을 뵙던 순간, 가슴에서 치밀어 오르는 그 무엇이 우리를 이끌었기 때문이다.

그날 나는 역사관에서 아무 말도 하지 못하였다. 그분들이 겪어야만 했던 죽음 같은 고통들이 너무나도 가슴 아팠기 때문이다. 그리고 그들을 죽음의 구렁텅이로 몰아넣은 자들에 대한 분노…….

하지만 오늘은 다른 이유로 나눔의 집을 찾았다. 한 달 내내 풀리지 않은 의문이 있었기 때문이다. 나는 간사 선생님을 찾았다.

문 이 참혹한 사실이 오랫동안 묻혀 있었던 까닭을 알 수 없었어요.

답 '위안부'의 실상이 널리 알려진 것이 1990년 무렵이니, 일제가 패망한 지 무려 45년이 지나서지요. 일본은 이를 감추기 위해 온갖 수단을 다 썼고, 우리 정부도 이들의 아픔을 치유해 주려는 노력을 기울이지 못하였기 때문이지요. 할머니들이 직접 증언에 나서지 않았다면 여전히 일본은 이 사실 자체를 감추고 있었을 거예요.

문 그분들이 아니었다면 우리가 과연 그 일을 알 수 있었을까요? 하지만 할머니들의 입장에서는 정말 힘들었을 것 같아요. 결코 드러내고 싶지 않은 과거였을 테니까요.

답 전쟁이 끝날 무렵, 일본군은 자신의 죄악을 감추기 위해 '위안부'를 집단적으로 학살하기도 했잖아요? 그래서 이분들이 살아서 이 땅에 돌아왔다는 사실 자체부터가 고마운 일이지요. 이분들이 곧 역사가 아닙니까?

문 이분들의 해방 이후 삶에 대해 조금 더 알고 싶어요.

답 우리 모두는 이분들이 겪은 수난을 위로하고 보상해야 옳았어요. 그리고 살아서 돌아와 일제의 죄악을 규탄할 수 있게 된 것에 감사를 드려야 했어요. 하지만 우리는 그러지 못했어요. 심지어 정조를 잃어버렸다고 그들을 멀리하기까지 했지요. 많은 분들이 정조를 잃었다는 생각에 돌아오지 않았고, 돌아온 분들도 자신의 과거를 밝히지 못한 채 어려운 삶을 살았어요.

문 언젠가 이런 이야기를 들은 적이 있어요. '여러 해가 흐른 뒤 어렵사리 결혼을 하긴 했는데, '위안부' 생활이 드러나 파혼당했다.'라는……

답 그래요. 참 가슴 아픈 일이지요. '위안부' 문제는 여성을 성적 대상으로만 여겼던 잘못된 남성 문화에서 비롯된 것이에요. 잘못된 남성 문화가 전쟁이라는 상황과 결합되어 빚어진 일이지요. 그래서 학생 같은 남자들이 '위안부' 문제에 더 많은 관심을 가지는 것이 꼭 필요하다고 생각해요.

**1,000차 수요 집회와 평화비**
한국정신대문제 대책협의회 주최로 1992년 1월 8일 시작된 수요 집회가 2011년 12월 14일 1,000회를 맞았다. 일본 정부의 반발이 있었지만, 같은 날 '평화비' 제막식도 진행되었다. 평화비는 '위안부'로 끌려갈 당시 10대 소녀의 모습을 형상화한 높이 130cm의 상으로 주한 일본 대사관 정문 앞 인도에 일본 대사관을 바라보도록 세워졌다. 첫 수요 집회 당시 234명이던 '위안부' 할머니들은 그동안 171명이 세상을 뜨고 2012년 1월 현재 63명만이 남았다.

"우리의 이야기가 사라지기 전에, 우리가 죽기 전에 말하라, 일본 정부여!
'위안부' 여성들에게 미안하다고 나에게 말하라. 나에게, 나에게, 나에게! 말하라.
미안하다고 말하라. 미안하다고."
(연극 〈버자이너 모놀로그〉의 '말하라' 모놀로그 중에서)

**끌려감**
일본은 취업을 시켜 주겠다고 속여 끌고 가고, 당국이 개입하여 강제로 동원하기도 하였다. 15~18세의 처녀들이 주로 동원되었다. 이 그림은 '위안부' 생활을 하였던 김순덕 할머니가 그렸다.

# 부활하는 독립 전쟁

가 볼 곳 쌍성보, 훙커우 공원  만날 사람 윤봉길, 김구, 김원봉  주요 사건 조선 의용대, 한국 광복군, 동북 항일 연군의 투쟁

일본이 전쟁을 확대하고, 민족을 배반하는 무리들이 많아져도, 독립을 향해 목숨을 바치는 사람의 수는 줄지 않았다. 이들은 결코 불가능한 꿈을 꾸고 있는 것이 아니었다. 이들은 일제의 승리 속에서 그들의 패배가 시작됨을 보았던 것이다.

## ─ 훙커우 공원의 의거

1932년 4월 29일 아침, 장갑차를 앞세운 1만여 명의 일본군이 상하이 시가 행진을 벌였다. 그 뒤를 일장기를 든 수많은 일본인이 따랐다.

11시가 지나자 행렬은 일본인 거리 한가운데 있는 훙커우 공원으로 들어섰다. 공원에는 일본 천황의 생일을 축하한다고 크게 쓰여 있었으며, 높은 단상에는 상하이 침략을 주도하였던 일본군 지휘관과 일본인 관리 일곱 명이 서열에 맞춰 앉아 있었다.

11시 40분, 일본 국가가 울려 퍼졌다. 모든 사람은 일장기를 향하여 부동자세를 취하였다. 바로 그 순간 한 청년이 몸을 움직였다. 한 손에는 일장기를, 다른 한 손에는 물통을 들었다. 그는 손에 든 물통을 단상을 향해 던졌다. 세상을 뒤엎을 듯한 폭음과 함께 흰 연기가 하늘로 치솟았다. 단상은 순식간에 쑥대밭으로 변하였고, 공원은 아수라장이 되었다.

상하이를 공격하였던 일본군 사령관, 상하이의 일본인 거류민 단장이 그 자리에서 죽었다. 또 많은 일본군 장교들이 죽거나 다쳤다.

현장에서 바로 체포된 24세의 윤봉길은 한인 애국단의 한 사람이었다. 그의 의거는 나라 안팎에서 독립을 위해 투쟁하던 사람들에게 희망과 용기를 주었다. 그리고 '중국 백만 군대가 하지 못한 일을 한국의 한 청년이 해 냈다.'라는 칭송을 중국인에게 듣기도 하였다.

**거사를 앞둔 윤봉길(1908~1932)**
농촌 계몽 운동에 종사하던 윤봉길은 1930년 중국으로 건너간 뒤 김구가 조직한 한인 애국단에 가입하여 거사를 준비하였다. 아래 사진은 의거 3일 전인 1932년 4월 26일 한인 애국단 가입 선서문을 가슴에 붙이고 찍은 사진과 의거 당일 윤봉길 의사가 지녔던 도시락과 물통 폭탄 복제품이다.

## ─ 희망 만들기

1920년대 중반 이후 임시 정부는 거의 활동을 하지 못하였다. 독립군 활동도 지지부진하였다. 게다가 1930년대에는 일제가 만주를 침략하여 차지하였을 뿐 아니라, 중국과 전쟁을 벌여 잇달아 승리하고 있었다.

이렇게 되자 독립은 불가능하다고 여기고 독립운동에서 멀어지는 사람이 많아졌다. 심지어 일본이 전쟁에서 이길 수 있도록 돕는 것이 민족의 번영을 위해 더 바람직하다고 말하는 사람도 생겨났다.

하지만 일제의 통치가 조선인들을 행복하게 해 줄 수는 없는 일이었다. 독립을 향한 꿈은 결코 꺾이지 않았다. 여전히 많은 사람이 투쟁에 뛰어들었다. 싸우다 목숨을 바치는 사람의 수는 줄지 않았다.

이들은 결코 불가능한 꿈을 꾸고 있는 것이 아니었다. 독립을 위해 투쟁하는 이들은 독립이 불가능하다고 생각하지 않았다. 일제가 만주를 침략하고 곧이어 중국으로 전쟁을 확대하자 이들은 "일제의 만주 침략은 중국과의 전쟁이 될 수밖에 없다. 중국과의 전쟁은 장기전에 빠지게 되고, 결국에는 세계 전쟁이 되는데, 이 전쟁은 일본의 패배로 끝날 것이다."라고 정확하게 앞날을 내다보았다.

이들은 일제의 승리 속에서 일제의 패배가 시작됨을 보았다. 그리하여 일제가 승리를 자축하던 그날, 이들은 새로운 투쟁을 시작하였다.

윤봉길의 의거는 새로운 투쟁이 시작되었음을 상징하는 사례였으며, 만주의 무장 독립 전쟁은 독립의 그날이 결코 멀리 있지 않음을 보여 주고 있었다.

### 부활하는 독립 전쟁

무장 독립 전쟁은 수많은 한인들이 이주해 살던 만주에서 활발하였다. 그리고 점차 중국 본토로 이어졌다.

일제가 만주를 침략하여 만주국을 세우자 이 지역의 무장 독립 전쟁이 새롭게 일어났다. 만주 북부에서는 이청천<sup>지청천</sup> 등이 한국 독립군<sup>1930</sup>을, 남만주에서는 양세봉이 조선 혁명군<sup>1929</sup>을 조직하였다. 이들은 중국인 항일 단체와 힘을 합쳐 항일 투쟁을 전개하였다. 특히 양세봉의 조선 혁명군은 먼저 만주에서 일제를 몰아낸 뒤, 조선 해방 전쟁도 함께할 것을 중국 의용군과 합의하고 여러 차례 공동 투쟁을 벌였다.

한편, 동만주에서도 일제에 맞선 무장 항쟁이 새롭게 일어났다. 이 지역의 항일 투쟁은 사회주의자들을 중심으로 이루어졌는데, 사회주의자들이면 한인이든 중국인이든 모두 중국 공산당에 가입하여 함께 투쟁하였다. 이들은 동북 항일 연군<sup>1936</sup>을 조직하고, 지역별로 근거지를 만들어 유격대 활동을 하며 일제와 맞섰다. 한인 가운데 상당수는 독립된 부대를 이루어

**1937년, 베이징에 입성하는 일본군**
일본은 1931년 만주를 차지한 뒤에도 중국 화북 지방을 계속 침략하였다. 1937년에는 상하이와 난징을 공격하여 중·일 전쟁을 시작하였다.

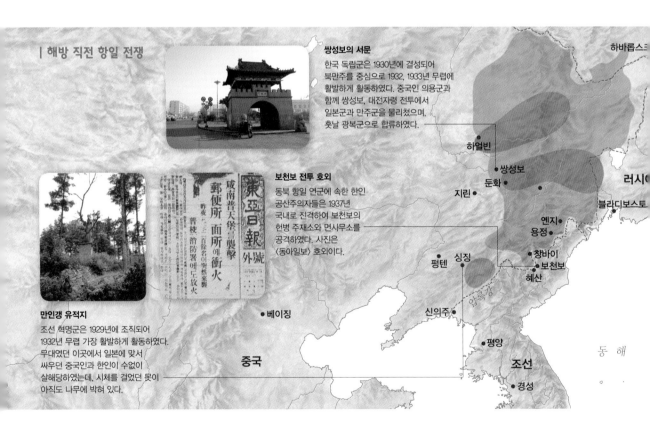

**| 해방 직전 항일 전쟁**

**쌍성보의 서문**
한국 독립군은 1930년에 결성되어 북만주를 중심으로 1932, 1933년 무렵에 활발하게 활동하였다. 중국인 의용군과 함께 쌍성보, 대전자령 전투에서 일본군과 만주군을 물리쳤으며, 훗날 광복군으로 합류하였다.

**보천보 전투 호외**
동북 항일 연군에 속한 한인 공산주의자들은 1937년 국내로 진격하여 보천보의 헌병 주재소와 면사무소를 공격하였다. 사진은 〈동아일보〉 호외이다.

**만인갱 유적지**
조선 혁명군은 1929년에 조직되어 1932년 무렵 가장 활발하게 활동하였다. 무대였던 이곳에서 일본에 맞서 싸우던 중국인과 한인이 수없이 살해당하였는데, 시체를 걸었던 못이 아직도 나무에 박혀 있다.

하바롭스크

하얼빈
쌍성보
둔화
지린
블라디보스토
옌지
용정
창바이
보천보
펑텐 싱징
혜산
신의주
평양
경성

러시아

중국

조선

동해

압록강

투쟁을 전개하였으며, 여러 차례 국경을 넘어와 일본군을 공격하기도 하였다.

중국 본토에서 활동하던 한인들도 무장 독립 전쟁을 시작하였다. 의열단을 이끌던 김원봉과 한인 애국단을 이끌던 김구는 각각 중국 국민당 정부의 지원을 받아 한인 청년들을 대상으로 군사 교육을 실시하였다. 이를 기반으로 김원봉은 조선 의용대[1938]를 조직하여 항일 전쟁을 벌였으며, 김구는 임시 정부의 직할 군대인 한국 광복군[1940]을 조직하였다.

한편, 중국 공산당이 화북 지방에서 항일 전쟁을 활발하게 전개하자, 조선 의용대의 상당수가 이 지역으로 이동하여 조선 의용군[1942]을 조직하고 중국 공산당과 함께 투쟁을 벌였다. 이후 남은 의용대원이 한국 광복군에 합류함으로써 중국에서의 항일 전쟁은 민족주의 계열의 한국 광복군과 사회주의 계열의 조선 의용군으로 이루어졌다.

◀조선 의용대 창설 기념사진(1938)
김원봉이 이끌던 민족 혁명당 참여자가 많았다. 민족주의자와 사회주의자들이 두루 참가하였다.

▲한국 광복군
1940년 민족주의 계열의 청년들을 중심으로 조직되었다.

**나도 역사가**

1. 무장 독립 전쟁에 대한 영상을 시청하고 소감을 나누어 보자.
2. 윤봉길, 이봉창에 대한 일화를 조사해서 발표해 보자.

# 내릴 수 없는 투쟁의 깃발

**만날 사람** 안재홍, 박헌영　　**주요 사건** 신간회 해소, 조선학 운동, 공산당 재건 운동

매운 계절의 채찍에 갈겨 / 마침내 북방으로 휩쓸려 오다. // 하늘도 그만 지쳐 끝난 고원 / 서릿발 칼날 진 그 우에 서다. // 어데다 무릎을 꿇어야 하나? / 한 발 재겨 디딜 곳조차 없다. // 이러매 눈 감아 생각해 볼밖에 / 겨울은 강철로 된 무지갠가 보다.

— 이육사, 〈절정〉

## ━━　신간회의 해소

1930년대 초 세계적인 경제 공황이 확산되면서 농민과 노동자의 생활이 크게 나빠졌다. 생존권을 지키려는 농민과 노동자들의 투쟁은 어느 때보다 활발하였다. 이런 가운데 신간회를 해소하자는 주장이 일어났다.

"공개적인 단체로 항일 운동을 전개하는 것은 거의 불가능하다.", "신간회가 농민과 노동자들의 이익을 제대로 지켜 주지 못하고 있다."라며 많은 사회주의자들은 신간회의 해소를 주장하였다.

그러나 "합법적으로 활동할 때 많은 대중들이 활발하게 참가할 수 있다.", "농민과 노동자의 이익보다는 민족 전체의 실력을 기를 때이다."라는 반론도 만만치 않았다.

1931년 5월 15일 오후 2시, 서울에서는 신간회 창립 이후 최초의 대회가 열렸다. 4시, 신간회 해소 안건이 정식으로 제출되었다. 토론은 진행되지 않았고, 곧바로 표결이 이루어졌다.

신간회는 해소되었다. 새로운 시작이었다.

**강주룡의 을밀대 농성**
1929년 미국에서 시작된 경제 공황은 일본 경제를 위기로 몰아넣었다. 어려워진 자본가들은 임금 인하, 해고 등으로 노동자들을 압박하였다. 1930년부터 노동자들의 파업 투쟁이 큰 폭으로 늘어났다. 사진은 평양 평원 고무 공장 노동자 강주룡(1901~1931)이 회사 측의 임금 인하에 반대하며 홀로 을밀대에 올라가 농성하는 장면이다.

## ━ 민족주의자, 실력 양성과 학술 운동의 길을 가다

신간회가 해소된 이후 일제에 맞서는 민족주의자들의 활동은 매우 힘들어졌다.

한편에서는 일제가 허용하는 범위 안에서 민족의 실력을 기르자는 운동을 벌였다. 천도교와 기독교 단체는 농민들을 대상으로 다양한 강습소를 열어 농사 기술의 개량과 생활 개선 운동을 벌였다. 청년 학생들도 이런 움직임에 동참하여 농민들을 대상으로 문자 보급 운동, 브나로드 운동을 벌여 문맹 퇴치와 생활 개선 운동을 전개하였다.

다른 한편에서는 정치 운동이 어렵더라도, 우리 역사와 우리 문화 연구를 통해서 민족 정신을 지키고 가꾸기 위한 학술 운동을 힘 있게 벌이자는 주장이 제기되었다. 안재홍과 정인보 등은 실학자들의 저서를 다시 펴내고 민족 문화의 독자성을 밝히는 조선학 운동을 벌였다. 이윤재와 장지영 등은 조선어 학회를 조직하여 문맹 퇴치 활동에 참가하면서 조선어 연구와 우리말 큰사전 편찬 사업을 벌였다.

**브나로드 운동 선전문**

'브나로드(인민 속으로)' 운동은 〈동아일보〉가 주관한 문맹 퇴치 운동이었다. 이 운동은 청년 학생들의 적극적인 참여로 여러 해 동안 지속되었다. 하지만 농민들을 계몽의 대상으로만 여기고 지주·식민지 당국에 맞선 농민들의 투쟁을 지도하거나 지원하지 못한 탓에 농민 운동을 활성화하지는 못하였다.

## ━ 사회주의자, 혁명을 준비하다

일본과 중국의 전쟁이 확대되는 가운데 민중들의 투쟁이 크게 일어나는 것을 보면서, 사회주의자들은 일제의 패망이 다가오고 있다고 판단하였다. 그래서 '민중들을 효과적으로 조직하면 혁명에 성공할 수 있다.'라고 생각

**안재홍(1891~1965)**

우리 역사와 문화 연구를 제2의 독립운동으로 여겼다. 1936년에는 국어학자로 활동하며, 중국에서 독립운동을 하던 김두봉에게 청년을 소개하여 독립군 훈련을 받게 하려던 사건으로 구속되기도 하였다. 사진은 그가 활동하였던 조선어 학회 기념사진으로, 숫자 '3'으로 표시되어 있는 인물이 안재홍이다.

하였다.

　사회주의자들은 일제의 침략으로 가장 고통받고 있던 농민과 노동자들이야말로 일제에 맞서 끝까지 싸울 수 있는 사람들이라고 생각하였다. 여기에는 이해관계에 얽매이지 않는 정의로운 청년 학생들도 포함되었다. 사회주의자들은 농촌에서는 혁명적 농민 조합을, 도시의 공장 지대에서는 혁명적 노동조합을, 그리고 학교에서는 반제 동맹이라는 비밀 조직을 만들었다. 그리고 이를 바탕으로 일제의 탄압으로 해체된 조선 공산당을 다시 조직하려 하였다.

　이 조직들은 학생과 민중의 이익을 지키면서 일본의 침략 전쟁을 방해하는 여러 활동을 전개하고, 민족의식을 고취시키는 활동을 하였다. 이를 통해 결정적 시기가 오면, 도시와 농촌에서 함께 봉기를 일으켜 일제를 타도할 셈이었다.

## ━　희망의 불씨를 남기다

전쟁이 파국을 향해 치달으면서 일제의 탄압은 더욱 야수 같은 모습을 띠어갔다. 그리하여 친일을 제외한 우리 민족의 모든 활동이 금지되었다. 조선어 학회를 비롯한 민족 문화 연구 단체들도 모두 해체되고 관련자들은 감옥으로 끌려갔다.

**▲국민 정신 총동원 포스터**
일제는 전시 총동원 기구를 만들어 전쟁에 필요한 인적·물적 자원을 동원하는 데 활용하였다. 일본 효고 현에서 제작한 포스터이다.

**▲▲육군 소년병 모집 포스터**
일제는 병력이 부족해지자 각종 소년병 학교를 세워 소년들에게도 군 입대를 장려하였다.

**검문**
사회주의자들의 활동이 활발해지자 일제는 경찰을 동원해 등교하는 학생들까지 검문하였다.

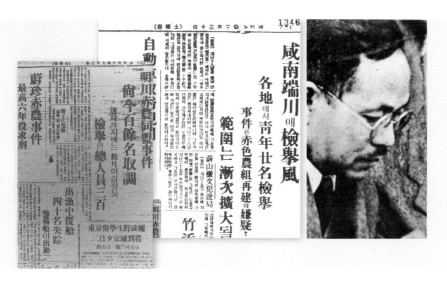

사회주의자들의 활동은 더욱 철저한 탄압을 받았다. 일제는 '공산주의 반대'를 내걸고 사회주의자들을 마구잡이로 체포하였으며, 농민과 노동자, 학생들의 자주적인 활동을 가혹하게 짓밟았다.

그 결과 1940년 무렵에는 국내의 조직적인 항일 독립운동이 크게 위축되었다. 하지만 어려움 속에서도 끊임없이 진행된 이 시기의 민족 운동은 일제와 맞서 싸운 소중한 경험을 축적하였고, 결코 일제를 인정할 수 없다는 기백을 모든 이의 가슴속에 남겼다.

### 나도 역사가

다음은 국어학자 주시경이 쓴 글의 일부이다. 일제 강점 후에 이루어진 한글 연구 활동의 의의에 대해 토의해 보자.

나라를 뺏고자 하는 자는 그 나라의 글과 말을 먼저 없이 하고 자기 나라의 글과 말을 전파하며, 자기 나라를 흥성케 하거나 나라를 보전하고자 하는 자는 자국의 글과 말을 먼저 닦고 백성의 지혜로움을 발달케 하고 단합을 공고히 한다.

# 최후의 결전을 준비하며

가 볼 곳 임시 정부 청사　　만날 사람 여운형, 김구　　주요 사건 건국 동맹 결성

'우리 손으로 나라 세우기!' 그것은 결코 꿈이 아니었다. '일제가 못해도 백 년은 번영할 것'이라 생각한 친일파들과는 달리, 태평양 전쟁이 시작된 이듬해부터 일본의 패배는 점차 명백해졌고, 항일 운동도 새롭게 발전하고 있었기 때문이다.

## ━ 그날이 오다

그날이 오면 그날이 오면

삼각산이 일어나 더덩실 춤이라도 추고

한강물이 뒤집혀 용솟음칠 그날이

이 목숨 끊어지기 전에 와 주기만 할 양이면

나는 밤하늘을 나는 까마귀와 같이

종로의 인경을 머리로 들이받아 울리오리다.

두개골이 깨어져 산산조각이 나도

기뻐서 죽사오매 오히려 무슨 한이 남으오리까.


그날이 와서, 오오 그날이 와서

육조 앞 넓은 길을 울며 뛰며 뒹굴어도

그래도 넘치는 기쁨에 가슴이 미어질 듯하거든

드는 칼로 이 몸의 가죽이라도 벗겨서

커다란 북을 만들어 들쳐 메고는

여러분의 행렬에 앞장을 서오리다.

우렁찬 그 소리를 한 번이라도 듣기만 하면

그 자리에 거꾸러져도 눈을 감겠소이다.

— 심훈, 〈그날이 오면〉, 1930

온 민족은 그날이 오기를 손꼽아 기다렸다. 그날을 앞당기기 위해 온몸을 다 바쳐 노력한 이도 많았다.

마침내 1945년 8월 15일, 기다리고 기다리던 그날이 왔다. 온 민족은 기쁨의 눈물을 감출 수 없었다.

## ━ 기쁨 뒤쪽에 드리운 어두운 그림자

일제의 패망, 그리고 해방. 모두가 기쁨의 눈물을 흘리는 게 당연하건만, 일생을 독립을 위해 투쟁하였던 김구는 탄식으로 이날을 맞았다.

'아! 왜적이 항복……'
이 소식은 내게 희소식이라기보다는 하늘이 무너지고 땅이 꺼지는 일이었다. 수년 동안 애를 써서 참전을 준비한 것도 모두 허사로 돌아가고 말았다. 시안西安 훈련소와 푸양阜陽 훈련소에서 훈련 받은 우리 청년들을 조직적·계획적으로 각종 비밀 무기와 무전기를 휴대시켜 산둥山東 반도에서 미국 잠수함에 태워 본국으로 침입하게 하여 국내 요소에서 각종 공작을 개시하여 인심을 선동하게 하고, 전신으로 통지하여 무기를 비행기로 운반하여 사용할 것을 미국 육군성과 긴밀히 합작하였다.
그런데 그러한 계획을 한번 실시해 보지도 못하고 왜적이 항복하였으니, 지금까지 들인 정성이 아깝고 다가올 일이 걱정되었다.

— 김구, 《백범일지》, 1947

**국내 진입에 실패한 광복군**
국내 진입을 위해 선발대로
나섰던 광복군 일부가 1945년
8월 18일, 산둥성 웨이현 비행장에
불시착하였다. 그들은 8월 18일 미군
비행기를 타고 서울 여의도 공항에
착륙하였으나 일본군의 저항으로
중국으로 되돌아왔다.

**여운형(1886~1947)**
상하이에서 신한 청년당을 결성하고,
임시 정부 수립에도 참여하였다.
한때 소련 공산당에 가입하였으며,
두 차례 투옥되었다. 1930년대에는
〈조선중앙일보〉 사장을 지냈는데,
가슴에 일장기를 지운 손기정 선수의
사진을 처음 실었다.

다 함께 잘살 수 있는 새 나라 만들기, 그것은 한민족 모두의 소망이었다. 다만 오로지 민족의 힘으로만 그것을 성취할 수 있을 때, 꿈은 온전히 현실이 될 수 있었다. 그런데 그렇게 하지 못한 채 독립을 맞은 것이다.

## ── 최후의 결전을 향하여

'우리 손으로 나라 세우기!' 그것은 결코 꿈이 아니었다.

'일제가 못해도 백 년은 번영할 것'이라 생각한 친일파들과는 달리, 독립의 꿈을 놓지 않고 독립을 위해 투쟁한 사람들은 일제의 패망이 시간문제라 여겼다. 태평양 전쟁이 시작된 이듬해부터 일본의 패배는 점차 명백해졌고, 일제에 맞선 민중의 저항 운동이 더욱 확산되고 있었기 때문이다.

일본의 패배가 명백해지면서 나라 안에서는 최후의 결전을 준비하는 새로운 조직들이 만들어졌다. 특히 여운형 등은 1944년 건국 동맹을 조직하여, 친일파를 제외한 모든 인사들이 협력하여 건국을 준비하기로 하였다. 이후 민중들을 대상으로 전쟁에 반대하는 선전 활동을 전개하는 한편, 산이 많은 곳을 거점으로 군대를 조직하고 나라 밖의 독립군들과 연결을 시도하였다. 일본이 패배하도록 만들고, 일본의 패배가 다가올 경우 나라 안팎에서 군대를 일으켜 일제를 타도하려는 계획이었다.

이미 나라 밖에서도 '건국'을 위한 구체적인 준비가 시작되고 있었다. 1940년대 초부터 여러 독립운동 단체는 일제를 물리친 다음 '친일파를 처

**| 민족 운동을 전개하다 일제에 검거된 사건들의 변화**

1941년 이후 민족 운동은 다시 본격화되었다. 사상 사건에는 다양한 민족 운동이 모두 포함되어 있으며, 치안 유지법 사건은 사상 사건에 포함되지 않은 사회주의자들의 민족 운동을 별도로 뽑은 것이다(단, 1943년은 상반기 수를 바탕으로 한 추정치). 치안 유지법은 일제가 사회주의자들을 더욱 무겁게 처벌하려고 실시한 법률이다.

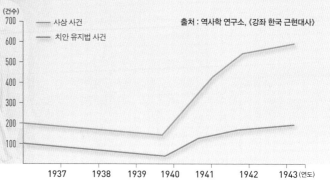

출처 : 역사학 연구소, 《강좌 한국 근현대사》

단하고 토지와 주요 산업을 국유화하며, 보통 선거에 입각한 민주 공화국을 세우자.'라는 건국 방침을 세워 놓았다.

1945년이 되면서 결전을 위한 계획은 더욱 활발하게 추진되었다. 임시 정부는 광복군을 훈련시켜 국내로 투입하려는 계획을 진행하였으며, 조선 의용군도 만주를 거쳐 국내로 진격하기 위해 치열한 항일 전쟁을 벌였다. 한편, 1930년대 만주에서 활동하다 소련으로 이동한 항일 연군 세력은 소·일 전쟁이 시작될 경우 소련군과 함께 국내로 진격할 준비를 하고 있었다.

이와 함께 나라 안팎의 독립운동 세력을 통합하려는 노력도 전개되었다. 임시 정부에서는 "나라 밖에 있는 독립운동 세력이라도 다 임시 정부에 참여하게 해야 한다. 소련에 있는 사람들을 임시 정부에 참여시키기가 당장 어렵다면, 충칭에 있는 우리와 화북, 그리고 미국에 있는 사람들이라도 모두 참여시켜야 한다."라며 민족적 대단결을 바탕으로 최후의 결전을 시도하고자 하였다.

바로 이때 일제가 항복하여 한반도는 미군과 소련군이 점령하였다.

- ● 항일 연군 활동 지역
- ● 조선 의용군 활동 지역
- ● 광복군 활동 지역

하바롭스크
블라디보스토크
▲ 백두산
진찰기군구
섬강병군구
진기로예군구
뤄양
산동군구
2지대
3지대
충칭
항저우
1지대

---

**나도 역사가**

1. 해방이 되기를 꿈꾸던 민족 시인의 시를 찾아 암송해 보자.
2. 다음은 임시 정부에서 독립 이후에 세울 국가의 모습을 밝힌 글이다. 우리가 일제에 강점되기 전의 국가 모습과 비교해 보자.

보통 선거 제도를 실시하여 정권에 고루 참여할 수 있게 하고, 국유 제도를 채용하여 경제적 이권을 고르게 하며, 국비로서 교육을 하여 모두가 고루 학교를 다닐 수 있도록 하며, 국내외에 대하여 민족 자결의 권리를 보장하여서 민족과 민족, 국가와 국가의 불평등을 혁파하여 제거할 것이니, 이로써 국내에 실현하면 특권 계급이 곧 소멸하고 소수 민족의 침몰을 모면하고, 정치와 경제와 교육 권리를 고르게 하여 높낮이를 없이 하고 동족과 이족에 대하여 또한 이렇게 한다.
— 임시 정부의 건국 강령

# 1945년 4월

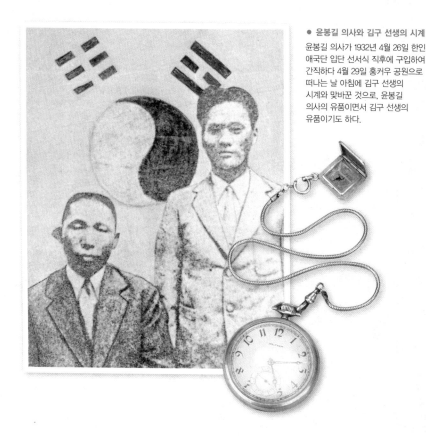

● 윤봉길 의사와 김구 선생의 시계

윤봉길 의사가 1932년 4월 26일 한인 애국단 입단 선서식 직후에 구입하여 간직하다 4월 29일 훙커우 공원으로 떠나는 날 아침에 김구 선생의 시계와 맞바꾼 것으로, 윤봉길 의사의 유품이면서 김구 선생의 유품이기도 하다.

일본 항복의 날이 불과 3개월 반밖에 남지 않았다고는 아무도 생각지 못하였던 이 지겨운 중국의 봄날 아침.

그 스무아흐렛날 새벽, 우리는 투차오를 떠나 마침내 충칭 임시 정부 청사 앞에 다시 집결, 정렬하였다.

석 달 전, 그때 태극기 휘날리던 감격의 임정 청사와는 아주 다른 감회가 우리들의 가슴에 뱀처럼 파고들었다. ……

꼭 우리가 처음 이 자리에 정렬해 섰던 그때와 비슷하게 김구 주석 이하 대부분의 임정 각료들이 나와 우리에게 석별의 인사를 나누어 주었다. 우리가 가는 곳이 사지임을 우리들보다 더 잘 아는 그들로서는, 막상 떠나가는 사람의 애국 충심을 이해한다는 듯이 비장한 표정으로 우리를 위무해 주었다.

김구 선생은 작별사에서 우리를 한 번 더 울렸다.

# 29일

● 이범석 장군과 미군 훈련관들
국내 진입 작전을 계획한 한국 광복군은 1945년 5월부터 8월까지 미국 OSS 특수 훈련을 받았다. 사진은 이범석 장군(오른쪽)이 OSS 특수 훈련관들과 찍은 것이다.

여러분들의 젊음이 부럽소, 젊음이. 반드시 훈련이 끝나기 전에 한 번 시안에 가 볼 생각이오.
......
오늘 4월 29일은 내가 윤봉길 군을 죽을 곳에 보내던 날이오. 또 지금이 바로 그 시각이오. 여러분도 다 알 것이오. 상하이 훙커우 공원에서 폭탄을 던져 시로카와 대장을 죽이던 그날의 의사 봉길 군이 나와 시계를 바꿔 차고 떠나던 날이오. 내가 가졌던 허름한 시계를 대신 차고 내게는 이 회중시계를 주고 떠나가던 윤 군의 모습을 생각하며 바로 같은 날인 오늘, 앞으로 윤 의사와 꼭 같은 임무를 담당할 여러분을 또 떠나보내는 내 심중이 괴롭기 한이 없구려. "선생님, 제 시계와 바꿔 찹시다. 제가 가진 것은 선생님 것보다 나을 것입니다. 어차피 저는 시계가 필요 없어질 것이지만, 제 일이 성공하기 위해선 시계가 아주 없어

서는 안 되겠지요." 하던 윤 의사의 눈망울이 이제 여러분의 눈동자로 빛나고 있기 때문이오.

목이 시렸다. 무엇인가 자꾸 목구멍으로 넘쳐 넘어가는 슬픔이 미처 다 빠지지 못하고 입으로 새어 나왔다.

무엇인가 우리들의 신념이 우리들의 몸 안에서, 안으로 삼킨 슬픔을 타고 회전 속도를 빨리하였다. 싸늘한 현기증 같은 것이 나를 감싸고 들었다. 악수가 나누어졌다.

이윽고 우리는 이범석 장군의 인도로 미리 와서 대기하고 있던 미군용 트럭 네 대에 분승하였다. 각료들이 쳐다보고 있었다. 목표는 충칭 비행장이었다. 비행장에 이르기까지 달리는 트럭 위에서는 입을 여는 동지가 아무도 없었다.

— 장준하, 《돌베개》

# 황국 신민화 교육, 짓밟히는 청소년들

적갈색 묵직한 문을 열고 이시다 선생이 들어왔다. 상의는 보고 있던 소설을 재빨리 책상 속에 넣는다. 교실 안의 소음은 어느새 사라져 버렸다. "기립!" 반장의 구령에 따라 나무 의자의 부딪는 소리를 내며 학생들이 일어섰다. "경례!" 절을 하고 "착석!" 앉는데, 한동안도 나무 의자 끌어당기는 소리가 꼬리를 이었다. 이시다 선생은 출석부를 펴고 호명을 한다. 재미없고 지루한 시간이 시작된 것이다. 상의는 역사 과목을 좋아했지만 이시다 선생의 수업은 지겨웠다. 서양사를 하는데, 사람도 수업 내용도 말할 수 없이 구닥다리였다.

호명을 한 뒤 출석부를 덮어 놓고 이시다 선생은 천장을 한 번 올려다보았다. 그런 뒤, 수업과 관련 없는 이야기를 하기 시작하였다.

"우리들은 더욱더 긴장하여야 한다. 전쟁터에서는 매일매일 천황 폐하를 위하여 대일본 제국의 남자들이 죽어 가고 있다. 우리는 이번 전쟁에서 반드시 승리하여야 하며 천황 폐하의 거룩한 빛이 온 세상을 덮도록 만들어야 한다. 우리는 마지막 피 한 방울까지 바쳐서 이 임무를 완수하여야 하며 영원토록 천황 폐하의 옥체를 보위해야 한다. …… 우미 유카바, 미즈쿠 가바네, 야마 유카바, 구사무스 가바네, 오키미노 헤니코소 시나메, 가에리미와 세지."

마지막 부분에 와서 이시다 선생은 눈을 지그시 감고 노래 구절을 암송하였다. 싸우다 죽겠노라는 내용의 노래였다. 그러다 곧 하얀 손수건을 꺼내 눈물을 닦으며 "오오 덴노사마(천황님) 덴노사마" 하는 것이 아닌가. 반의 3분의 1쯤 되는 일본 아이들은 엄숙한 표정으로 감격해 있었지만 조선 아이들은 말똥말똥, 더러는 웃음을 참느라 애쓰고 있었다. 한데, 불행하게도 교실 한구석에서 낄낄낄, 아주 낮은 웃음소리가 났다.

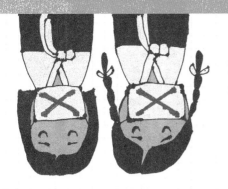

"다레카(누구냐)?"

이시다 선생의 얄쌍한 입이 엄청난 크기로 벌어졌다.

"와랏타 야쓰와 도이쓰카(웃은 놈이 어느 놈이냐)!"

교실 안은 마치 죽음의 바다처럼, 경적에 응고된 것처럼 느껴졌다. 상의는 숨이 막힐 것만 같았다. 딸꾹질이 나올 것만 같았다. 바로 옆에 앉은 옥선자가 웃었던 것이다.

"다마카와(옥선자의 일본식 이름)! 오마에다로(너지)?"

"……."

"오마에가 와랏타나아(네가 웃었구나)!"

"……."

"데데곤카(나오지 못하겠나)!"

달려온 이시다 선생은 선자의 가슴팍, 교복을 움켜쥐고 교단 앞까지 질질 끌고 나갔다.

"고노 후추모노, 한갸쿠샤(이 나쁜 놈, 이 반역자)!"

뺨을 연달아 갈긴다. 그러더니 선자를 벽면 쪽으로 끌고 가서 벽에다 머리를 짓찧기 시작하였다. 쓰러지니까 발로 차고 짓밟고 이시다는 완전히 짐승이 되었다. 학생들 속에서 고함과 울부짖는 소리가 났다. 일본 학생들만은 차갑게 구타 장면을 지켜보고 있었다. 무서운 폭행이었다.

— 박경리, 《토지》

# 6

# 해방과 분단

# 친애하는
# 3천만 자매 형제여!

우리를 싸고 움직이는 국내외 정세는 위기에 임하였다. 우리가 기다리던 해방은 우리 국토를 양분하였으며, 앞으로는 그것을 영원히 양국의 영토로 만들 위험성을 내포하고 있다. …… 미군 주둔 연장을 자기네의 생명 연장으로 인식하는 무지몰각한 도배들은 국가 민족의 이익을 염두에 두지도 아니하고 통일 정부 수립을 두려워하는 것이다.

한국이 있고야 한국 사람이 있고, 한국 사람이 있고야 민주주의도 공산주의도 또 무슨 단체도 있을 수 있는 것이다. 마음속의 38도선이 무너지고야 땅 위의 38도선도 철폐될 수 있다. ……

나는 통일된 조국을 건설하려다가 38도선을 베고 쓰러질지언정 일신에 구차한 안일을 취하여 단독 정부를 세우는 데는 협력하지 아니하겠다.

3천만 동포, 자매, 형제여! 건전한 조국을 위하여 한 번 더 깊이 생각하라.

— 김구, 〈3천만 동포에게 읍고함〉, 1948년 2월

1945 — 8월 일본 항복, 해방
　　　　 건국 준비 위원회 발족

　　　 9월 미국 극동군 사령부
　　　　 상륙, 남한 군정 선포

　　　 10월 김일성, 조선 공산당
　　　　 북조선 분국 창설

　　　 12월 모스크바 3국 외상 회의

1946 — 2월 북조선 임시 인민
　　　　 위원회 발족

　　　 3월 제1차 미·소 공동
　　　　 위원회 개최

　　　 7월 김규식, 여운형 등 좌우
　　　　 합작 회담 시작

1947 — 5월 제2차 미·소 공동
　　　　 위원회 개최

　　　 7월 여운형 피살

1948 — 4월 4·3 항쟁 시작

　　　 5월 유엔 감시 아래 남한
　　　　 총선거 실시

　　　 8월 대한민국 수립

　　　 9월 조선 민주주의 인민
　　　　 공화국 수립

　　　 10월 여수·순천 사건(10. 19.)
　　　　 발생

1949 — 1월 반민족 행위 특별 조사
　　　　 위원회(반민특위) 발족

　　　 6월 김구 순국

# 해방의 감격, 점령의 비극

가 볼 곳 38도선　　만날 사람 여운형　　주요 사건 일제의 항복, 건국 준비 위원회 발족

1945년 8월 15일, 우리 민족은 35년간의 일제 식민 지배에서 해방되었다. 온 나라 사람들은 새 국가 건설의 희망에 부풀었다. 그러나 미군과 소련군이 점령군으로 한반도에 들어옴으로써 새 나라 건설은 큰 어려움에 빠졌다.

## ─　해방

그날이 왔다. 1945년 8월 15일 정오, 라디오에서는 일본 천황이 연합군에 무조건 항복한다는 방송이 흘러나왔다. 느릿하고도 맥 빠진 목소리였다. 제국주의 일본의 한국 지배는 이렇게 35년 만에 막을 내렸다. 이 믿기 어려운 소식에 한국민들은 일순간 멍해졌다. 결코 망할 것 같지 않던 일본이 이렇게 순식간에 무너질 줄이야……

한 외국인은 그날의 풍경을 이렇게 묘사하였다.

**해방의 감격**
오랜 갈망 끝의 해방은 옥중 독립투사들에게 더욱 감격스러운 것이었다. 사진은 서울 서대문 형무소에서 풀려 나와 만세를 외치는 애국 인사들과 이를 환영하는 시민들의 모습이다.

8월 15일, 서울은 마치 쥐 죽은 듯 고요하였다. 시민들은 일본의 항복을 알고 있었다. 그러나 많은 사람들은 그 사실을 믿을 수 없었다. 그냥 기다렸다. 기쁨과 희망의 감정을 억누르면서. 그날은 그렇게 지나갔다.

그러나 다음 날 모든 것이 바뀌었다. 환희에 가득 찬 사람들의 거대한 물결이 온 시내, 온 나라를 뒤덮었다. 어제까지만 해도 텅 비고 조용하기만 하였던 서울, 수많은 사람이 파도처럼 광장과 거리와 골목을 가득 메웠다. 끝없는 흰 바다가 흔들리며 들끓는 듯하였다.

— 샤브쉬나, 《1945년 남한에서》

**귀국선에 오른 한인들**
돌아오네 돌아오네 고국산천 찾아서 /
얼마나 그렸던가 무궁화꽃을 /
얼마나 외쳤던가 태극 깃발을 /
갈매기야 웃어라 파도야 춤춰라 /
귀국선 뱃머리에 희망도 크다.
(해방 직후 유행하였던 대중가요 〈귀국선〉)

마치 한민족 전체가 하나 되어 해방의 기쁨을 누리는 것처럼 보였다. 과연 해방은 모든 사람에게 감격과 환희를 가져다주었을까? 독립투사와 일제의 앞잡이, 일제가 곧 망하리라 예측하였던 사람과 대일본 제국은 영원하리라 생각하였던 사람, 대일본 제국을 위한 성전에 나가기를 강요받았던 학생들은 그날 어떤 기분이었을까?

## — 새로이 나라를 세우자

한반도가 다시 한민족의 품으로 돌아왔다. 감옥에 갇혀 있던 독립투사들은 풀려나고, 일본이나 동남아시아 등지에 징용·징병으로 끌려갔던 사람들은 귀국선을 탈 수 있으리라는 기대감에 부풀었다. 해외의 독립운동가들도 귀국을 서둘렀다.

동포를 배신하고 자기 한 몸 배불리기에 급급하였던 일제의 앞잡이들, 일제에 협력하여 돈을 모은 자본가들, 소작인의 피땀으로 부귀를 누리던 지주들은 재빨리 피신하거나 두려움에 떨면서 상황을 지켜볼 수밖에 없었다. 조선의 해방을 가장 두려워한 사람들은 조선에 와 있던 일본인들이었다. 조선 총독부는 항복 시기가 임박하자 조선에 거주하는 일본인의 안전을 보장하고 그들의 재산을 무사히 일본으로 가져가기 위해 친일파로 비판받지 않을 만한 조선의 민족 지도자들과 접촉하였다.

여운형 등은 이미 건국 동맹을 조직하여 건국 준비를 하고 있었다. 여운형은 조선 총독부가 협상을 요청하자, 일본이 "독립투사들을 전원 석방하

**YMCA 건물에서 건국 준비 위원회 발족식 때 강연하는 여운형**
건국 준비 위원회는 지역별 인민 위원회를 구성하여 건국 준비 활동을 벌였다.

8. 6.
미국, 히로시마에 원자 폭탄 떨어뜨림

8. 12.~15.
미·소 양군 한반도 분할 점령 합의

8. 9.
소련군 참전

고, 석 달 동안의 식량을 확보하며, 건국 활동을 방해하지 않는다."면 협상 제의를 받아들이겠다고 하였다.

조선 총독부는 이 제안을 받아들였다. 여운형은 곧바로 조선 건국 준비 위원회를 결성하고, 치안권을 행사하면서 새로운 나라를 세우기 위한 준비에 들어갔다.

### ▬ 미·소 점령군 한반도를 분할하다

우리 민족에 의한 새로운 국가 수립은 곧바로 이루어지지 않았다. 미국과 소련 때문이었다.

태평양 전쟁이 막바지에 접어든 8월 6일, 미국은 히로시마에 원자 폭탄을 떨어뜨렸다. 8월 9일에는 소련군이 일본군과 싸우며 만주와 한반도로 진격하기 시작하였다. 소련군은 경흥에 진입하는 한편, 대규모 상륙 작전을 펼치기 위해 함경북도 웅기를 폭격하였다. 8월 11일 웅기에 상륙하고, 이튿날 나진을 점령하였다. 조만간 서울까지 밀고 내려올 태세였다. 이런 상황에서 미국과 소련 두 나라는 38도선을 경계로 남북을 분할 점령하기로 타협하였다.

일제의 항복 직후, 일본에 주둔하고 있던 미 태평양군 사령부는 미군이 한반도에 상륙할 때까지 남한 지역을 총독부가 계속 통치할 것을 지시하였다. 미군은 9월 8일 인천항을 통해 서울에 들어왔다. 그리고 총독부로부터 한반도의 통치권을 넘겨받았다. 미 군정이 시작된 것이다.

우리 민족은 미군과 소련군을 일제의 억압으로부터 해방시켜 준 은인으로 여기며 환영하였다. 그러나 상황은 간단치 않았다.

**8. 15.**
일본, 무조건 항복

**9. 8.**
미군, 남한에 들어옴

**9. 9.**
조선 총독부에 미국기 게양

태평양 방면 미 육군 총사령관으로서 본관은 아래와 같이 포고한다.

본관의 지휘를 받은 승리에 빛나는 미국 군대는 오늘 북위 38도선 이남의 조선 영토를 점령하였다. …… 본관은 태평양 방면 미 육군 총사령관으로서 본관에게 부여된 권한으로 북위 38도선 이남의 조선과 조선 인민에 대한 군정을 펴면서 다음과 같은 점령에 관한 조건을 포고한다.

제1조. 북위 38도선 이남의 조선 영토와 조선 인민에 대한 최고 통치권은 당분간 본관의 권한하에 시행된다.

— 태평양 방면 미 육군 부대 총사령부 포고령 제1호

이처럼 미군은 스스로를 점령군으로 여기며 행동하였다. 이들이 서울에 들어와 처음 한 일은 총독부 건물에서 일장기를 내리고 미국 국기를 게양한 일이었다. 북한에 들어온 소련군 역시 크게 다르지 않았다.

소련군은 미국과 협상하여 38도선 이북을 장악한 채 일본군과 총독부 경찰을 무장 해제시키고 실질적인 통치권을 행사하였다. 이런 상황에서도 국내 여러 정치 세력은 분주하게 움직였다. 토지 개혁, 친일파 청산, 정부 수립 방법에 대해 다양한 생각을 지닌 정치 세력들이 부산하게 움직인 반면, 친일파는 몸을 사리며 기회를 엿보았다. 게다가 어려운 경제 여건 등으로 한반도는 어수선했지만 한편으로는 활기를 띠고 있었다.

**나도 역사가**

독립운동가, 친일파, 농민, 학생의 입장이 되어서 1945년 8월 15일 하루의 일기를 써 보자.

● 1945년 8월 16일,
군중 연설을 마치고 나오는 여운형 건국 준비 위원회 위원장(원 안의 인물)

# 여운형, 새로운 나라 건설을 주장하다

여운형을 비롯한 국내의 일부 민족 지도자들은 일제의 패망을 예측하고 건국 동맹을 조직하여 건국을 준비하고 있었다. 일제의 항복이 가까워지자, 조선 총독부는 조선에 남아 있던 80만여 명의 일본인과 10만여 명의 일본군을 안전하게 일본으로 철수시키고자 하였다.

총독부는 당시 한국 민중들에게 존경을 받고 있던 여운형과 협상하고자 하였다. 여운형은 총독부의 제안을 수락하고, 8월 15일 바로 건국 준비 위원회를 발족시켰다. 다음 날 여운형은 휘문 중학교에 모인 군중을 향해 건국에 대한 자신의 입장을 밝혔다.

"조선 민족 해방의 날은 왔다. 우리 민족 해방의 첫걸음을 내디디게 되었으니 우리가 지난날에 아프고 쓰렸던 것은 이 자리에서 모두 잊어버리자.

● 조선 인민 공화국 선포
건국 준비 위원회는 1945년 9월 6일, 조선 인민 공화국을 선포하였으나 미 군정은 이를 인정하지 않았다.

그리하여 이 땅을 참으로 합리적인 이상적 낙원으로 건설하여야 한다. 이때 개인의 영웅주의는 단연코 없애고 끝까지 집단적 일사불란의 단결로 나아가자.

머지않아 각국 군대가 입성하게 될 것이며, 그들이 들어오면 우리 민족의 모양을 그대로 보게 될 터이니 우리들의 태도는 조금도 부끄럽지 않게 하여야 한다. 세계 각국이 우리를 주목할 것이다. 그리고 백기를 든 일본의 심흉을 잘 살피자. 물론 우리들의 아량을 보이자.

세계 신문화 건설에 백두산 아래에서 자라난 우리 민족의 힘을 바치자. 이미 전문 대학 학생 경비원이 배치되었다. 이제 곧 여러 곳으로부터 훌륭한 지도자가 오게 될 터이니 그들이 올 때까지 우리는 힘은 적으나마 서로 협력하지 않으면 안 될 것이다."

— 〈매일신보〉, 1945년 8월 17일자

8월 28일, 건국 준비 위원회는 강령을 발표하며, 활동 방향을 뚜렷이 세웠다.

1. 우리는 완전한 독립 국가를 건설하고자 한다.

2. 우리는 전 민족의 정치적·경제적·사회적 기본 요구를 실현할 수 있는 민주주의 정권을 수립하고자 한다.

3. 우리는 일시적 과도기에 국내 질서를 자주적으로 유지하여 대중의 생활을 보장하고자 한다.

# 우리는 이런 나라를 원한다

가 볼 곳 미 군정청    만날 사람 이승만, 박헌영    주요 사건 미·소 공동 위원회

우리 민족의 과제는 자주 국가를 수립하는 것이었다. 친일파 청산과 자주 공화국 수립은 우리 민족의 염원이었다. 그러나 누가 어떻게 새로운 나라를 만들고 이끌어 나갈 것인가에 관해서는 의견 차이가 있었다.

## ― 미국과 소련의 동상이몽

미국과 소련의 한반도 분할 점령은 민족 분단의 씨앗이었다. 두 나라는 일본과 싸울 때는 같은 편이었지만, 전쟁이 끝난 뒤에는 가장 강력한 경쟁자가 되었다. 미국은 자본주의 세력의 중심이었고, 소련은 사회주의 세력의 중심이었다.

미국과 소련은 일본이 항복하기 이전부터 한반도를 자기 세력권으로 끌어들이려는 생각을 가졌다. 미국은 한반도에 사회주의 국가를 견제할 수 있는 기반을 마련하려고 하였다. 소련은 한반도를 장악하여 미국의 포위망

### 조선 공산당과 박헌영, 김일성

국내에서 독립을 위해 투쟁하던 사회주의자들은 해방 직후 조선 공산당을 만들었다. 박헌영(왼쪽)이 대표적인 인물이다. 중국과 소련에서 공산당과 손잡고 일본과 싸우던 이들도 귀국하여 공산당에 참가하였다. 소련의 지원으로 38도선 이북의 주도권을 잡은 김일성(오른쪽)을 중심으로, 1945년 10월 조선 공산당 북조선 분국이 설립되었다.

### 중도 세력, 안재홍과 여운형

중도 세력은 해방될 때까지 주로 국내에서 항일 운동을 하였던 사람들로, 일제가 항복하자 새로운 나라를 건설하기 위해 가장 발빠르게 움직였다. 대표적인 인물이 안재홍(왼쪽)과 여운형(오른쪽)이다. 두 사람은 일제가 패망하던 날 바로 건국 준비 위원회를 조직하여 건국 준비 활동을 주도적으로 전개하였다. 그러나 뒷날 진주한 미 군정은 이들의 활동을 인정하지 않았다.

을 뚫고 동아시아, 나아가 태평양 지역으로 나아갈 수 있는 기반으로 삼고
자 하였다. 그들은 우리 민족의 이해와 상관없이 한반도에 각자 자기 나라
에 우호적인 정부를 세우고자 한 것이다.

## ━ 새 국가 건설 운동

우리 민족은 대부분 해방 후 독립된 민주 공화국을 세우려 하였다. 이는
3·1 운동 이후부터 이어 온 소망이었다. 그러나 친일파 청산, 일본인 소유의
재산 분배, 통일 정부 수립 등과 같은 구체적인 사안에 관해서는 저마다 생
각이 달랐다. 이 상황에서 친일파는 변신과 생존의 기회를 엿보고 있었다.

미국과 소련의 입장, 친일파의 은밀한 움직임, 여러 정치 세력 간의 새
나라 건설 구상의 차이 등은 신탁 통치 문제를 계기로 새로운 국면에 접어
들었다.

## ━ 신탁 통치 문제로 나라가 들끓다

자주적으로 해방을 성취하지 못하였기에, 민족의 운명을 스스로 개척하기
가 힘겨웠다. 태평양 전쟁이 한창이던 1945년 2월 미국과 영국, 소련의 지
도자가 한자리에 모였다. 미국이 소련에 함께 일본과 싸우자고 제안하자,
소련은 이에 동의하였다. 또한 미국은 일본을 물리친 뒤 20~30년간 미국

**대한민국 임시 정부와 김구**

3·1 운동 이후 중국에서 독립운동을 지속적으로 전개해 온 대한민국 임시 정부
요인들로, 핵심 인물은 김구(앞줄 가운데)이다. 민주 공화제와 균등 사회 건설을
주요 내용으로 하는 삼균주의를 건국 방침으로 내세웠다. 해방 후 임시 정부
요인들은 미 군정의 압력 때문에 개인 자격으로 귀국하였다. 임시 정부 요인들은
당시 민중들로부터 폭넓은 지지를 받았다.

**한국 민주당과 이승만**

한민당(한국 민주당)은 일제 강점기에 일제와 타협하며 생활하였던 지주와 자본가
등이 중심이 된 정당이다. 다른 독립운동 세력으로부터 친일파라는 비판을 많이
받았다. 이승만은 임시 정부의 대통령으로 추대되었다가 탄핵을 받기도 하였는데,
명성과 달리 국내에 조직 기반이 없었기에 한민당과 손을 잡았다. 왼쪽은 한민당
위원장 김성수와 정치부장 장덕수이고, 오른쪽은 이승만이다.

과 소련, 중국이 한국을 신탁 통치하자고 제안하였으며, 소련도 이를 수긍하였다. 1945. 2. 얄타 회담

1945년 12월, 미국과 소련이 다시 마주 앉았다. 미국은, 미국·영국·중국·소련 네 나라가 한국을 신탁 통치하자고 다시 제안하였다. 그러자 소련은 서둘러 한국인의 임시 정부를 만들도록 하자고 제안하였다. 결국 두 나라는 미·소 공동 위원회를 조직하고, 한국인이 임시 정부를 만들도록 도운 뒤, 네 나라가 한국인 임시 정부와 신탁 통치 문제를 상의하기로 결정하였다. 1945. 12. 모스크바 3국 외상 회의

회의 내용이 전해지자, 여러 정치 세력은 너나없이 반발하였다. 신탁 통치는 사실상 식민지의 연장이었기 때문이다. 김구와 이승만 등 우파는 신탁 통치 반대를 주장하며 대규모 시위와 집회를 잇달아 열었다. 조선 공산당을 비롯한 좌파도 신탁 통치에 반대하였다. 그러나 모스크바 회의의 결정 내용을 서둘러 시행하자며, 3국 외상 회의 결정을 지지하는 활동을 벌여 나갔다. 우파는 좌파가 신탁 통치를 받아들였다고 비난하였으며, 좌파는 38도선의 경계 없이 단일한 임시 정부를 구성하는 것이 가장 시급한 일이라 주장하였다. 우파와 좌파의 대립과 갈등은 총성 없는 전쟁이라 불릴 정도로 심각해졌다.

▲알타 회담에 모인 수뇌들
사진 왼쪽부터 처칠(영국), 루스벨트(미국), 스탈린(소련)이다. 알타 회담은 미국이 한국에서 신탁 통치를 실시하겠다는 의사를 처음 내놓았던 회담이다.

▲▲신탁 통치 관련 보도
신탁 통치 관련 소식을 처음 보도한 〈동아일보〉는 소련이 38도선 이북을 점령할 목적으로 신탁 통치를 제안하였으며, 미국은 즉시 독립을 주장하였다고 보도하였다. 우파는 이를 근거로 좌파가 소련의 지지에 따라 신탁 통치를 받아들였다고 비난하였다.

신탁 통치 절대 반대(우익, 왼쪽)와 3국 외상 회의 결정 절대 지지(좌익, 오른쪽)
모스크바 3국 외상 회의의 신탁 통치안은 우리 민족을 우파와 좌파로 분열시키고, 통일 독립 국가 건설에 결정적인 장애물이 되었다.

북조선 임시 인민 위원회 창설
1946년 2월에 조직되었다. 위원장은
김일성(앞줄 가운데)이었으며, 토지 개혁을
실시하고 노동법령 등을 제정하였다.

## — 좌·우 합작으로 통일 정부를 모색하다

1946년 3월 덕수궁에서 미·소 공동 위원회가 처음 열렸다. 38도선을 경계로 남북을 분할 점령한 지 반년이 넘었는데, 겨우 첫 모임을 가진 것이다.

미국과 소련 대표는 한국인이 임시 정부를 구성하는 문제로 말문을 텄다. 그러나 논의는 처음부터 어려움에 부닥쳤다. 미국은 모든 정당 및 사회 단체와 임시 정부 수립을 상의하자고 제안하였으나, 소련은 모스크바 3국 외상 회의의 결정 내용을 인정하는 단체로 좁혀야 한다고 주장하였다. 미국은 38도선을 없애고 남북의 경제 통일부터 서두르자고 제안한 반면, 소련은 먼저 임시 정부부터 만들자고 주장하였다.

온 국민의 관심 속에 시작된 회의는 결국 두 달도 채 되지 않아 끝났다. 급기야 38도선 이북은 이북대로, 이남은 이남대로 제 갈 길을 가자는 주장마저 나왔다. 이북에서는 사회주의자들이 주장한 여러 개혁 조치를 서둘렀다. 이남에서는 미 군정이 가장 강력한 좌파 세력인 조선 공산당을 탄압하고 나섰다.

미국과 소련의 의견이 충돌하고 좌·우 대립이 심해지자, 좌·우 협력을 통해 통일 정부를 구성하려는 운동도 활발해졌다. 여운형과 김규식이 중심이 되었다. 이들은 좌·우파가 서로 이해하고 양보함으로써 분단을 막아야 한다고 주장하였다.

남한 단독 정부 수립을 주장한 이승만
이승만은 해방된 지 1년도 채 안 되는 1946년 6월, "통일 정부를 바라지만 뜻대로 되지 않으니, 우선 남한만이라도 정부를 수립하여 38도선 이북에 있는 소련을 몰아내야 할 것"이라며 남한 단독 정부 수립을 주장하였다.

좌·우 합작 위원회
여운형과 김규식 등은 좌파와 우파의 자율적인 합의를 이끌어 내 미·소 공동 위원회 재개를 요청하려는 활동을 벌였다. 그러나 토지 개혁과 친일 청산 등을 둘러싸고 좌파와 우파 사이의 의견 차이가 커서 큰 성과를 내지 못하였다.

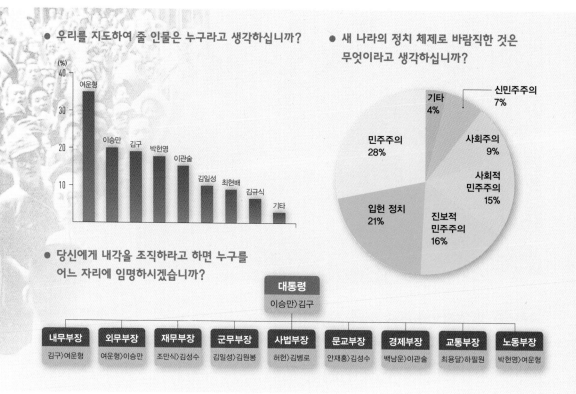

● 우리를 지도하여 줄 인물은 누구라고 생각하십니까?

(%)
40
30
20
10

여운형
이승만
김구
박헌영
이관술
김일성
최현배
김규식
기타

● 새 나라의 정치 체제로 바람직한 것은 무엇이라고 생각하십니까?

기타 4%
신민주주의 7%
민주주의 28%
사회주의 9%
사회적 민주주의 15%
입헌 정치 21%
진보적 민주주의 16%

● 당신에게 내각을 조직하라고 하면 누구를 어느 자리에 임명하시겠습니까?

대통령
이승만〉김구

| 내무부장 | 외무부장 | 재무부장 | 군무부장 | 사법부장 | 문교부장 | 경제부장 | 교통부장 | 노동부장 |
|---|---|---|---|---|---|---|---|---|
| 김구〉여운형 | 여운형〉이승만 | 조만식〉김성수 | 김일성〉김원봉 | 허헌〉김병로 | 안재홍〉김성수 | 백남운〉이관술 | 최용달〉하필원 | 박헌영〉여운형 |

## ▬ 우리를 지도할 인물은?

이 시기 사람들은 어떤 인물이 중심이 되어, 어떤 나라를 만들어 가기를 원했을까? 1945년 12월 '선구회'라는 단체에서 실시한 설문 조사를 보면, 이에 관한 당시 사람들의 생각을 어느 정도 짐작할 수 있다.

일제에 나라를 빼앗기기 전에는 황제가 나라를 다스리는 것을 당연하게 생각하였다. 그러나 해방이 되자 군주제로 돌아가야 한다고 생각한 이들은 거의 없었다. 민주주의 체제를 당연하게 생각하였고, 국민의 지지를 받는 이들이 선출되어 나라를 이끌어야 한다고 생각하였다. 국민들은 독립운동가들이 새 나라 건설을 주도해야 한다는 데 이견이 거의 없었다.

### 나도 역사가

모스크바 3국 외상 회의의 정확한 결정 내용을 알아보고, 찬성과 반대 주장의 근거를 정리해보자.

# 진정한 해방은 여성 해방으로부터

해방이 되자 우리 민족은 '남녀노소' 할 것 없이 모두 태극기를 흔들며 만세를 불렀다. 그런데 '남녀노소' 모두 진정한 해방을 이루었을까?

여성들은 또 한 번의 해방을 부르짖었다. "조선의 진정한 해방은 여성 해방으로 완성된다." 해방 직후 결성된 대표적인 여성 단체는 건국 부녀 동맹이었다. 그러나 곧 전국 여성 단체 총연맹과 조선 부녀 총동맹으로 나뉘었다. 두 단체의 주장을 들어 보자. 이들의 주장이 오늘날 얼마나 달성되었을까?

### 전국 여성 단체 총연맹

- 경제·정치·문화 부문에서의 남녀평등권
- 선거권에서의 남녀동등권
- 노동·사회적 보험 및 교육 부문에서의 남녀평등권
- 상속권에서의 남녀평등권

### 조선 부녀 총동맹

'민족 해방은 여성 해방에서 시작하여 여성의 완전한 해방으로 완성된다!'

- 남녀평등의 선거권과 피선거권
- 여성의 경제적 평등권과 자주성 확립
- 남녀 임금 차별제 폐지
- 8시간 노동제 확립
- 산전 산후 1개월간의 유급 휴양제 확립
- 탁아소·산원·공동 식당·공동 세탁소·아동 공원의 완비
- 공·사창제 철폐
- 인신매매 철폐
- 모자 보호법 제정
- 봉건적 결혼제 철폐

# 한 민족, 두 국가 ❸

가 볼 곳 제주    만날 사람 김구, 김규식    주요 사건 대한민국과 조선 민주주의 인민 공화국 성립, 남북 협상

"조국이 있어야 한국 사람이 있고, 한국 사람이 있고야 민주주의도 공산주의도 무슨 단체도 있을 수 있는 것이다. 우리 자주 독립 통일 정부를 수립하는 이때 어찌 개인이나 집단의 사리사욕으로 국가 민족의 백년대계를 그르치려 하는가?" ─ 김구

## ― 남과 북, 서로 다른 길로 접어들다

1947년 5월 두 번째 미·소 공동 위원회가 열렸다. 그러나 여전히 협상은 이루어지지 않았고, 회의는 이내 결렬되었다. 이후 미국은 한국의 독립 문제를 국제 연합<sup>유엔</sup>으로 넘겼다. 미국의 영향력이 컸던 유엔은 "1947년 11월 인구를 기준으로 남북한 주민들이 자유롭게 총선거를 실시하고 이를 바탕으로 통일 정부를 구성한다."라는 안을 결정하였다.

1948년 1월, 유엔 한국 임시 위원단이 구성되어 서울에 들어왔다. 소련과 북한은 이들이 북한에서 활동하는 것을 거부하였다. 유엔 소총회는 남한만의 선거를 통해 단독 정부를 구성하는 방안을 결정하였다. 일찍부터 단독 정부 수립을 주장하던 이승만과 한민당은 이 결정을 적극 지지하였다.

이로써 한반도를 가로지르는 38도선은 분단선으로 고정되어 갔고, 남과 북은 서로 다른 길을 걷기 시작하였다. 북한에는 소련의 지원을 받는 사회주의 체제가 자리 잡고, 남한에는 미국의 지원을 받는 자본주의 체제가 자리 잡게 된 것이다.

각 체제에 맞지 않은 사람들은 더 이상 그 땅에서 살 수 없게 되었다. 북한에서는 지주, 자본가, 기독교인 들이 숙청되고, 많은 사람들이 탄압을 피해 남쪽으로 내려왔다. 반면 남한의 사회

**한반도 총선거안 가결**
1947년 11월 14일에 유엔의 한반도 총선거안이 가결되었다는 소식을 전한 11월 16일자 〈조선일보〉 기사이다. 동유럽 사회주의 국가들이 보이콧한다는 내용이 보인다.

주의자들은 미 군정과 우익으로부터 극심한 탄압을 받게 되었다.

## ━ 분단을 막으려 애쓰다

상황이 점차 단독 정부 수립으로 치닫자, 김구와 김규식 등은 이에 반대하는 운동을 펼쳤다. 1948년 2월, 이들은 북한의 지도자들에게 편지를 보내 남북이 함께 만나 통일 정부를 구성하기 위한 노력을 벌이자고 제안하였다. 그리고 나서 남한의 총선거를 20여 일 앞두고 평양을 방문하였다.

평양에서 김구 일행과 북한 정치 지도자들은 연석회의를 열어 남한의 단독 선거에 반대하고, 미군과 소련군이 동시에 물러난 이후 총선거를 실시하여 통일 정부를 수립하기로 합의하였다.

한민당과 이승만 쪽에서는 김구가 북한에 이용만 당하였다고 비판하면서 단독 정부 수립을 강행하였다. 그러나 민족의 분단은 있을 수 없는 일이라는 김구의 투철한 신념은 민족의 장래에 대한 긴 안목에서 비롯된 것이었다. 김구는 분단이 민족의 더 큰 비극으로 이어질 것을 예측하고 있었다.

**4·3 항쟁(1948)**
남한만의 총선거 결정에 대하여 사회주의 세력은 반대하였으며, 일부 지역에서는 강력하게 저항하였다. 특히 제주도에서는 격렬한 반대 시위가 전개되었다. 제주도민의 저항과 군·경찰의 토벌 작전은 1년여를 끌었다. 이 과정에서 수만 명의 제주도민이 희생되었다. 사진은 제주 4·3 평화 공원에 세워진 위령탑이다.

> 만약에 우리 동포들이 양 극단의 길로만 돌진한다면 앞으로 남북의 동포는 국제적 압력과 도발로 인하여 본의 아니게 동족상잔의 비참한 내전이 발생할 위험이 없지 않으며, 재무장한 일본군이 또다시 바다를 건너서 세력을 펴게 될지도 모른다. …… 나는 통일된 조국을 건설하려다가 38도선을 베고 쓰러질지언

**◀38도선을 넘는 김구 일행(1948. 4. 19.)**
**▼평양 남북 연석회의에서 연설하는 김구**
한평생 올곧은 자세로 겨레의 앞날을 생각하였던 김구는 1949년 6월 26일 친일 세력에 의해 쓰러지고 말았다.

정 일신에 구차한 안일을 취하여 단독 정부를 세우는
데는 협력하지 아니하겠다.

— 김구, 〈3천만 동포에게 읍고함〉

## 대한민국과 조선 민주주의 인민 공화국

우여곡절을 겪으면서 남한에서는 마침내 1948년 5
월 10일, 우리 역사에서 처음으로 민주적 절차에 의
해 국민의 대표인 국회의원을 선출하는 선거가 치러
졌다. 이 선거 결과 이승만 지지자와 한민당 등이 다
수 의석을 차지하였지만 총 200석 중 85석이 무소속
이었고, 제주도에 배당된 2석은 무효로 처리되었다.

이들에 의해 헌법이 제정되고,[1948. 7. 17.] 헌법이 정한
절차에 따라 간접 선거를 통해 이승만이 대통령으로
선출되었다. 1948년 8월 15일, 이승만이 건국을 공
포함으로써 대한민국이 수립되었다.

남한에서 대한민국이 수립되자 북한에서도 최고
인민 회의 대의원을 선출하고,[1948. 8. 25.] 이어 북한 헌
법을 채택하였다. 1948년 9월 9일, 북한은 헌법에 정
한 대로 김일성을 수상으로 하는 조선 민주주의 인민
공화국 수립을 선포하였다.

**남한 총선거**
처음 실시하는 투표라서 어색하기도 하였고, 남한만의 단독 정부
수립을 반대하는 여론도 만만치 않았다. 그러나 우리 역사에서
처음으로 실시된 보통 선거란 점에서 그 의미가 작지 않다.

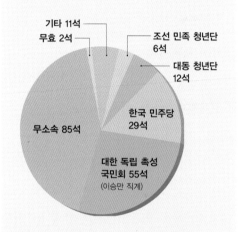

기타 11석
무효 2석
조선 민족 청년단
6석
대동 청년단
12석
무소속 85석
한국 민주당
29석
대한 독립 촉성
국민회 55석
(이승만 직계)

단독 정부 수립에 반대하는 사회주의 진영과,
김구를 중심으로 한 임시 정부 세력은 총선에
참여하지 않았다.

## 대한민국은 민주 공화국이다

유구한 역사와 전통에 빛나는 우리들 대한국민은 기미 삼일운동으로 대한민
국을 건립하여 세계에 선포한 위대한 독립 정신을 계승하여 이제 민주 독립
국가를 재건함에 있어서…….

— 1948년 헌법 전문

새 헌법은 대한민국이 3·1 운동으로 건립한 임시 정부를 재건하였다고
밝혔다. 그리고 맨 앞에 "대한민국은 민주 공화국이다. 대한민국의 주권은

국민에게 있고 모든 권력은 국민으로부터 나온다."<sup></sup><sub>헌법 제1조, 제2조</sub>라고 선언하였다.

중도파와 좌파 정치 세력은 대부분 참가하지 않았지만, 대한민국 헌법은 독립운동을 하면서 꿈꾸었던 새로운 국가 건설 구상을 적지 않게 담았다.

모든 국민이 균등하게 교육을 받을 권리가 선언되었으며,<sub>제16조</sub> 노동자들이 조합을 결성하여 투쟁할 수 있는 권리와 기업 활동을 통해 벌어들인 수익을 분배받을 권리도 보장하였다. <sub>제18조</sub> 국가는 개인의 기본적인 삶을 보장해야 하며, 국가 경제 활동은 사회 정의의 실현과 균형 있는 국민 경제의 발전을 기함을 기본으로 삼도록 하였다. <sub>제84조</sub> 지주가 소작농을 수탈하는 도구로 전락해 버렸던 막대한 토지는 농민에게 분배하도록 하였으며,<sub>제86조</sub> 해방 이전 악질적인 반민족 행위를 하였던 사람을 조사하여 처벌할 수 있도록 하였다. <sub>제101조</sub>

정치·경제·교육의 균등을 바탕으로 자주적인 민주 국가를 만들자던 독립운동가의 꿈은 현실이 될 수 있을 것인가? 분단 국가로 출범하였으나, 민주 공화국에 대한 국민의 기대 또한 작지 않았다.

**대한민국 정부 수립 선포식**
일제로부터 해방된 우리 민족은 꿈에도 그리던 독립 국가를 수립하게 되었다. 하지만 많은 사람들이 분단의 아픔을 다시 새겨야 하였고, 다가올 더 큰 분열을 걱정하며 잠을 이루지 못하였다.

**나도 역사가**

오늘날 정치인들은 존경하는 인물로 김구를 꼽곤 한다. 김구가 존경받는 이유는 무엇일까? 《백범일지》를 읽고 독후감 형식으로 보고서를 작성해 보자.

# 해방된 조국,
# 생활 전선은 힘들다

가 볼 곳 서울 용산역　　만날 사람 철도 노동자　　주요 사건 9월 총파업

"배고파 못살겠다. 쌀을 내놓아라. 감금된 애국자를 석방하라. 강제 공출을 반대한다.
토지는 농민에게!"

## ― 고단한 생활 전선

일제의 식민 지배에서 해방되었다고 해서 일반 민중들의 생활 조건이 향상
된 것은 아니었다. 이미 일제 식민 통치가 끝나기 전 몇 해 동안 전쟁에 시
달리느라 민중들의 생활은 매우 어려워졌으며, 해방 후에도 사회가 혼란
스러워지면서 생활은 쉽사리 개선될 기미가 보이지 않았다.

일본인들이 운영하던 공장은 일본인 기술자들이 돌아가고, 중요한 설비
들이 파괴되면서 대부분 가동을 멈출 수밖에 없었다. 특히 38도선이 그어
지면서 남한과 북한 간의 경제 교류가 끊기게 되어 더욱 어려운 상황이 전
개되었다.

**수풍댐(평북 삭주)**
일제 시대에 북부 지역에는
많은 수력 발전소가 건설되어
공업화를 앞당겼다. 해방 후 북한이
남한의 총선을 구실로 송전을
중단하자(1948. 5. 14.) 남한 경제는
큰 어려움을 겪기도 하였다. 압록강
하류의 수풍댐은 1943년에 완공된
당시 최대의 수력 발전소였다.

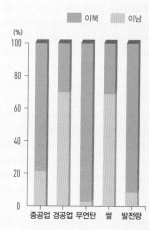

**| 해방 당시 38도선 이남과 이북의 경제 구조 비교**

일제가 추진한 병참 기지화 정책은 이북 지역을 중화학 공업 지역으로 집중 개발하는 정책이었다. 그 결과 경제 구조의 왜곡이 더욱 심해졌다.

출처 : 조선 은행 조사부, 《조선 경제 연보》, 1948

**미 군정청의 쌀 수집**

미 군정은 농민들이 가지고 있는 쌀을 강제로 수집하려고 하였고, 이러한 정책은 농민들의 불만을 자아냈다. 사진은 미 군정이 농민들에게 시가보다 낮은 가격으로 쌀을 수집하는 장면이다.

## 우리에게 생필품을 달라

해방 직전까지 총독부는 전쟁을 치르기 위해 한국인들에게 생활 물자를 최소 수준으로 공급하는 통제 정책을 폈다. 해방이 되면서 이러한 공급과 수요 통제 정책은 무너졌다. 생산 설비가 제대로 가동되지 않는 상태에서 식량을 비롯한 생활 필수품은 턱없이 부족하였고, 물가가 엄청난 속도로 올랐다. 더구나 외국에 나가 있던 동포들이 귀국하면서 생필품 부족 현상은 더욱 심각해졌다. 그 틈을 타 중간 상인들이 물품을 독점하여 가격 상승을 부채질하였다.

이러한 혼란을 막기 위하여 미 군정은 식량을 수집하여 배급하는 정책을 폈으나 목표한 바를 달성할 수 없었다. 도시민들은 배급 식량이 부족하다고 아우성을 쳤다. 그렇다고 농민들이 이익을 본 것도 아니었다.

## 미 군정 시기 남한의 노동·토지 정책

해방 후 경제 정책 가운데 가장 중요한 문제는 일본인의 재산을 어떻게 처리하느냐는 것이었다. 일본인이 소유하였던 공장과 농토 등을 어떤 원칙에 따라 누구에게 재분배할 것인가를 둘러싸고 논란이 일었다.

이는 당연히 민중들에게 돌아가야 할 것들이었다. 당시 민중들의 구호는 "공장은 노동자에게, 농토는 농민에게"였다.

## | "농토는 농민에게"

일제 시대를 거치면서 대다수 한국 농민은 자기 땅을 가지지 못하고 소작농으로 생계를 유지하였다. 해방 직후 소작지 비율은 이를 잘 보여 준다.

**해방 직후 남한의 농민 계층 구성**
(단위 : 1,000호, %)

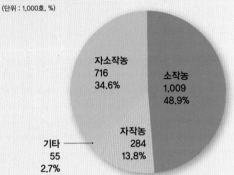

자소작농 716 34.6%
소작농 1,009 48.9%
자작농 284 13.8%
기타 55 2.7%

출처 : 조선 은행, 《조선 경제 연보》, 1948

**해방 후 남한의 토지 소유 현황**
(단위 : 1,000정보, %)

| 시기 | 농지 면적 | 자작지 | 소작 면적 | 소작지 비율 |
|---|---|---|---|---|
| 1945년 말 | 2,226 | 779 | 1,447 | 65.0 |
| 1947년 말 | 2,193 | 868 | 1,325 | 60.4 |
| 1949년 6월 | 2,071 | 1,400 | 671 | 32.6 |
| 1951년 말 | 1,958 | 1,800 | 158 | 8.1 |

출처 : 이종범·최원규 편, 《자료 한국 근현대사 입문》, 1995

농민들은 토지 개혁을 주장하였다. 일본인 지주와 친일 한국인 지주들의 땅을 몰수하여 농민들에게 무상으로 분배하라는 것이었다. 아울러 친일 민족 반역자들을 처단하고 하루빨리 한국인에 의한 민주 정치와 평등한 경제 정책을 펼 것을 주장하였다. 그러나 미 군정은 노동자와 농민들이 일본인의 재산을 차지하는 것을 불법으로 규정하였다. 미 군정은 "일본인 소유의 모든 재산은 미 군정에 귀속된다."라고 선포하였다.

노동조합 활동에 대해서도 파업권을 제한하였다. 지주와 소작인 관계도 그대로 유지하면서 소작료만 5:5에서 소작인 대 지주의 분할 비율을 2:1로 하여, 소작인에게 유리하게 조정하고자 하였다.

## ― 파업 투쟁

미 군정의 통치는 조선인의 생활을 안정시키지 못하였다. 미 군정의 노동자와 농민들에 대한 정책은 불만족스러웠다. 반면에 친일파 관료나 경찰들은 미 군정 아래서 활개를 치고 다녔다. 미 군정은 좀 더 수월하게 조선을 통치하기 위해 행정 경험이 있는 친일파를 불러들였고, 노동자와 농민 운동을 탄압하였다. 미 군정에 대한 노동자와 농민들의 불만은 점점 쌓여 갔다.

불만은 마침내 전국적인 항쟁으로 폭발하였다. 1946년 9월, 미 군정의 잘못된 식량·노동 정책에 항의하여 전국의 노동자 약 20만여 명이 파업에 나섰다. 이 항쟁은 곧 민중 항쟁으로 번졌다.

**9월 총파업**

1946년 9월 22일 0시를 기해 부산 철도 노동자 7,000여 명이 파업에 들어갔고, 24일에는 서울의 철도 노동자 4만여 명이 총파업에 돌입했다. 시위 열기는 10월 1일 대구에서 절정을 이루었다. 쌀 배급을 확대할 것을 요구하던 시위가 미 군정 정책에 대한 전반적인 항의 운동으로 발전하면서, 경상도 일대에서는 대규모 폭동의 양상을 띠었다.

**북한의 토지 개혁 지지 농민 대회(왼쪽)와 선전문(오른쪽)**
북한은 토지 개혁 법령을 1946년 3월 5일에 발표하였다.

## 소 군정 시기 북한의 토지 개혁

북한은 사회주의자들이 일찍 권력을 장악하면서 사회주의 경제 정책을 펴나갔다. 가장 신속하게 추진한 것이 토지 개혁이었다.

1946년에 접어들면서 일본인과 민족 반역자, 대지주 들의 토지를 몰수하여 농민들에게 무상으로 분배하는 토지 개혁을 실시하였다. 또한 일본인, 친일 자본가 소유의 공장과 경제 시설을 몰수하여, 대부분 국유화하였다.

이러한 북한의 토지 개혁을 접한 남한의 농민들은 남한에서도 토지 개혁이 추진되어야 한다고 목소리를 높였으며, 반면 남한의 지주나 자본가들은 북한에 대해 불신과 적대감을 더욱 강하게 가지게 되었다.

**나도 역사가**

다음 글을 읽고 해방 직후 보통 사람들의 생활 모습을 구체적으로 조사해 보자.

(해방이 지난) 한참 뒤 일인의 재산을 조선 사람에게 판다는 소문이 들렸다. 사실이라면 한 생원은 (일본인에게 헐값에 넘긴) 그 논 일곱 마지기를 돈을 내고 사지 않고서는 도로 찾을 수 없을 판이었다. 물론 한 생원에게는 그런 재력이 없거니와, 도대체 이전의 임자가 있는데 아무에게나 판다는 것이 보기에 불합리한 처사였다.
"그런 놈의 법이 어딨단 말인가? 그래 누가 그렇게 마련을 했는구?"
"나라에서 그랬을 테죠."
"나라?"
"우리 조선 나라요."
"나라가 명색이 내게 무얼 해 준 게 있길래. 이번엔 일인이 내놓구 가는 내 땅을 저희가 팔아먹으려구 들어? 그게 나라야?"
— 채만식, 〈논 이야기〉

# 해방으로 되살아난 소년, 소녀들의 꿈과 희망

**우리말로 우리글을 배우다**

"광복 후 처음 등교하는 날, 우리는 교과서도 없이 강의를 받았다. 생전 처음으로 우리말 국어 강의를 받은 그날의 환희와 감격은 정말 벅찼다. 학생들의 눈은 초롱초롱 빛났고 그 누구의 숨소리조차도 들을 수 없을 만큼 교실 안은 쥐 죽은 듯 조용하였다. 이때만큼 무아지경에서 수업 받기는 평생 처음이었다."

— 해방 당시 어느 학생의 회고담

**해방 직후 교실 풍경**

해방이 되자 학교는 일제 시대 황국 신민 교육의 때를 벗겨 내기에 바빴다.

　일본인 교사들은 본국으로 돌아갔다. 아침마다 외워야 했던 황국 신민 서사를 더는 외울 필요가 없었다. 교실에 붙어 있던 왜색 부착물을 거두어 냈다. 일본어를 못한다고 매 맞을 일도 없게 되었다. 그러나 30여 년 동안 쌓여 왔던 일제 교육의 잔재가 교실을 약간 바꾼다고 지워지는 것은 아니었다. 이후로도 오랫동안 학교 교육에는 일제의 잔재가 남아 있었다.

**우리도 어른들처럼 통일과 민주주의를 외치고 다녔지!**

"해방 직후 우리 학생들이 굉장했다꼬. 의식들이 아주 강했지. 우리의 소망은 통일이고, 민주주의 사수니까. 통일이고 민주주의라면 죽어서도 공을 바친다는 그 신념 때문에 빨갱이들도 잘 안 부르는 혁명가를 애송하고 다녔다꼬.

　산에 사는 까마귀야 시체 보고 우지 마라. / 몸은 비록 죽었으되 혁명 정신 살아 있다. / 만리장성 머나먼 곳 부모 형제 다 버리고 / 조국 통일 이 한마음 영원토록 간직하리.

　이것이 우리가 부르던 노래라꼬. 당시 혁명이란 말은 우리가 몰랐어. 어데? 우리가 만들어 낸 게 아니고, 일제 때 만주하고 중국 나가서 독립운동하던 사람들이 해방 후에 귀국해서 우리 젊은 사람들에게 전해 줬던 거라. 그 가사 중에 혁명이란 말이 있었던 거지."

— 김명길 구술. 〈진주 학도병 열다섯이 겪은 그해 여름〉. 《구술 한국 현대사》

# 7

## 전쟁으로 깊어지는 분단 구조

# 전쟁은 멈추었지만, 대립은 깊어 가고……

한국의 해방과 통일 문제를 평화리에 해결하기 위하여 정치 회담이 개최되고 있는 동안의 정전을 우리는 방해하지 않을 것이다. 우리와 미국 사이에 도달된 합의는 양국의 공동 이익이 관련되어 있는 지역의 안전을 유지하기 위하여 양국이 효과적으로 협동한다는 것을 보장하고 있다.

북한 동포들에게 외친다. 동포여, 희망을 버리지 마시오. 우리는 여러분을 잊지 않을 것이며, 모른 체하지도 않을 것입니다. 한국 민족의 기본 목표, 즉 북쪽에 있는 우리의 강토와 동포를 다시 찾고 구해 내자는 목표는 계속 남아 있으며, 결국 성취되고야 말 것입니다.

— 휴전 협정 조인에 관한 이승만 대통령의 성명서, 1953년 7월

**1950**
- 1월 애치슨 미 국무 장관, '애치슨 라인' 발언
- 6월 6·25 전쟁 발발
- 10월 중국군의 6·25 전쟁 개입

**1951**
- 6월 말리크 유엔 주재 소련 대표, 정전 회담 제의

**1952**
- 7월 전쟁 중 국회, 경찰 포위 속에 발췌 개헌안 통과

**1953**
- 6월 포로 교환 협정 조인 (8월 5일 교환 시작~ 9월 6일 완료)
- 7월 휴전 협정 조인
- 10월 한·미 상호 방위 조약 체결

**1954**
- 11월 국회, 개헌안 사사오입 통과 처리(사사오입 개헌)

**1956**
- 5월 정부통령 선거에서 야당의 약진

**1958**
- 1월 진보당 사건 발생(위원장 조봉암 등 간부 7명 간첩 혐의로 구속)

# 폭풍 전야

가 볼 곳 평양    만날 사람 최남선    주요 사건 반민족 행위 특별 조사 위원회 활동

남과 북, 두 정부는 공존과 협력보다는 적대감과 불신으로 맞섰다. 남북의 대립은 미국과 소련을 양대 축으로 하는 냉전 체제의 최전선이었다. 극한적인 대립은 결국 전쟁으로 치달았다.

## ─ 서로 다른 길

해방의 감격은 분단된 두 개의 국가를 수립하는 것으로 마무리되었다. 두 정부는 서로 다른 길을 걷게 되었다. 남과 북은 공존을 모색하기보다는 적대감을 키워 갔다.

정부 수립 이후 남한에서는 '반민족 행위 처벌에 관한 특별법'을 제정하여 친일파 청산에 나섰으며, 농민들의 염원이던 농지 개혁을 서둘렀다. 그러나 이승만 정권이 늘 '반공을 위해서는 과거를 묻어 두자.'라는 주장을 내세웠던 터라, 친일파 청산은 오래지 않아 뒷전으로 밀려났다. 친일 민족 반역자를 처단하기 위해 만들어진 반민족 행위 특별 조사 위원회<sup>반민특위</sup>는 친일

| 농지 개혁법 공포

1949년 6월 21일 농지 개혁법이 공포되었다. 법 공포 직후 다시 법 개정을 둘러싼 논의가 지루하게 이어져 1950년 4월에야 농지 개혁과 관련된 모든 법률이 완비되었다. 농지 개혁이 지연되는 사이 많은 지주들이 토지를 처분함으로써 전체 소작지 중에서 농지 개혁의 적용을 받은 토지가 절반이 안 되었음을 도표를 통해 알 수 있다.

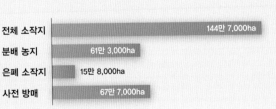

전체 소작지    144만 7,000ha
분배 농지    61만 3,000ha
은폐 소작지    15만 8,000ha
사전 방매    67만 7,000ha

출처 : 《한국 민족 문화 대백과 사전》

경력의 경찰들로부터 공격을 받으며, 별다른 활
동을 하지 못한 채 결국 해산되고 말았다.

농지 개혁도 지지부진하였다. 해방 이후 오랫
동안 농지 개혁이 미루어지는 통에 수많은 지주
가 미리 땅을 빼돌려 정작 개혁 대상이 된 토지
는 얼마 되지 않았다. 그나마도 농민들이 많은
부담을 지고 토지를 사들이는 방식으로 농지 개
혁이 진행되어 농민 생활의 개선으로 이어지지
못하였다.

조선 총독부와 일본인 소유의 각종 산업 시설

**북한 정부 수립 경축 군중 대회**
1948년 9월 9일 평양에서는 조선
민주주의 인민 공화국 수립을
축하하는 경축 행사가 열렸다.

이나 부동산에 대한 처리도 중요한 문제였다. 남한 정부는 '귀속 재산 처리법'
을 만들어 해방 전에 연고가 있던 사람들에게 우선권을 주고 매입하게 하였
다. 이 때문에 귀속 재산은 결국 친일파들에게 돌아가는 경우가 많았다.

## ▬ 깊어지는 남북 간의 적대감

북한은 노동당 일당 지배의 국가 체제를 강고하게 하는 한편, 남한에 대한
공세를 취하였다. 북한은 외국 군대가 모두 철수한 다음 총선거를 실시하
여 평화적으로 통일하자는 제안을 내놓고 미군 철수를 압박하였다. 김일성
과 북한 사회주의자들은 남한을 미 제국주의자들이 친일파를 내세워 다스
리는 식민지로 여겼다.

남한에서도 북한을 적대시하고 남한 내 좌파를 탄압하는 일이 계속되었
다. 제주도에서는 경찰과 군인이 단독 선거 반대 운동에 나섰던 인사들을
과잉 진압하고, 이 과정에서 큰 피해를 입은 제주도민이 저항하는 상황이
오래도록 이어졌다. 여수에서는 제주도민에 대한 군대의 무력 진압에 반대
하는 군인들이 반란을 일으켰다. 이승만 정부는 강력한 반공 정책을 추진
하면서, '북진 통일'을 수시로 거론하였다.

## ▬ 북한·소련·중국의 삼각 동맹

**김일성** 스탈린 동지, 이제 상황이 무르익어 전 국토를 무력으로 통일할 수

▲소련을 방문한 김일성
김일성, 박헌영과 스탈린은 공식적인 회담 뒤 비밀 회담을 가졌다. 이때 김일성은 남한을 공격하겠다는 뜻을 드러내면서 소련에 군사 원조를 요청하였다. 소련은 처음에는 남침에 소극적이었으나, 1949년 10월 중국을 공산군이 장악하자 적극적인 지원으로 입장을 바꾸었다.

▶중국군에게 훈련받는 인민군
중국의 공산화로 북한 지도부는 한반도 공산화에 자신감을 갖게 되었다. 또한 중국으로부터 군사 원조 등의 실질적인 도움도 받을 수 있게 되었다. 사진은 중국군 교관에게 기관총 사격 교육을 받는 북한 인민군들의 모습이다.

있게 되었습니다. 남한은 자신들이 북침하기에 충분한 힘을 확보할 때까지 분단 상태가 지속되기를 원할 것입니다. 우리가 먼저 공세를 취하여야 합니다.

스탈린 공격해서는 안 됩니다. 북조선 인민군은 남조선군에 비해 확실한 우위를 확보하지 못하고 있습니다. 또한 남조선에는 아직 미군이 있습니다. 전쟁이 나면 그들이 개입할 것입니다. 우리가 먼저 전쟁을 일으키면 미국의 개입을 막을 명분이 없습니다.

1949년 3월 말, 김일성과 박헌영 등 북한의 핵심 인물들이 평양을 떠나 소련을 방문하여 스탈린을 비롯한 소련 지도자들과 회담하였다. 북한은 소련으로부터 공장을 복구하거나 새로 세우고, 지하자원 등을 개발하는 데 필요한 기술을 지원 받고자 하였다.

그러나 더욱 중요한 것은 군사 원조였다. 북한 지도부의 소련 방문으로 두 나라 사이에 '조·소 경제 문화 협정'이 체결되었다. 이때 스탈린은 북한의 남한 공격에 동의하였다. 소련과 북한 사이에 긴밀한 협력의 길이 마련된 것이다.

김일성은 이어 중국 공산당의 마오쩌둥과 만나 남침에 대한 동의를 얻어 내었다. 1949년 7, 8월에는 중국 공산당에서 활동하고 있던 조선인 부대를 귀국시켜 북한의 전투력을 강화하였다. 마오쩌둥은 남은 조선인 부대도 귀국시키고 보급품을 공급하겠다고 약속하였다.

## ━ 한반도에 드리운 전쟁의 먹구름

1948년 12월 말, 소련은 북한에서 군대를 철수시켰
다. 그리고 미국에도 남한에서 군대를 철수시킬 것을
강력히 요구하였다. 1949년 6월, 미군이 철수하자 북
한의 전쟁 준비는 더욱 활기를 띠었다.

김일성, 박헌영 등 북한 지도부는 당시 북한이 남
한에 비해 군사력에서 크게 앞서며, 친일파 청산이나
토지 개혁과 같은 정책으로 남북 인민의 지지를 고
루 받을 것이라고 확신하였다. 따라서 당시가 무력
'통일'을 위한 절호의 기회이며, 이때를 놓치면 다시
는 기회가 오지 않을 것이고, 오히려 남한이 군사력
을 강화하여 북한 사회주의 체제를 위협할 것으로 판
단하였다. 승리에 대한 자신감, 때를 놓칠지 모른다
는 조바심, 이것이 그해 여름 북한 지도부의 분위기
였다.

남한에서도 1949년 6월 이후 북진 통일 주장이 한
층 강해졌다. 반공 북진 통일을 외치던 이승만 정권
은 미국에 무기와 물자 원조를 요구하였다. 3일이면
북한군을 제압하고 평양을 점령할 수 있다는 자신감
을 보이기도 하였다.

**소련군 철수**
남한에 비해 북한에서는 사회주의 정권이 일찍 안정되면서 1948년 12월
말 북한 주둔 소련군이 철수하였다.

**미군 철수**
남한 주둔 미군은 1948년 9월 15일부터 철수를 시작하여 1949년 6월
30일자로 철수를 완료하였다.

**나도 역사가**

문화계에서 친일 경력이 있는 사람의 해방 후 활동과 그 작품을 조사해 보자.

반민특위 법정

# 민족 반역자 처벌하여 민족정기 회복하자!

1948년 9월, 일제 시대에 반민족적 행위를 하였던 친일 민족 반역자를 처벌하기 위해 '반민족 행위 처벌에 관한 특별법'이 만들어졌다. 이 법에 따라 국회의원 10명으로 반민 특위가 구성되었다. 아울러 특별 재판부를 두어 반민족 행위자들을 재판하게 하였다.

당시 어느 신문 사설에서는 반민특위 활동에 대한 기대감을 이렇게 피력하였다.

"과연 민족정기는 죽지 않았다. 보라, 눈부신 특위 활동을! 우리는 기대한다. 반민족 행위 처벌은 결코 보복적인 감정이 아니다. 대한민국의 정신을 살리고 사리사욕 때문 에 민족을 파는 반역자가 다시는 생겨나지 않도록 하는 교훈적 의의가 크다."

위원회는 4개월 동안 300여 명을 반민족 행위자로 체포하였다. 그러나 이승만과 친 일파들은 법률 제정과 조사 위원회의 활동을 끈질기게 방해하였다. 결국 1949년 8월, '반민족 행위 특별 조사 위원 해체안'이 국회를 통과함으로써 반민특위는 이렇다 할 성 과 없이 해산되고 말았다.

**반민족 행위 처벌법 원전**

이 법은 일본 정부와 공모하여 한·일 병합에 협력한 자, 일본 정부로부터 작위를 받은 자, 독립운동가나 그 가족을 살상·박해한 자 등을 처벌하기 위하여 만들었다.

**끌려가는 민족 반역자들**

반민특위가 활동한 1년간 총 680여 건의 반민족 행위가 다루어졌다. 이 과정에서 노덕술, 김태식 등 친일 경찰과 최남선, 이광수 등이 체포·구속되었다.

**재판 광경**

체포된 민족 반역자들에 대한 재판 중 판결이 확정된 것은 38건에 불과하였다. 형량도 사형 1건을 포함하여 징역 12건, 공민권 정지 18건 등으로 가벼웠다. 그나마도 6·25 전쟁이 발발하자 형량대로 감옥살이를 한 사람은 몇 안 되었다.

## | 법정에 선 반민족 행위자들의 최후 진술 |

● **최남선**

까마득하던 조국의 광복이 뜻밖에 얼른 실현되어 이제 민족정기의 호령이 꿍꿍히 이 강산을 뒤흔드니 …… 오직 공손히 법의 처단에 모든 것을 맡기고, 그 채찍을 감수함으로써 조그만치라도 국민 대중 앞에 참회의 표시를 삼는 것 외엔 다른 것이 없다.

● **최린**

변변치 못한 최린이지만 기미년 3·1 운동 당시 일제에 정면으로 반기를 든 자라고 해서 그들은 그 후 나를 주목하고 위협하고 또 유혹하여, 끝내 민족을 배반하는 행동을 하게 하였으니 오직 죄스럽고 부끄러울 뿐입니다.

● **이광수**

우리 국민은 문맹자도 많고, 경제 자립도 어려워 일본과 싸워 이길 힘이 없습니다. …… 나는 민족을 위해 친일하였소. 내가 걸은 길이 정경대로는 아니오마는 그런 길을 걸어 민족을 위하는 일도 있다는 것을 알아주오.

반민특위 조사부 위원들(활동 마감 후)

반민특위 투서함

이승만 대통령은 반민특위 활동을 방해하였으며, 친일 경력을 가진 경찰이 도리어 반민특위를 습격하는 일도 있었다. 결국 1년여 만인 1949년 8월 31일에 반민특위는 해산되고 말았다.

대한민국의 반민족 행위자 처벌은 프랑스의 경우와 비교된다. 프랑스는 3년 정도 나치 치하에 있었지만 해방 이후 사법 기관에서 유죄 판결을 받은 사람이 15만 8,000여 명이었다. 재판을 거쳐 처형된 사람과 즉결 처분된 사람을 합하면 1만여 명에 이른다.

# 갈가리 찢기는 금수강산

가 볼 곳 서울, 평양    만날 사람 맥아더    주요 사건 휴전 협정

남북 분단은 결국 전쟁으로 이어졌다. 이 전쟁은 남북 간의 내전이면서 동시에 미국과 소련으로 대표되는 두 진영 간의 국제적인 전쟁이었다. 한민족의 터전은 철저하게 파괴되었고, 수많은 사람들이 목숨을 잃었다.

## ▬ 피의 폭풍, 한반도를 덮치다

1950년 6월 25일 새벽 4시, 북한은 38도선 전 지역에서 총공격을 시작하였다. 작전명은 '폭풍'이었다. 남한의 국군은 그동안의 호언장담에도 불구하고 북한 인민군의 공격에 속수무책이었다. 미국만 믿고 있었던 것이다.

이전에도 휴전선에서 자주 충돌이 있었기 때문에 서울 시민들은 '38도선에서 또 전투가 벌어졌나 보다.' 하면서 대수롭지 않게 생각하였다. 그사이 인민군은 서울을 향해 밀고 내려왔다.

**북한군 전투 명령서 1호**

서울이 위태로워지자 인민군의 남하 속도를 늦추기 위해 한강 철교 폭파 명령이 내려졌다. 6월 28일 새벽 2시 30분에 국군에 의해 한강 철교가 폭파되었다. 피난민들이 철교를 건너고 있었고, 서울에는 피난을 가지 않은 100만여 명의 시민들이 남아 있던 상황이었다.

## ▬ 미국, 전쟁에 개입하다

다급해진 이승만은 미국에 도움을 요청하였다. 미국은 신속하게 남한에 군대를 파견하였으며, 유엔을 움직여 유엔군 파견을 결정하였다. 7월 7일 유엔군 사령부가 설치되었고, 미군 극동 사령관이 지휘를 맡았다. 7월 12일 이승만은 남한군의 지휘권을 유엔군 사령관에게 넘겼다.

유엔군이 개입하였지만 인민군의 남하를 곧바로 저지하지는 못하였다. 국군과 유엔군은 7월 말경에 낙동강까지 밀렸다. 북한의 계획대로 전쟁은 곧 끝날 것처럼 보였다.

그러나 파죽지세로 밀고 내려오던 인민군은 8월을 넘어서면서 기세가 꺾이기 시작하였다. 9월 15일 새벽, 유엔군은 인민군의 저항을 누르고 인천 상륙에 성공하였다. 이어 19일에는 한강을 건너 서울을 공격하여, 9월 28일에 서울을 되찾았다.

서울에 돌아온 이승만 정권은 내친김에 미국의 힘을 빌려 북진 통일을 달성하고자 하였다. 1950년 10월 1일, 이승만의 비밀 지시하에 국군이 먼저 38도선을 넘었다. 10월 7일에는 유엔군도 사령관의 명령에 따라 북진하기 시작하였다.

남쪽에 남아 있던 인민군은 고립되어 산속으로 들어갔으며, 북쪽의 인민군은 계속 후퇴하였다. 북진을 거듭한 국군과 유엔군은 10월 20일에 평양을 점령하고, 10월 26일 마침내 압록강에 이르렀다. 북진 통일을 눈앞에 두게 된 것이다.

### ━ 중국군의 개입

궁지에 몰린 북한이 중국에 도움을 요청하자, 중국은 대규모 인민 지원군을 파견하였다. 한반도의 전쟁은 이렇게 강대국의 대리전으로 확산되었다.

중국군의 개입으로 전세는 다시 역전되었다. 12월 10일 평양이 다시 북한 치하에 들어갔다. 이듬해 1월에는 서울이 다시 인민군의 수중에

6. 25. 남침

6. 28. 한강 철교 폭파

6. 28.
북한 인민군 서울 입성

7. 7.
유엔군 사령부 설치

**9. 15.**
인천 상륙 작전

**9. 28.**
서울 수복

**10. 1.** 38도선 돌파

들어갔다. 그러나 전열을 가다듬은 국군과 유엔
군은 우세한 화력을 앞세워 다시 인민군을 몰아
붙여 3월 5일에 서울을 되찾았다.

## — 휴전, 전쟁은 끝나는가

1951년 3월, 38도선을 중심으로 밀고 밀리는 공
방이 계속되었다. 미국과 중국은 이쯤에서 휴전
의 필요성을 느꼈다. 남북한은 물론, 유엔군이나
중국군의 피해도 만만찮았다. 그들은 소모적인
전쟁을 계속할 생각이 없었다. 휴전 회담은 지루
하게 2년을 끌었다.

이승만은 휴전에 반대하면서 여전히 북진 통
일을 주장하였다. 그러나 미국은 남한에 경제
원조 등을 약속하면서 휴전을 종용하였다. 1953
년 7월 27일, 유엔군 사령관과 중국군 사령관 및
북한 인민군 총사령관 사이에 휴전 협정이 맺어
졌다. 맞서 싸우던 전선은 휴전선이 되었다.

**휴전 협정 조인서**
북한 인민군 최고 사령관, 중국군 사령관, 미 합참의장의 서명이 보인다. 즉, 조인
당사자는 북한과 중국, 미국이다. 마지막까지 휴전을 반대한 남한은 서명하지
않았다.

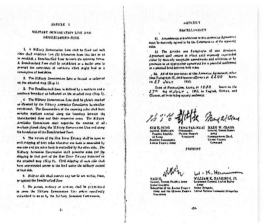

## 빨갱이와 반동분자

전쟁은 군인만의 싸움이 아니었다. 해방 이후 쌓였던 증오와 저주, 대립과 살상은 민간인에게도 가해졌다.

서로에 대한 증오와 저주를 담은 말이 바로 '빨갱이'와 '반동분자'였다. '반동분자'라는 말은 북한이 전쟁 전 사회주의 개혁을 추진하면서 청산 대상으로 삼은 사람들을 일컫는 말이었다. 전쟁으로 남한이 북한 치하에 들어가면서 남한의 관리, 경찰, 군인, 지주와 그 가족 들이 반동분자로 취급되어 고통을 당하거나 죽음을 당하였다.

한편, 사회주의 이념을 가진 사람들, 전쟁 중 북한 치하에서 활동한 사람들은 남한에서 빨갱이로 몰렸다. 이들은 대한민국 국민으로 보호받지 못하였다. 전쟁을 치르면서 쌓인 북한에 대한 적대감은 빨갱이들을 향해 폭발하기 일쑤였다.

전쟁 중에는 전 국토가 싸움터였고, 대한민국과 인민 공화국이 수시로 뒤바뀌었다. 힘없는 백성들은 생존을 위해 행동하였다. 대한민국이든 인민 공화국이든 일단 살아남아야 하였던 것이다.

> '대한민국이 옳으냐 인민 공화국이 바르냐, 대한민국을 따르느냐 인민 공화국을 좇느냐'라는 확고부동한 태도가 서 있지 않고, 결국 어느 쪽이 이길 것이냐, 그렇다면 어느 쪽을 위하여 일하는 것이 유리하냐, 아니 당장 어느 쪽인 척해 두는 것이 위험을 모면하고 나중에 가서도 말썽이 없을 것이냐.
>
> ― 김성칠, 《역사 앞에서》

**◀부역자들**
인민군에게 협력한 사람을 부역자라고 불렀다. 인민군에 점령되었다가 국군이 되찾은 지역에서는 인민군에 협력한 사람들을 색출하여 처벌하였다.

**▼인민재판**
인민군이 점령한 지역에서는 지주나 자본가, 경찰과 군인 및 그 가족 등을 재판에 넘겨 처벌하였다.

**6·25 전쟁에서의 민간인 피해**
남과 북을 합쳐 전쟁으로 인해
죽거나 다친 사람이 전체 인구의 약
1/7에 달했다. 사진은 숨진 가족의
시신을 찾아 헤매는 여인의 모습이다.

## 전쟁은 끝나지 않았다

해방과 더불어 희망과 활기가 넘쳤던 한반도는 민족 간의 처절한 싸움으로 쑥대밭이 되었고, 한민족은 참혹한 전쟁터에서 굶주림, 절망, 죽음의 공포로 철저하게 망가졌다.

수백만 명의 군인과 민간인들이 부상, 사망 또는 실종되고, 전쟁에 참가한 외국 군인 수십만 명이 목숨을 잃거나 부상을 당했다.

전쟁이 끝난 뒤에도 포성 없는 전쟁은 계속되었다. 사람들의 마음은 피폐해졌으며, 가족은 흩어지고 사회는 철저히 파괴되었다. 전쟁은 우리 민족에게 지울 수 없는 상처를 남겼다.

### 나도 역사가

보통 사람들에게 전쟁은 어떤 의미일까? 할아버지, 할머니께 6·25 전쟁 당시 이야기를 직접 듣고, '내가 겪은 6·25 전쟁'이라는 제목으로 글을 써 보자.

### 과거와 현재의 대화

우리 주변에서 아직 아물지 않은 전쟁의 상처를 찾아보자. 그리고 그것을 치유할 수 있는 방안을 생각해 보자. (예 : 이산가족 찾기, 장기수 문제 등)

**◀◀1983년 남한 내 이산가족 찾기**
1983년 6월 30일 KBS 〈이산가족 찾기 생방송〉이 첫 전파를 탄 후, 장장 4개월 보름 동안 1만 189명의 이산가족들이 상봉하였다.

**◀비전향 장기수의 북한 송환**
1993년 3월 19일 비전향 장기수로서는 최초로 이인모 씨가 북한으로 송환되어 43년 만에 가족들을 만났다.

# 짧은 사랑, 긴 이별

"그립고 보고 싶은 당신께. 기도 속에서 언제나 당신을 만나고 있습니다. 부모님과 아이들이 힘든 일을 당할 때마다 저는 마음속의 당신에게 물었습니다. 그때마다 당신은 이렇게 하면 어떠냐고 응답해 주셨고 저는 그대로 하였습니다. 잘 자란 우리 아이들, 몸은 헤어져 있었지만 저 혼자 키운 것이 아닙니다."

"택용 엄마, 어느덧 40년이 흘렀소. 6·25 참화로 가족과 생이별한 이가 어찌 나뿐이오만, 해마다 6월이 되면 뭉클 가슴 깊은 곳에서 치미는 이산의 설움을 감당하지 못하고 기도로 눈물을 삭이곤 하오. 후퇴하는 국군을 따라 평양을 떠날 때 둘째 가용이만 데리고 월남한 것이 지금 내 가슴에 못이 되었소."

이 애틋한 편지의 주인공은 6·25 전쟁으로 이산가족이 된 남한의 장기려 박사와 북한에 남은 부인 김봉숙이다. 6·25 전쟁이 일어났을 때 북한에 살고 있던 의사 장기려는 남쪽으로 가야겠다고 생각하였다.

"여보, 당신 먼저 아이들과 출발하시오. 나는 병원과 교회에 들러 짐을 꾸려서 갈 것이니."

"그러세요. 짐 꾸리는 걸 도와 줘야 하니 가용이 네가 아버지와 함께 다녀오너라."

이것이 마지막이었다. 아내와 아이들은 해주 쪽으로 가다가 중국군이 남행길을 막는 바람에 북에 남게 되었다. 이후 부부는 재혼하지 않은 채 서로를 마음속에서나마 옆에 두고 50여 년을 헤어져 살았다.

1980년대에 들어 남북 관계가 개선되자, 노부부는 편지를 주고받으며 언젠가는 만나게 될 것이라고 생각하였다. 그러나 1995년 장기려 박사의 별세로 끝내 만남은 이루어지지 못하였다. 돌아가신 장기려 박사를 대신해 아들 장가용이 2000년에 어머니를 만났다.

"어제 아침 평양 보통강 호텔에서 50년 만에 어머니를 만났다. 헤어질 때 38세였던 어머니는 이제 얼굴에 세월의 골이 깊게 패였으나 피부는 여전히 맑고 고우셨다. 한동안 껴안고 울다 내가 어머니에게 처음 건넨 말은 '나를 기억하세요?'였다. 어머니는 목멘 작은 소리로 '이게 꿈이에요, 생시예요?'라고 존댓말로 말씀하셨다."

# 남과 북, 자본주의와 사회주의 ③

가 볼 곳 1956년 대통령 선거 유세장  만날 사람 조봉암, 박헌영  주요 사건 한·미 상호 방위 조약, 북한의 농업 협동화

휴전 이후 이승만 정권과 김일성 정권의 기반은 더욱 강화되었다. 남한은 미국의 군사·경제 원조를 받으면서 전후 복구에 나섰고, 북한은 소련과 중국의 원조를 받으며 사회주의 체제를 굳혀 나갔다. 아울러 남과 북의 적대감은 더욱 깊어만 갔다.

## ━ 이승만, 헌법을 바꾸어 권력 연장을 거듭하다

1952년 8월이 되면 첫 대통령 임기가 끝날 예정이었다. 전쟁 중이라도 대통령을 새로 뽑아야 하는데, 이승만은 국회에서 대통령에 다시 선출될 자신이 없었다. 그러자 대통령을 국민이 직접 뽑도록 헌법을 바꾸려 하였다. 그는 군대를 동원하여 반대 세력을 체포하는 등 폭력적인 방법으로 헌법을 개정하고 다시 대통령이 되었다.

그런데 제2대 대통령 임기가 2년 정도 남은 1954년 6월, 이승만은 대통령을 두 번밖에 할 수 없다는 헌법 규정을 없애기 위하여 헌법 개정안을 국회에 제출하였다. 그리고 나서 이를 억지로 통과시켜 정권을 연장하려 들었

**"3·1 정신 받들어 북한 동포 구출하자"**
전쟁을 거치며 멸공과 북진 통일을 강조하는 교육이 크게 강화되었다. 학생들은 수시로 '멸공 의식 함양을 위한 우리의 맹세'를 암송하여야 했다. "우리는 대한민국의 아들딸, 죽음으로써 나라를 지킨다. 우리는 강철같이 단결하여 공산 침략자를 쳐부수자. 우리는 백두산 영봉에 태극기를 날리고 남북통일을 완성한다."

다. 이른바 사사오입 개헌이었다.

## ━ 반대 세력을 제거하다

1956년, 부정부패와 폭력, 관권 개입으로 얼룩진 선거에서 이승만은 다시 대통령에 당선되었다. 당시 이승만의 경쟁자는 진보당의 조봉암이었다. 조봉암은 관권, 금권, 폭력으로 엉망이 된 선거에서도 30%에 이르는 지지를 얻어 이승만 진영을 긴장시켰다.

곧이어 이승만 정권은 조봉암을 비롯한 진보당 지도부를 체포하였다. 그리고는 조봉암을 북한의 간첩으로 몰았다. 결국 조봉암은 사형당하고, 진보당은 완전히 무너졌다. 이렇게 이승만 정권은 반정부 세력들을 '빨갱이' 혹은 '간첩'으로 몰아 정치적으로 억압하고, 그것을 바탕으로 독재 권력을 지탱하였다.

## ━ 남한 경제와 주민들의 생활

전쟁은 한반도의 생활 기반을 통째로 무너뜨렸다. 남한은 전쟁 후에 국방뿐만 아니라 경제 생활에서도 미국에 기댈 수밖에 없었다. 미국은 농산물과 무기를 남한에 제공하면서 영향력을 유지하였다. 남한을 중국, 소련에 맞서는 반공 기지로 삼은 것이다. 미국과 대한민국은 한·미 상호 방위 조약을 맺어 혈맹 관계를 확고히 하였다.

미국의 원조 물자는 식료품, 농업용품, 의류, 의료품, 원면, 원당, 원분 등 소비재가 대부분이었다. 특히 원당, 원분, 원면을 가공한 설탕, 밀가루, 목면 등은 1950년대 남한 경제의 주요 유통 품목이었다.

농산물과 소비재 원료의 수입은 서민들이 당장의 곤란에서 벗어나는 데는 도움이 되었다. 그러나 한편

**사사오입 개헌을 놓고 싸우는 의원들**
대통령 중임 제한 철폐 개헌안이 국회의원 203명 중 찬성 135, 반대 60, 기권 7표로 2/3 찬성에 1표가 부족하여 부결되었다. 이승만 정권은 2/3선인 '135.3333…'을 사사오입하여 135명이면 된다고 억지 해석을 내세워 개헌안을 통과시켰다.

**조봉암 재판**
조봉암(1898~1959)은 3·1 운동 이후 줄곧 독립운동에 몸을 던졌으며, 대한민국 정부 수립 이후 농림부 장관을 지냈다. 또 대통령 선거에 야당 후보로 두 차례 출마하였다. 그는 북한과 전쟁을 벌여 무력으로 통일하겠다는 이승만과 달리 평화 통일을 주장하였다. 사진 가장 왼쪽에 앉은 이가 조봉암이다.

**한·미 상호 방위 조약(1953)**
휴전 협정 체결 직후인 1953년 10월, 이승만 정권은 미국과 상호 방위 조약을 체결하였다. 이로써 미군이 남한에 계속 주둔하면서 한국군의 지휘권을 장악하게 되었다.

**김일성과 박헌영**

김일성과 박헌영은 각각 북한과
남한의 사회주의 세력을 대표하던
인물이었지만, 6·25 전쟁 이후
박헌영은 실각하고 김일성은 권력을
더욱 강화하게 되었다.

으로는 한국 경제를 어렵게 하는 원인이 되었다. 농산물이 대거 수입되면서 국내에서 생산되는 농산물의 가격이 떨어지고, 국내 농업 기반이 약해졌다. 농민들의 생활은 더욱 어려워져 파산하는 사람이 늘어 갔다. 게다가 정권이 외국에서 들여온 자금과 원료를 배분하는 과정에서 정치인과 기업인이 손잡고 부정을 저지르는 일이 자주 일어났다.

## 김일성의 권력 독점

이승만이 헌법을 바꾸어 권력을 독점하던 때, 북한에서도 비슷한 일이 일어났다. 전쟁 직후 북한에서는 박헌영이 제거되었다. 그는 김일성과 함께 6·25 전쟁을 이끌었던 중심인물로, 남한 사회주의 세력의 지도자를 자처하고 있었다. 전쟁 후 박헌영은 '미제의 스파이'라는 죄목으로 숙청되었다.

이어 김일성의 절대 권력에 도전하는 다른 정적들도 차례로 제거되었다. 1958년 후반에 이르러 김일성의 권력은 더욱 강화되었다. 북한의 주요 직책은 김일성과 함께 항일 운동을 하였던 유격대원들이 차지하였다.

이와 함께 인민에 대한 사상 교육도 강화되었다. 주체 사상이 등장하기 시작한 것도 이때쯤이었다. 북한 정권은 미국과 남한에 대한 적개심을 강조함으로써 인민의 불만을 잠재우면서 강력한 권력 기반을 다져 나갔다.

## 북한 경제와 주민들의 생활

북한은 남한에 비해 상대적으로 전쟁의 피해가 심각했다. 미군의 엄청난 공중 폭격으로 주민들의 생활 시설은 물론, 산업 시설이 잿더미가 되었다. 전쟁이 그친 뒤 북한에서는 파괴된 산업 시설을 복구하는 일이 최대 과제였다.

북한은 중공업을 우선적으로 발전시키는 정책을 추진하였다. 남한이 미국의 원조 물자에 의존하는 소비재 경공업을 산업의 중심으로 삼았던 것과 비교되는 정책이었다. 이는 경제 자립을 도모하는 한편, 군수 산업을 발전시키기 위한 것이었다.

북한 경제는 빠른 속도로 회복되었다. 주민들을 일사불란하게 동원한 강력한 계획 경제 정책이 효과를 본 것이다. 또한 소련과 중국 등 사회주의

**폐허가 된 평양 시가지와 전후 복구**
6·25 전쟁 당시 미군의 폭격으로 평양은 철저하게 파괴되었다. 전후 복구와 경제 건설을 위해 북한은 일사불란한 인민 동원 체제를 구축하였다.

국가들의 지원도 북한 경제를 회복시키는 데 큰 힘이 되었다.

농업에서는 협동화를 통해 생산성을 향상시키고자 하였다. 개인 소유 농토를 공동 소유로 바꾸어 협동농장을 운영하고, 생산물의 공동 분배를 원칙으로 삼았다.

1950년대 후반에 이르러 북한 농촌 전 지역의 농업 생산 방식이 협동화되었다. 협동조합이 3,800여 개에 달했으며, 단위 조합은 300여 가구 정도의 규모로 구성되었다.

상업과 공업도 사회주의 체제로 바꾸어 갔다. 크고 작은 공장과 상점이 생산협동조합으로 통합되었다. 농업협동화가 완료될 무렵인 1958년쯤에는 상공업의 협동화도 완료되었다.

전쟁이 끝난 1950년대 북한에서는 이렇게 사회주의 체제가 구축되었다.

**나도 역사가**

1950년대 남북한 농민들의 생산 활동과 생활상을 남한과 북한의 토지 정책을 바탕으로 비교해 보자.

• 남한 : 농지 개혁 → 자유 경작   • 북한 : 토지 개혁 → 협동농장

# 소년병, 책 대신 총을 들고

전쟁 중에는 어린 학생들이 책 대신 총을 들고 전쟁터에 나가기도 하였다. 이들을 학도 의용군이라 불렀는데, 이 가운데서도 징집에 응할 의무가 없는데도 자원입대한 15~17세의 학도병들을 '소년병'이라고 하였다.

남한의 경우, 기록으로 확인된 숫자만도 3,000여 명이 넘는 소년병이 참전하여 그중 2,400여 명이 목숨을 잃었다. 북한 인민군에도 17~18세의 청소년이 많았고, 전투가 치열해진 1950년 8월 중순부터는 남한 점령 지역 내에서 징집된 '의용군'이 전선에 투입되기도 하였다. 소년병들은 전투 경험이나 전술 요령이 없어 정규군에 비해 상대적으로 희생이 더 컸다. 최전선에서 인민군에 끌려간 남한 지역 출신 의용군과 국군의 소년병이 마주 보고 싸우는 경우도 있었다.

### ● 소년병 이우근의 일기(1950년 포항 전투)

8월 10일 목요일, 쾌청.

어머니, 나는 사람을 죽였습니다. 그것도 돌담 하나를 사이에 두고. 10여 명은 될 것입니다. 나는 4명의 특공대원과 함께 수류탄이라는 무서운 폭발 무기를 던져 일순간에 죽이고 말았습니다. 다리가 떨어져 나가고 팔이 떨어져 나갔습니다. 너무나 가혹한 죽음이었습니다. 아무리 적이지만 그들도 사람이라고 생각하니, 더욱이 같은 언어와 같은 피를 나눈 동족이라고 생각하니 가슴이 답답하고 무섭습니다.

어머니, 전쟁은 왜 해야 하나요? 이 복잡하고 괴로운 심정을 어머님께 알려 드려야 제 마음이 가라앉을 것 같습니다. 무서운 생각이 듭니다. 지금 제 옆에서는 수많은 학우가 죽음을 기다리는 듯적이 덤벼들 것을 기다리며 뜨거운 햇볕 아래 엎드려 있습니다. 적병은 너무나 많습니다. 우리는 겨우 71명입니다.

어머니, 어쩌면 오늘 죽을지도 모릅니다. 상추쌈이 먹고 싶습니다. 찬 옹달샘에서 이가 시리도록 차가운 냉수를 한없이 들이켜고 싶습니다. 아! 놈들이 다가오고 있습니다. 다시 또 쓰겠습니다. 어머니 안녕! 안녕! 아, 안녕은 아닙니다. 다시 쓸 테니까요. …… 그럼.

※이우근은 국군 제3사단 소년병으로 1950년 8월에 포항여중 앞 벌판에서 전사하였다. 이 일기는 그의 주머니 속에서 발견되었다.

—《월간 조선》, 2001년 6월호

● **소년병 하봉수의 증언(당시 16세·대구 영신중 2학년 재학 중 지원)**

8월 하순, 어린 소년이지만 나라를 지키지 않으면 안 되겠다는 생각이 들어 지원하였습니다. 지금도 잊히지 않는 일은, 경북 금릉군에서 빈집을 수색하다가 숨어 있는 공비들을 발견해서 2명은 사살하고 1명은 생포하였는데, 심문해 보니 나와 같은 하동 하(河)씨라는 것이었습니다. 북한 의용군으로 징집된 어린 남한 학생이었어요. 어른들이 일으킨 전쟁에서 어린 소년들이 희생되는 현실에 무척 괴로워하였던 생각이 납니다. 지금도 두려움에 떨던 그 소년의 얼굴이 잊히지 않습니다.

—《월간 조선》, 2000년 10월호

# 산업화와 민주화

# 깃발을
# 아직 내릴 수 없다

4·19 혁명으로 날카롭게 제기된 민족 자립과 민주주의에 대
한 열망은 5·16 군사 정변으로 질식되었다. 외국 세력과 자
본가들을 동원하여 경제 개발이라는 이름 아래 민중을 억
압해 온 박정희 정권은 10월 부·마 항쟁으로 붕괴하고 말았
다. 박정희 독재 정권의 붕괴는 곧 반민주 세력에 의해 거부
되어 오던 민주주의 회복과 기본적 생존권 확보를 의미하여
야 한다. ……
현대사는 결국 4·19를 죽이려는 자들과 완결 지으려는 자
들의 투쟁의 역사이며, 이제 우리는 그 싸움에서 이기고 있
는 것이다. …… 그리하여 이 땅에 일하는 자, 땀 흘리는 자
가 움직여 나가는 진정한 민주 사회를 건설함으로써 그 함성
을 맞이하여야 한다. 그리하여 성숙한 민족 자체의 역량으로
외세를 배제한 평화적 민족 통일을 완수하여야 한다. 우리는
그 벅찬 혁명의 숨결과 함께 끝까지 뛰어야 한다.
— 서울대 총학생회 4·19 20주년 선언. 1980년 4월

# 4·19 혁명, 자유와 통일의 길

가 볼 곳 4·19 국립묘지    만날 사람 김주열    주요 사건 4·19 혁명

"선거권은 권력에 의해 농락당하였고, 언론·출판·집회·결사 및 사상 자유의 불빛은 무식한 전제 권력의 악랄한 발악으로 사라졌다. 보라! 우리는 자유의 횃불을 올린다. 캄캄한 밤의 침묵에 자유의 종을 난타한다."

## ━ 부정 선거의 결정판

이승만 독재가 이어지면서, 민중들의 생활은 점점 더 어려워지고 독재 정치에 대한 불만은 높아만 갔다. 1960년 대통령 선거가 실시되자 85세의 고령이던 이승만이 다시 후보로 나왔다. 자유당은 이승만과 이기붕을 각각 대통령과 부통령 후보로 내세웠고, 이에 맞서 민주당은 조병옥과 장면을 후보로 내세웠다. 국민들은 다시 정권 교체에 대한 기대를 갖게 되었다.

그런데 선거를 한 달 앞두고 민주당의 대통령 후보 조병옥이 미국에서 질병 치료 중 사망하였다. 이승만은 자연스럽게 다시 대통령으로 당선될 터였지만, 문제는 부통령 선거였다. 선거 분위기는 자유당에 불리하게 돌아갔다. 위기를 느낀 자유당은 선거에서 이기기 위하여 관청 공무원까지 동

**투표장에 나서는 여인들**
자유당은 경찰과 공무원을 총동원하여 유권자들을 3~5인으로 묶어 투표장에 가도록 강압하였다. 자유당 선거 운동원은 이들의 기표 상황을 확인한 후 투표용지를 투표함에 넣게 하였다.

원한 불법 선거를 저질렀다. 선거일 이전에 투표하게 하거나 3인조·9인조 공개 투표, 투표함 바꿔치기 등이 대표적인 수법이었다.

1960년 3월 15일에 행해진 선거는 이승만과 이기붕의 압도적 승리로 끝났다. 일부 지역에서 자유당 표가 전체 유권자 수보다 많이 나오자 당황한 선거 관리 위원회가 이승만, 이기붕의 득표율을 낮추어 발표하였다. 3·15 부정 선거는 이승만 정권이 민주주의를 정면으로 부정한 사건이었다.

## ― 자유의 종을 거세게 두드려라!

민중들은 분노하였다. 이미 선거 이전부터 부정 선거에 대한 반발이 있었다. 선거 직후 전국 몇몇 지역에서 이승만 자유당 정권에 반대하는 시위가 일어났다.

선거 당일, 마산에서는 많은 학생과 시민들이 선거 무효를 주장하며 시위를 벌였다. 시위는 점차 전국으로 확산되었다. 이승만 정권은 경찰을 동원하여 무력으로 시위를 진압하였다.

4월 11일, 마산 앞바다에 최루탄 파편이 눈에 박힌 시체가 떠올랐다. 당시 마산상고 1학년 김주열 학생이었다. 국민의 분노는 폭발하였다.

4월 19일, 중·고등학생, 대학생, 시민 등 수십만 명의 시위대가 서울 거리를 가득 메웠다. 시위대는 이승만 정권의 심장부인 경무대<sup>지금의 청와대</sup>로 향하였다. 시위대는 이제 선거 무효를 넘어 독재 정권 타도를 외쳤다.

경찰은 시위대를 향하여 총을 쏘아 댔다. 많은 사람들이 죽고 다쳤다. 19

**수송 초등학교 학생들의 시위와 경무대 앞 시위**
시위가 확산되면서 초등학교 학생들까지 시위에 가담하기에 이르렀다. 이들은 "국군 아저씨들, 부모 형제들에게 총부리를 대지 말라"라고 쓴 깃발을 들고 시위하였다.

**이승만의 망명과 장면 내각**
이승만은 결국 대통령직에서 물러나 미국으로 망명하였다. 제공화국이 무너지고 의원 내각제 헌법 개정이 이루어졌다. 사진은 사임서를 내고 망명을 떠나는 이승만(왼쪽)과 총선거에서 다수당으로 집권한 장면 내각이 첫 합동 기자 회견을 하는 모습(오른쪽)이다.

일 하루 동안 전국의 시위 참가자 중 사망자가 130여 명, 부상자가 6,000여 명에 이르렀다.

시위가 걷잡을 수 없게 되자, 이승만 정권은 부정 선거의 책임을 물어 이기붕을 물러나게 하는 정도로 사태를 마무리하려고 하였다. 그러나 4월 25일에 대학 교수 400여 명이 "학생의 피에 보답하라!"라는 구호를 외치며 시위에 나서자, 결국 이승만은 대통령직에서 물러나 미국으로 망명을 떠났다. 이로써 12년에 걸친 제1공화국이 끝을 맺었다. 부패한 독재 정권을 민중의 힘으로 무너뜨린 이 거대한 움직임을 4·19 혁명이라고 부른다.

이승만이 물러난 다음 내각 책임제 개헌이 이루어지고, 총선거를 통해 다수 의석을 차지한 민주당이 장면을 총리로 하는 내각을 구성하였다. 제2공화국이 출범한 것이다.

### ━ 가자 북으로, 오라 남으로!

이승만 정권을 무너뜨린 민중들은 그동안의 억눌림에서 벗어나 자신들이 바라던 세상을 만들기 위한 활동을 활발히 벌였다. 그동안 자유로운 활동을 하지 못하였던 교사와 기자들은, 교원 노동조합과 기자 노동조합을 결성하여 참된 교육과 진실 보도를 새롭게 다짐하였다. 전국에서 수많은 노동조합이 새로 만들어졌으며, 자주적인 노동조합 단체로 한국 노동조합 총연맹이 탄생하였다.

진보적인 지식인들은 '사회·혁신·통일' 등의 명칭을 갖는 정당을 결성하고 새 사회 건설을 위해 바쁘게 움직였다.

학생과 지식인들은 통일 운동을 적극적으로 벌였다. 이들은 이승만 정권의 '무력에 의한 북진 통일' 정책에 반대하고, 상호 교류와 통신 및 거래를 확대하여 평화적인 통일을 추구할 것을 요구하였다. "가자 북으로, 오라 남으로!"라는 구호가 이때 유행하였다.

하지만 독재 정권이 무너진 뒤에도 민중들의 요구를 실현할 수 있는 정치 세력은 없었다. 이승만 정권 시절 외무부 장관을 맡았던 허정은 임시 과도 정부 책임자로서, "비혁명적인 방법으로 혁명을 달성하겠다."라는 아리송한 말을 내세우면서 혁명의 불길을 끄기에 바빴다.

선거를 통해 수립된 제2공화국 장면 정권도 보수적이기는 마찬가지였다. 내각을 구성한 정치인들은 4·19 혁명에 주도적으로 참여하지 않았으면서, 혁명의 열매를 차지한 사람들이었다. 혁명을 더욱 계승·발전시키려는 생각은 처음부터 부족하였다.

**교원 노동조합 결성**
교사들은 노동조합을 결성하여 이승만 정권 때 교육이 독재 권력에 이용되었던 점을 반성하면서 올바른 교육을 통한 민주주의 건설에 앞장서겠다는 다짐을 하였다.

**남북 학생 회담 개최 요구 시위**
4·19 혁명 이후 민주주의가 확대되면서 분단 질서를 깨뜨리려는 통일 논의와 아울러 통일 운동이 활발하였다. 사진은 1961년 5월 남북 학생 회담 개최를 요구하는 교수와 학생들의 시위 모습이다.

---

**나도 역사가**

1960년 4월 19일, 내가 만일 경무대 앞에 있었다면 어떤 기록을 남겼을까? 당시 중학생이 썼던 편지를 참고로 하여 현장감 있게 써 보자.

시간이 없는 관계로 어머님을 뵙지 못하고 떠납니다. …… 어머님, 데모에 나간 저를 책하지 마시옵소서. 우리들이 아니면 누가 데모를 하겠습니까. 저는 아직 철없는 줄 압니다. 그러나 국가와 민족을 위하는 길이 어떻다는 것은 알고 있습니다. …… 저는 생명을 바쳐 싸우려고 합니다. 데모하다 죽어도 원이 없습니다. 어머님, 저를 사랑하시는 마음으로 무척 비통하게 생각하시겠지마는 온 겨레의 앞날과 민족의 해방을 위하여 기뻐해 주세요. …… 부디 몸 건강히 계세요. 거듭 말씀드리지만 저의 목숨은 이미 바치려고 결심하였습니다.
－ 진영숙(한성여중 2학년) 양이 부모님께 남긴 편지

# 경제 개발 계획을 추진하다

가 볼 곳 서울 시청 앞    만날 사람 박정희    주요 사건 5·16 군사 정변, 한·일 협정 체결

"민주주의라는 빛 좋은 개살구는 기아와 절망에 시달린 국민 대중에게는 너무나도 무의미한 것이다. 경제 개발을 위해서는 모든 것을 희생할 각오로 나서야 한다."

## ━ 5·16 군사 정변, 군인들이 전면에 나서다

혁명 후 1년이 지난 1961년 5월 16일, 다시 한 번 총소리가 서울의 새벽을 뒤흔들었다. 이번에는 박정희 소장이 지휘하는 군인들이 정변을 일으킨 것이다.

서울을 장악한 군인들은 군사 혁명 위원회를 설치하고는, 이른바 '혁명 공약'을 내걸어 정변을 일으킨 명분을 밝혔다.

> 1. 반공을 첫 번째 국가 이념으로 삼고 반공 체제를 강화하겠다.
> 2. 미국을 비롯한 자유 우방과 유대를 강화하겠다.
>    ......
> 4. 굶주림에 허덕이는 민중들의 생활을 개선하겠다.
> 5. 통일을 위하여 공산주의와 대결할 수 있는 실력을 기르겠다.
>
> ─ 혁명 공약

4·19 이후 민주당 정부를 이끌던 장면 내각은 총사퇴하고, 정권은 군사 혁명 위원회로 넘어갔다. 제2공화국이 무너지고 군사 통치가 시작된 것이다.

## ━ 제3공화국, 문을 열다

박정희는 군사 혁명 위원회를 국가 재건 최고 회의로 바꾸고 군사 통치를

**정변을 일으킨 박정희**

박정희(1917~1979)는 경북 구미 출신으로 만주 육군 사관 학교를 졸업하고 만주국 소위로 군 생활을 시작하였다. 5·16 군사 정변으로 정권을 잡은 뒤, 18년 동안 최고 권력자로 군림하였다.

▲▲미국 케네디 대통령을 만난 박정희

박정희는 1961년 11월에 미국을 방문하여 반공 정책과 미국과의 유대 관계를 유지할 것임을 밝혔다.

▲"군정 연장 결사 반대"

박정희 군정 통치에 대한 국민들의 반발을 잘 보여 주고 있다.

시작하였다. 제2공화국 때의 정치인들의 활동을 금지하였으며, 사회단체를 해산하고 집회와 시위, 언론의 자유를 통제하였다.

정변 이듬해인 1962년에는 경제 개발 5개년 계획을 시작하는 한편, 군부가 합법적으로 권력을 잡을 방안을 만들었다. 다른 정치인의 활동을 금지한 상태에서 민주 공화당을 조직하고, 국가 재건 최고 회의에서 새 헌법을 만든 뒤 국민투표로 확정하였다.

1963년 8월 30일 혁명 과업을 완수하고 반드시 군대로 돌아가겠다던 박정희는 군을 제대하고 대통령 출마를 선언하였다. 얼마 뒤 실시된 대통령 선거에서 박정희는 윤보선을 가까스로 앞질러 대통령에 당선되었다. 제3공화국이 출범한 것이다.

## ▬ 반공과 경제 개발

박정희는 경제 개발을 위해서는 모든 것을 희생할 각오를 해야 한다고 주장하였다. 국가와 기업이 손을 잡고 수출을 통해 경제를 일으키자며 기업의 성장을 분배보다 우선하는 정책을 펼쳤다. 또한 남북 간의 대화와 협력보다는 경제 성장을 우선하는 '선先 건설·후後 통일' 방침을 분명히 하였다.

박정희 정부는 경제 개발에 필요한 자금을 마련하려고 일본과 국교 수립

**한·일 협정 체결**

한국 정부가 앞으로 식민 지배와 관련해 더 이상 일본에 배상을 요구하지 않기로 하고, 일본이 무상 3억 달러, 정부 차관 2억 달러, 민간 차관 1억 달러를 주기로 합의하였다. 이 협정은 35년간의 식민 통치로 인한 우리 민족의 고통을 외면한 굴욕이었다.

**한·일 협정 반대 시위**

사과와 배상을 받지 못한 채 경제 협력 기금을 받고 서둘러 조약을 체결하려는 박정희 정권에 대한 국민의 저항은 거세었다. 사진은 '한·일 흥정 반대, 미국은 흥정을 강요하지 말 것' 등을 내건 학생 시위대 모습이다.

**베트남 파병**

1964년 비전투 요원으로 시작해 이듬해부터는 본격적인 전투병 파병이 이루어졌다. 1973년 파병되었던 모든 한국군이 철수하였다. 이 기간에 반공 정책은 더욱 강화되었고, 군사 문화가 사회 전체로 확산되었다. 사진은 베트남으로 떠나는 군인들을 환송하는 모습이다.

을 서둘렀다. 해방된 지 15년이 지났지만, 일본의 공식적인 사과나 반성, 배상이 없던 때였다. 국민들은 격렬하게 반대하였으나, 1965년 6월, 한·일 협정을 정식으로 조인하였다. 그 대가로 적지 않은 일본의 자본을 끌어들일 수 있었으나 민족의 자존심과 민주주의는 크게 훼손되었다.

그 무렵 베트남에서는 미국과 북부 베트남이 전면전에 돌입하였다. 미국은 한국에 전투병 파병을 요청하였고, 한국 정부는 미국의 지지와 원조를 보장받는 조건으로 이에 동의하였다. 이로부터 1973년 한국군을 완전히 철수할 때까지, 한국은 미국 다음으로 많은 병력을 베트남 전장에 보냈다.

베트남 전쟁이 치러지는 동안 5,000명이 넘는 한국군이 목숨을 잃었으며, 그보다 열 배가 넘는 이들이 부상을 입었다. 이들의 희생 위에서 한국은 미국과 군사 동맹을 강화하였으며, 외화를 획득하고 상품 수출을 늘리는 등 경제 성장에 도움을 받았다. 그러나 남북의 군사적 긴장이 높아지고, 반공을 앞세운 국민 탄압이 강화되는 등 잃어버린 것도 많았다.

## ― 산업화, 생활을 바꾸다

박정희 정부는 1962년부터 5년을 단위로 경제 개발 계획을 추진하였다. 국가가 적극적으로 개입하여 제조업을 발전시키고, 수출을 육성함으로써 경제 전체를 발전시키려는 전략이었다.

제1·2차 경제 개발 계획<sub>1962~1971</sub>을 추진하는 동안 경제는 빠르게 성장하였다. 연평균 성장률은 10%를 넘나들었고, 수출도 가파르게 성장하였다. 처음에는 초보적인 경공업이 중심이었지만, 점차 많은 돈을 투자

해야 하는 대규모 기계 공업이 발전하였다. 1970년대부터는 중화학 공업이 경제 성장을 주도하는 새로운 도약을 시도하였다.

산업화가 본격적으로 진행되면서 사람들의 생활은 크게 달라졌다. 농업과 임업 같은 1차 산업의 비중이 낮아지고, 공업과 서비스업의 비중이 높아지면서 인구의 절반 이상이 도시에서 생활하게 되었다. 기술의 발달은 실생활을 더욱 편리하고 윤택하게 해 주었다.

경제 성장은 교육의 기회를 확대시켰다. 대다수 국민이 중등교육 이상을 이수하게 되었으며, 이는 경제 성장과 민주주의 발전에 또 다른 밑거름이 되었다.

**◀구로 공단 조성**
경제 개발 5개년 계획을 추진하면서 울산(1962년), 서울의 구로동(1965년)에 대규모 공업 단지를 조성하여 수출 산업을 육성하기 시작하였다.

**▲경공업 육성 정책**
박정희 정권의 '조국 근대화' 정책은 경제 개발 5개년 계획을 통해 이루어졌다. 1962년에 시작된 제1차 경제 개발 5개년 계획은 낮은 임금을 바탕으로 경공업을 육성하는 데 주안점을 두었으며, 제3차 경제 개발 5개년 계획 때에는 중화학 공업 육성을 강조하였다.

## — 아름다운 청년 전태일

이 시기의 경제 성장은 값싼 물건을 만들어 해외에 수출하는 방식으로 이루어졌다. 저가품 생산을 위해서는 노동자들의 임금과 농산물 가격이 낮아야만 하였다. 따라서 경제가 성장하여도 노동자와 농민의 생활은 여전히 어려웠다. 이러한 상황을 상징적으로 보여 주는 사건이 청계천 의류 생산 공장의 재단사였던 청년 전태일의 분신이다.

전태일은 초등학교 졸업 학력으로, 17세에 평화 시장의 의류 생산 노동자가 되었다. 당시 의류 생산 노동자들의 임금과 노동 환경은 열악하기 그지없었다. 10대 중반의 어린 여공들이 비좁은 먼지투성이 작업장에서 직업병에

전태일 분신 보도 기사(1970. 11. 14.)

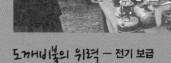

## 도깨비불의 위력 — 전기 보급

19세기 말 최초로 경복궁의 밤을 밝힌 이래,
전기의 보급은 생활을 크게 변화시켰다. 1965년
말 농어촌 12%, 도시 51% 수준에 불과하였던 전기
보급률은 1979년이 되면서 전국 평균 98.7%로
급상승하였다. 전력은 산업 활동에 없어서는 안
될 중요한 자원이다. 전깃불은 사람들의 활동
시간을 연장시켜 주었다. 석유 등잔, 호롱불은 점차
골동품이 되어 갔다.

## 아파트 생활 — 도시로의 인구 집중

산업화는 필연적으로 도시화를 촉진하였다. 1970년대 중반에 이르러 도시 인구가 전체 인구의 절반을 넘어섰다.
농촌은 텅 비어 갔고, 도시는 사람들로 넘쳐났다. 하지만 도시 빈민들은 어려운 생활을 겪어야 하였다.

## 여보세요? — 전화 보급

1970년대에는 학생들의 가정 환경 조사서에
'전화 있는 집'을 표기하는 칸이 있었다.
이때까지만 해도 전화는 부유한 사람들의
전유물이었다. 전화는 원거리 의사소통을
가능하게 하였다. 전화 사용자가 많아지면서
우체국 전보 이용은 점차 줄어들었다.

## 텔레비전에 내가 나왔으면 — TV 보급

한국에서 TV 방송이 개국된 것은
1956년의 일이고, 한국산 TV는 1966년
흑백 진공관식 19인치 TV가 최초였다.
1982년에는 한국이 흑백 TV 수상기에서
세계 제1의 수출 및 생산국이 되기에
이르렀다. 컬러 TV는 1980년 8월부터
시판되었고, 컬러 방송은 같은 해
12월부터 시작되었다.

시달리며 하루 16~18시간 동안 작업하기 일쑤였다. 그렇게 일하고도 임금은 근근이 생계를 유지할 정도밖에 받지 못했다.

전태일은 이러한 노동 현실을 개선하기 위해 앞장섰다. 노동 실태를 조사하여 노동청 등에 진정서를 제출하였다가 다니던 공장에서 해고되기도 하였다.

22세 때인 1970년 11월 13일, "일주일에 한 번만이라도 햇빛을 보게 해 달라!", "우리는 기계가 아니다!"라고 외치며 시위에 나섰다가 경찰의 제지를 받자, 몸에 휘발유를 뿌려 분신하였다.

전태일의 분신은 1970년대 전후의 경제 성장이 노동자와 농민의 피와 땀으로 이루어졌으나 그들의 삶까지 함께 나아진 것은 아님을 잘 보여 준다.

### 나도 역사가

다음과 같은 기술·물질 문명은 이전에 비해 실생활을 어떻게 변화시켰을까? 설문 조사를 포함한 보고서를 작성해 보자.

  • 아파트 보급   • 자가용 자동차   • 개인용 컴퓨터(PC)

### 과거와 현재의 대화

박정희 전 대통령에 대한 오늘날의 엇갈린 평가를 바탕으로 근거 자료를 수집하고, 토론해 보자.

**긍정적** 1960년대부터 시작된 급속한 개발과 산업화로 한국 사회는 엄청난 발전을 이루었다. 수출과 GNP의 급속한 성장, 공업과 주요 기간 시설의 눈부신 발전, 도시의 팽창, 산업 구조의 변화 등이 빠른 속도로 진행되었다. 이 과정에서 민주주의를 유보하는 것이 불가피하였다.

**부정적** 개발과 성장의 이면에는 어두운 그림자들이 도사리고 있었다. 독재 정권에 의한 정치 억압과 인권 탄압, 특혜와 비리로 점철된 정경 유착, 군사 문화의 범람, 가혹한 노동 착취 등 심각한 문제가 대두되었다.

**| 경제 성장의 빛**

수출 주도의 경제 정책으로 '한강의 기적'이라고 지칭되는 경제 개발이 이루어졌다.

수출 100억 불 달성(1977)

강남 신흥 아파트 단지

**| 경제 성장의 그늘**

경제 성장은 낮은 임금과 장시간 노동을 기반으로 이루어졌다. 열악한 작업 환경과 주거 환경 등 노동자의 희생은 한국 경제 발전의 밑거름이었다.

청계천 피복 공장

무허가 판자촌(달동네)

# 민주화 운동, 장기 독재에 맞서다 ③

가 볼 곳 부·마 항쟁 현장    만날 사람 장준하    주요 사건 유신 체제와 민주화 운동

> "박정희 독재 정권의 붕괴는 곧 민주주의의 확보와 기본 생존권의 확보를 의미하여야
> 한다. 20년 동안 잘못되어 온 사회·경제 구조를 재편성하여야 한다."

## ▬ 종신 대통령을 향해

박정희 정권의 제1차 경제 개발 5개년 계획은 어느 정도 성과를 거두었
다. 박정희는 1967년에 실시된 대통령 선거에서 다시 윤보선과 대결하여
10% 이상의 득표 차이를 보이며 쉽게 승리하였다. 그러나 이때 영남에서
는 70% 이상 득표한 반면, 호남에서는 윤보선에 비해 약간 적은 표를 얻었
다. 경제 개발 계획의 투자가 영남에 치우친 것에 대한 반응이었다.

자신감을 얻은 박정희는, 경제 개발을 지속적으로 추진하기 위해서는 강
력한 통치력이 필요하다는 구실을 내세워 장기 집권을 꾀하였다.

### | 1968년 한 해

1960년대 후반 국내외의 불안한 상황은 박정희 정권이 독재 권력을 강화하는 빌미가 되었다.
북한의 공격적인 도발이 계속되었고, 미국 정보함 푸에블로 호가 영해 침해로 북한에 끌려가는
사건이 발생하여 안보 문제가 더욱 부각되었던 것이다.

1968년 1월, 무장 간첩 청와대 습격    1968년 1월, 북한, 미국의 푸에블로 호 나포    1968년 11월, 울진·삼척 무장 공비 침투

1969년, 박정희는 두 번만 하게 되어 있는 대통령직을 세 번까지 할 수 있도록 헌법을 개정하려 하였다.

야당인 신민당과 학생, 재야 지식인 들은 헌법 개정에 반대하는 운동을 대대적으로 전개하였다. 그러나 여당인 공화당은 야당 의원들이 없는 곳에서 몰래 개헌안을 통과시켰다.

## — 유신 체제의 성립

박정희는 헌법을 개정한 후 1971년 대통령 선거에서 야당 후보로 결정된 김대중과 겨루었다. 김대중은 박정희가 다시 헌법을 바꾸어 아예 대통령 선거를 없앨지도 모르니 민주주의를 위해 자신을 지지해 달라고 하였다. 박정희는 경제 개발 계획의 완성을 위해서는 그 계획을 추진해 온 사람이 필요하니 이번 한 번만 더 밀어 주면 다음에는 반드시 물러나겠다며 지지를 호소하였다.

선거가 시작되자 헌법 개정과 독재 정치에 반대하는 국민이 김대중을 지지하면서 그 결과는 예측하기가 어려워졌다. 그러나 승리는 권력을 이용하여 영남과 호남의 지역감정을 조장한 박정희에게 돌아갔다.

곧이어 같은 해 5월 25일에 치러진 국회의원 선거에서도 야당의 지지율이 높게 나타나자, 정권 유지가 어렵다고 생각한 박정희는 결국 위수령을 선포하고 군대를 통해 민주화 운동을 탄압하였다.

**3선 개헌 변칙 통과**
1969년 9월 14일 야당 의원들이 국회에서 밤샘 농성을 하고 있는 사이에, 여당은 다른 곳에서 법안을 통과시켰다.

**대학을 점령한 군인들**
1970년대에는 휴교령이 빈번하게 내려졌다. 박정희 정권은 학생들의 반독재 투쟁을 막기 위해 계엄령, 위수령 등을 발동하고 대학 구내에 군대를 주둔시켰다.

**1972년 10월, 계엄령 선포**

### | 1972년 유신 체제와 체육관 대통령

박정희는 나라 안팎이 몹시 어렵다며, 국력을 모으기 위해 특별한 조치를 할 수밖에 없다고 선언하였다. 그리하여 통일 주체 국민 회의가 체육관에서 대통령을 뽑게 되었으며, 박정희는 놀라운 득표율로 당선되었다.

**1972년 12월, 체육관 대통령 선거**

**장준하(1918~1975)**
해방 전 한국 광복군으로 항일
투쟁에 참가하였으며, 1970년대에는
유신 체제 반대 운동을 하였다.
1975년 의문의 죽음을 당하였다.

박정희는 여기에서 그치지 않고 영구 집권을 위한 계획을 추진하였다. 이른바 1972년 '10월 유신'이다. 아예 간접 선거 방식으로 대통령을 뽑으며, 임기 6년에 중임 제한을 없앴다. 또한 국회의원의 1/3은 실질적으로 대통령이 임명할 수 있도록 하였다. 이제 박정희는 절대 권력을 가지게 되었고, 민주주의는 더 이상 존재하지 않게 되었다.

## 타는 목마름으로

유신 헌법으로 대통령의 권한은 극대화되었고, 독재 정치가 한국 사회를 짓눌렀다. 그러나 이에 맞서 민주주의를 실현하려는 운동도 활발하게 전개되었다.

학생과 언론, 종교계의 민주 인사들은 유신 체제 폐지를 요구하는 시위 운동을 꾸준히 벌였다. 1973년에는 장준하 등이 중심이 되어 '개헌 청원 100만 인 서명 운동'을 대대적으로 벌이기도 하였다.

박정희 정권은 이를 탄압하기 위해 여러 차례에 걸쳐 헌법의 효력을 능가하는 긴급 조치를 선포하였다. 그리고 저항이 있을 때마다 경찰 등을 동원하여 반대 세력을 탄압하였다.

1. 대한민국 헌법을 부정·반대, 왜곡·비방하는 일체의 행위를 금한다.
2. 헌법의 개정·폐지를 주장하는 등의 일체의 행위를 금한다.
    ……
5. 이 조치를 위반하는 자는 법관의 영장 없이 체포·구금·압수·수색하며, 15년 이하의 징역에 처한다.

— 긴급 조치 1호(1974. 1. 8.)

긴급 조치 4호(1974. 4. 3. 왼쪽)와 긴급 조치 9호(1975. 5. 13. 오른쪽) 관련기사

가혹한 탄압에도 불구하고 민주주의를 향한 열망은 수그러들지 않았다. 재야 정치인과 종교인, 지식인 들은 여러 단체를 만들어 유신 체제 철폐를 위해 노력하였다. 민주주의를 향한 학생들의 열망은 놀라울 정도였다. 학생들은 학교별로 시위를 벌이는 한편, 연합 시위를 주도하여 유신 체제에 대한 국민적 저항을 앞장서서 이끌었다.

## ━ 부·마 항쟁, 유신 체제를 무너뜨리다

1978년, 박정희는 통일 주체 국민 회의 대통령 선거에 혼자 나섰다. 대의원 2,578명 중 무효 1표를 제외한 2,577명 전원의 찬성으로 다섯 번째 대통령에 당선되었다.

**부·마 항쟁**
박정희의 유신 독재는 민중들의 생존권과 민주화 열망을 억눌렀다. 민중들의 열망이 폭발하여 부·마 항쟁으로 이어졌다.

그러나 민심은 이미 박정희 정권을 떠났다. 그해 실시된 국회의원 선거에서 야당인 신민당이 득표율에서 여당인 공화당을 앞섰다. 이에 자신감을 얻은 신민당은 봇물처럼 터져 나오던 유신 반대 운동에 합류하였다. 그러자 박정희 정권은 신민당 총재인 김영삼을 국회의원에서 제명하고, 민주 인사들을 폭력적으로 탄압하였다.

김영삼의 의원직 제명을 계기로 박정희 정권에 대한 투쟁이 새롭게 불타올랐다. 특히 부산과 마산에서는 수많은 시민과 학생이 거리로 쏟아져 나왔다. 이들은 '유신 철폐, 야당 탄압 중지' 등을 주장하며 격렬하게 시위를 벌였고, 경찰서나 공화당 당사를 공격하기도 하였다. <sup>1979. 부·마 항쟁</sup> 정부는 부산과 마산 지역에 계엄령을 내리고 군대를 파견하여 난폭하게 진압하였다.

유신 반대 열기가 치솟는 가운데, 박정희 정권 내에서는 정국 수습 방안을 놓고 의견이 엇갈렸다. 갈등의 와중에 박정희가 당시 중앙정보부 부장이었던 김재규에게 피살됨으로써 18년에 걸친 박정희 장기 집권은 갑작스럽게 막을 내렸다.

### 나도 역사가

박정희와 장준하에 대해 조사하여 두 사람의 삶을 연대별로 비교해 보자.

• 해방 전 행적  • 1950년대  • 1970년대

# 1979년 가을
# 궁정동에서 울린 총소리

● **10·26 사건 현장 검증**
중앙정보부 부장 김재규가 박정희에게 총을 쏘는 장면을 재연하고 있다. 그의 오른쪽이 대통령 비서실장 김계원이다.

1979년 10월 26일 저녁, 청와대 근처 궁정동에서 몇 발의 총성이 울렸다. 다음 날 아침 놀라운 사실이 발표되었다. 박정희 대통령이 당시 중앙정보부 부장이었던 김재규가 쏜 총에 맞아 사망하였다는 것이다. 18년을 이어 오던 박정희 정권이 하룻저녁에 무너진 것이다.

**"국민 여러분, 민주주의를 만끽하십시오"**

김재규는 무슨 생각으로 그런 행동을 하였을까? 다음은 김재규가 사형을 언도받고 처형되기 며칠 전 교도관에게 남긴 최후 증언의 일부이다.

"나의 죽음, 즉 나의 희생이라고 하는 것은 무엇을 의미하느냐 하면, 우리나라 모든 국민이 동시에 자유 민주주의가 절대 필요하고 자유 민주주의는 절대 회복되어야 하겠구나 하는 것을 아주 확실히 깨닫게 되고, 또 그것을 확실히 자기 몸에다가, 목에, 자기 가슴에다가 못 박고 생각할 수 있는 그런 계기가 될 것입니다. 그렇기 때문에 요번에 나의 희생이라고 하는 것은 민주주의의 아름다운 꽃과 열매를 맺기 위한 민주주의 나무의 거름이다. 이렇게 생각합니다.

그렇기 때문에 나는 지금 이 시간이 된 것을 명예롭게 생각하고, 또 보람으로 생각하고 매우 즐겁습니다. 나의 심정을 바로 이해해 주는 사람은 바로 나

의 뜻을 짐작할 수 있으리라고 생각합니다."
그는 담담하게 죽음을 맞았다고 한다.

박정희 대통령 사망 이후 잠시 동안 권력의 공백이 생겼다. 이 기회를 재빨리 포착하여 권력을 장악해 간 세력은 군부였다. 당시 보안 사령관으로 군대 내의 정보와 사회의 동태를 민감하게 파악하고 있던 전두환이 권력을 장악하였다. 오래전부터 군대 내에는 '하나회'라는 정치 권력을 지향하는 장교의 사조직이 있었는데, 전두환이 핵심 인물이었다.

● 전두환(1931~ )
경남 합천에서 태어나 군인이 되었다. 1961년 5·16 군사 정변을 지지하는 육사 생도들의 시위를 주도한 이후 박정희의 특별한 배려를 받았다. 박정희가 죽은 뒤 쿠데타를 일으켰다.

# 대한민국, 민주화와 산업화를 이루다

가 볼 곳 1980년 5월 광주    만날 사람 전두환, 박종철    주요 사건 5·18 민주화 운동, 6월 민주 항쟁

"더 이상 군사 독재 정권이 잔혹하고 야만적인 지배를 강요한다면 민주화도, 통일도 꿈에 지나지 않을 것이다. 국민이 진정 나라의 주인이 되고 통일된 나라에서 살기 위해서는 독재 정권을 물리치고 민주 헌법을 쟁취하여야 한다."

## ─ 쿠데타와 신군부의 등장

절대 권력자 박정희가 세상을 떠난 뒤 한순간 권력은 공백 상태가 되었다. 그동안 의회나 행정부의 정상적인 기능을 통해 나라를 운영한 것이 아니었기 때문이다.

권력의 공백 상태를 밀고 들어온 것은 군인들이었다. 당시 보안 사령관으로 군대와 국내의 정보를 폭넓게 파악하고 있던 전두환과 일부 군부 세력은 반란을 일으켜 지휘권을 장악하였다. 1979. 12. 12. 군사 반란

신군부의 이러한 움직임에도 불구하고 민주화를 열망하

**신군부의 등장**
신군부는 박정희 사후 군대 내 사조직인 '하나회' 장교를 중심으로 쿠데타를 일으켜 권력을 장악하였다. 학생과 시민의 민주화 요구를 총칼로 짓밟았다.

12·12 군사 반란의 주역

는 국민의 기대는 1980년 봄부터 활활 타올랐다. '서울의 봄'이 열린 것이다. 그동안 정치 활동을 금지당하였던 정치인들은 다시 활동을 시작하였고, 대학생들도 민주주의를 외치며 거리로 나섰다. 임금 인상과 노동 조건의 개선을 요구하는 노동자들의 운동도 크게 일어났다.

## 5·18 민주화 운동

민주화 열기가 날로 치솟자, 전두환 등 신군부는 이를 사회 혼란으로 몰아붙이며 정권 장악을 시도하였다. 이들은 1980년 5월 17일, 계엄령을 전국으로 확대하고, 전국 주요 거리와 대학에 군대를 주둔시켰다. 그리고 민주화 운동에 나섰던 이들을 체포하였다.

5월 18일, 광주의 대학생들은 이에 굴하지 않고 군인들에 맞서 시위를 벌였다. 군인들은 광주 시내 곳곳을 돌아다니며 학생과 시민들에게 마구잡이로 폭력을 휘두르고, 수많은 사람을 끌고 갔다. '화려한 휴가'라는 이름의 민간인 대상 군사 작전이 전개된 것이다.

광주 시내는 순식간에 피로 얼룩졌다. 그러나 광주의 학생과 시민들은 대규모 시위로 이에 맞섰다. 계엄군은 시위대에 총격을 가하였고, 시위대는 계엄군에 대항하기 위해 예비군 무기고를 열고 무기를 들었다.

시위대가 무장하고 저항하자 계엄군은 시 외곽으로 철수하였다. 시민들은 수습 위원회를 구성하여 총기를 거두어들이는 등 질서와 치안 유지에 힘썼다. 폭동과 파괴와 약탈은 일어나지 않았다. 수습 위원회는 군대의 과잉 진압에 항의하고 연행자 석방을 요구하는 등 계엄군과 협상을 벌였다. 그러나 계엄군은

**| 1980년 5월 광주**
1980년 5월 광주 계엄군은 평화로운 시위대에 총격을 가하여 사태를 악화시켰다. 결국 10일간의 긴 항쟁으로 이어졌다.

## | '민주주의를 위해 흘린 피'

민주화 과정에서 많은 사람이 희생되었다. 1987년 정보기관에서 수사를 받다가 사망한 박종철을 애도하는 행렬(위)과 민주화 시위에 참가하였다가 최루탄을 맞고 쓰러진 이한열(아래). 우리는 이들을 '민주 열사'라 부른다.

**열사의 죽음, '독재 타도'로 이어지다**

고문과 폭력으로 학생들을 죽음으로 몰고 간 정권의 부도덕성에 국민들이 분노하였다. 전국 곳곳에서 민주 열사 추모 대회와 평화 대행진이 이어지면서 '독재 타도'와 '직선제 쟁취'의 함성이 메아리쳤다.

무조건적인 항복만을 강요하였다.

　5월 27일 새벽, 계엄군이 기습 공격으로 도청을 포함한 주요 기관을 점
거함으로써 5·18 민주화 운동은 끝을 맺었다. 5·18 민주화 운동은 권력을
연장하려는 군부에 대한 민주 세력의 저항이었다. 5·18 민주화 운동을 끝
으로 잠시 타올랐던 민주화의 봄은 다시 얼어붙었다.

**6·29 민주화 선언(1987)**
노태우는 전두환과 함께 신군부의
핵심 인물로서, 전두환의 후계자로
지명되었다. 그러나 민중들의 민주화
투쟁으로 6·29 민주화 선언을
하여 대통령 직선제 개헌 등을
수용하였다.

## ━━ 6월 민주 항쟁, 민주화를 이루다

국민의 민주화 열망을 폭력으로 억누른 군부의 통치는 박정희 유신 체제에
못지않은 독재였다. 간접 선거로 선출된 전두환 대통령은 절대 권력을 행
사하였으며, 국민의 기본권은 철저하게 짓밟혔다.

　그러나 민주주의를 향한 국민의 열망은 결코 식지 않았으며, 독재 정권
에 맞선 민주화 운동은 날이 갈수록 치열해졌다. 학생과 지식인, 종교인 들
의 투쟁이 이어졌으며, 노동자들도 자신들의 생존권을 지키고 민주주의를
이룩하기 위한 투쟁에 나섰다.

　그러나 전두환 정권은 민주 세력을 공산주의자로 몰고, 북한의 남침 위
협을 구실로 민주화 운동을 탄압하였다. 민주 인사들에 대한 체포와 고문·
투옥이 거듭되었다. 원인을 밝히지 못한 의문의 죽음도 꼬리를 이었다.

　1987년 1월, 정보기관에서 조사를 받던 박종철 군이 고문 끝에 사망하는
사건이 발생하였다. 정보기관은 단순 사망으로 감추려 하였으나, 관련자들
의 용기 있는 증언이 이어지면서 고문에 의한 사망이란 사실과 권력이 이
를 조작하고 감추려 하였다는 점이 밝혀졌다.

　이에 분노한 국민은 정권의 퇴진을 요구하였다. 전두환이 여당의 후계자
를 지명하던 6월 10일을 기해 독재 타도와 헌법 개정을 요구하는 전국적인
시위를 벌였다.

　전국의 주요 도시에서 날마다 수백만 명의 시위대가 독재 타도를 소리 높
여 외쳤다. 시위대는 곳곳에서 경찰의 무장을 해제하기도 하였다. 결국 전
두환 정권은 국민의 요구를 수용하여 민주적인 헌법을 제정하기로 약속하
였다.

　6월 민주 항쟁에 참가하였던 민중들은 이후 자신의 생활 현장을 개혁하

기 위한 활동에 나섰다. 노동자들은 노동조합을 조직하여 자신의 권리를 실현하고자 하였으며, 농민이나 도시 빈민 들도 조직을 만들어 생존권을 지키려고 하였다. 교사들은 전국 교직원 노동조합을 조직하여 교육의 민주화와 참교육을 실현하기 위해 나섰다. 특히 7월부터 9월 사이 노동자들의 투쟁은 대단하였다. 주요 공업 단지의 생산직 노동자들은 물론 은행원이나 간호사, 연구원이나 교직원 등 다양한 직종의 노동자들이 민주 노동조합을 건설하였다. 1987. 7·8·9월 노동자 대투쟁 6월 민주 항쟁이 정치의 민주화를 실현함은 물론 경제 민주화와 평등 사회를 향한 디딤돌이 된 것이다.

## ― 근대적인 산업 국가의 기틀을 다지다

6월 민주 항쟁은 '넥타이 부대'라 불린 새로운 시위대가 큰 몫을 하였다. 직장의 점심 시간이나 퇴근 시간 무렵이면, 깔끔하게 차려입은 사무직 노동자들이 곳곳에서 시위대에 합류하였다. 주요 공업 도시에서 일어난 시위에는 생산직 노동자의 참여도 큰 폭으로 늘어났다. 1960~1980년대 동안 공업이 비약적으로 발전하였으며, 경제 구조에서도 큰 폭의 변화가 나타난 결과였다.

특히 1986년부터 3년 동안은 국제 정세가 한국의 경제 성장에 매우 유리

**민주주의의 밑거름이 된 시민 참여**
민주주의를 열망하는 국민들이 마침내 군사 독재 정권을 무너뜨렸다. 1987년 6월 민주 항쟁은 '넥타이 부대'를 비롯해 이름 없는 시민들이 힘을 모아 이루어 낸 승리였다.

**제24회 서울 올림픽 개최**
1988년 9월 17일부터 10월 2일까지
전 세계 160개국이 참가하여
진행되었다. 사진은 개막식 장면과
올림픽 마스코트였던 호돌이이다.

하게 작용하였다. 3저 호황이라 불린 이 기간에 원자재 가격이 낮아져 좋은 조건에서 상품을 생산하여 수출할 수 있었다. 많은 기업이 수출 산업을 통해 큰 이익을 냈으며, 이익의 일부는 새로운 성장을 위한 기술 개발로 이어졌다. 나라 전체로도 10% 이상의 고도 성장이 이어졌으며, 무역 흑자를 달성하여 만성적인 외채 위기에서 벗어났다.

1988년에는 서울 올림픽이 열렸다. 꾸준한 경제 성장으로 달라진 한국의 모습을, 민주화와 산업화를 성공적으로 성취한 한국인의 모습을 세계 여러 나라에 알리는 기회가 되었다. 올림픽을 통해 한국은 세계를 향해 한 걸음 더 나아갔으며, 세계인이 한국을 다시 보는 좋은 계기가 되었다.

### 과거와 현재의 대화

2000년에 의문사 진상 규명 위원회가 구성되어 2004년까지 독재 정권 아래에서 의문의 죽음을 당한 인사들의 사망 경위를 조사하는 활동을 벌였다. 이 활동이 갖는 의미를 토론해 보자.

의문사 진장 규명 위원회는 지난 권위주의 통치에서 민주화 운동과 관련하여 공권력에 의하여 희생된 의문사의 진실을 밝히기 위한 대통령 직속 기구로, 2000년 10월 17일에 출범하였습니다.
앞으로 저희는 역사적 소명 의식을 갖고 후손들에게 부끄럽지 않은 역사를 남기기 위해 최선의 노력을 다할 것입니다. 위원회의 활동에 대한 네티즌 여러분의 깊은 사랑과 신뢰를 부탁드립니다.

# 북한, 사회주의 공업화와 유일 체제 ⑤

가 볼 곳 군수 공장　　　만날 사람 천리마 운동에 참여한 노동자　　　주요 사건 푸에블로 호 억류 사건

북한은 분단 이후 지금까지 사회주의 계획 경제를 유지하면서 자립 경제 건설과 중공업 우선 정책을 추구해 왔다. 사회주의 계획 경제란 모든 생산 수단을 국가와 사회 협동단체가 소유하고, 생산과 분배를 계획대로 조절·통제하는 방식이다.

## ― 천리마 운동

1950년대를 거치면서 협동농장의 창설, 중소 상공업의 협동화를 진행한 북한 정권은 사회주의 국가 체제를 갖추었다고 판단하였다. 그리하여 1961년에는 '승리자의 대회'라 일컫는 노동당 제4차 전당 대회를 열어 새로운 사회주의 공업국을 건설하자는 목표를 내세웠다.

**천리마 운동 기념탑과 청산리 협동농장을 방문한 김일성**
천리마 운동은 하룻밤에 천 리를 달린다는 천리마처럼, 열심히 일하여 사회주의 국가를 이룩하자는 노동력 동원 운동이다. 이 운동을 벌이는 과정에서, 당의 지도부가 현장을 방문하여 함께 대화하는 가운데 문제를 해결하는 현지 지도 사업 방법이 확립되었다.

이를 위해 1961년부터 제1차 7개년 계획을 수립하여 본격적인 경제 성장 정책을 추진하였다. 경제 정책의 큰 방향은 자립 경제 건설이었으며, 이를 위해 산업의 전 분야를 고루 발전시키려 하였다.

북한 정권이 사회주의 경제 건설을 위해 동원한 방법은 '천리마 운동'이었다. 소련을 비롯한 사회주의 국가들의 재정적·기술적 도움을 받기 어려운 상태에서 노동자들의 자발적인 참여를 통해 생산력을 끌어올려 경제를 발전시키고자 한 것이다. 천리마 운동은 1950년대 후반에 시작되어 공장, 농장, 학교 등 모든 분야로 확산되었다.

이러한 계획 경제로 1960년대 후반까지 북한은 농업에서 기계화가 이루어지고, 중공업도 크게 성장하는 등 산업 생산의 모든 분야에 걸쳐 상당한 발전을 보였다.

## ▬ 경제와 국방을 함께 발전시키자

북한은 국방력 강화에도 많은 힘을 쏟았다. 중국과 소련의 도움을 받지 않고 남한과 미국의 군사력에 대항하기 위한 것이었다.

1960년대에는 북한의 우방이라 할 수 있는 중국과 소련이 대립하면서 두 나라와 북한의 관계도 변하였다. 반면, 남한에서는 군사 정권이 성립하여 한·일 협정, 베트남 파병이 진행되면서 한·미·일 관계는 두터워졌다. 북한에서는 이러한 국제 정세 변화에 맞춰 국방력 강화를 주장하는 사람들의 목소리가 높아졌다.

경제와 국방을 함께 발전시키는 것은 쉽지 않았다. 국방비는 해가 갈수록 증가하여 경제 성장 속도를 앞질렀다. 국가 예산에서 국방비가 차지하는 비율이 1970년에는 약 30%에 이를 정도로 높았다.

국방비 지출이 증가하고 전 인민의 무장화가

| 4대 군사 노선

북한의 국방력 강화 방안은 '4대 군사 노선'으로 나타났다. '전 국토의 요새화, 전 군의 간부화, 전 인민의 무장화, 전 군의 현대화가 바로 그것이었다. 전 국토가 병영이 된 것이다.

**국가 예산에서 국방비가 차지하는 비중**
1970년대 북한에서는 국가 예산의 30%(국민 총생산의 약 20%)가 국방비로 쓰였다.

풀려나는 푸에블로 호 선원들과 푸에블로 호
푸에블로 호는 현재 평양 대동강에 관광용으로 전시되고 있다.

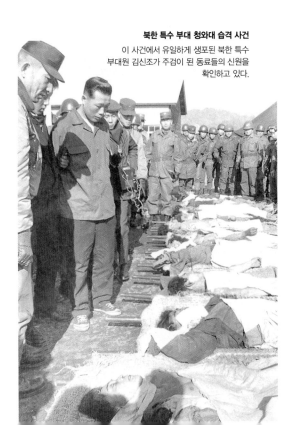

북한 특수 부대 청와대 습격 사건
이 사건에서 유일하게 생포된 북한 특수
부대원 김신조가 주검이 된 동료들의 신원을
확인하고 있다.

진행되면서 경제 발전의 속도가 더디어졌다. 인민들의 생활도 점차 힘들어졌다.

## 한반도, 다시 전쟁 위기를 맞다

1968년 1월 21일, 북한군 124군 소속 군인 31명이 청와대에서 불과 수백 미터 떨어진 곳에 숨어들었다. 그들의 임무는 대통령 관저와 미 대사 관저, 서울 교도소 등을 폭파하고 주요 인사를 암살하는 것이었다. 치열한 총격전이 벌어졌고, 결국 한 사람을 제외하고는 모두 사살되었다.

이틀 뒤, 이번에는 미국의 국가 안보국 소속 푸에블로 호가 북한군에 의해 원산항으로 끌려가는 사건이 발생하였다. 미국은 "이 배가 민간 해양 연구선이며 북한 영해를 침범하지 않았다."라고 주장하였다. 그러나 북한은 "영해에서 도청을 통해 정보를 수집하는 불법 행위를 저질렀다."라고 주장하였다.

같은 해 11월에는 북한의 특수 부대가 유격전을 위해 남한의 산악 지대에 침투하여, 국군과 북한 특수 부대의 전투가 여러 날 이어졌다. 이로 인해 남한은 향토 예비군을 창설하였으며, 방위 산업을 집중적으로 육성하겠다는 계획을 내놓았다. 미국은 푸에블로 호를 무조건 돌려보내라며 북한을 압박하였다. 남북한 사이에, 북한과 미국 사이에 전쟁이 일어날지 모른다는 걱정이 1년여 동안 이어졌다.

## 대전환? 그러나……

1969년 북한이 푸에블로 호 선원을 석방하면서, 전쟁 위기는 점차 수그러들었다. 게다가 미국이 중국과 대화를 서두르면서 한반도 정세는 빠르게 변하였다.

북한도 변화가 필요했다. 남북 긴장으로 북한의 국방비 부담이 늘어나자, 그것이 다시 경제 성장의 발목을 잡았기 때문이다. 북한은 남한에 대화를 제의하였다. 남한을 이끌던 박정희 역시 독재에 대한 저항이 높아지면서 뭔가 전환점이 필요하던 때였다.

1972년 7월 4일 서울과 평양에서 역사적인 7·4 남북 공동 성명이 발표되었다. 자주·평화·민족 대단결의 정신을 바탕으로 통일을 이루겠다는 약속이었다. 국민들은 어리둥절하였다. 그러나 양쪽 대표단은 실제로 휴전선을 넘나들면서 대화를 이어 갔다.

그런데 역사적인 회담이 이어지는 동안, 남북의 두 지도자는 자신의 권력을 극단적으로 강화하였다. 1972년 12월 27일 남한에서는 유신 체제가 공식적으로 출발하였다. 같은 날 북한에서는 새로운 헌법이 제정되었다.

> 조선 민주주의 인민 공화국 사회주의 헌법은 위대한 수령 김일성 동지의 주체적인 국가 건설 사상과 국가 건설 업적을 법화한 김일성 헌법이다.
>
> — 북한 1972년 사회주의 헌법 전문

이 헌법의 제정으로 북한은 수령으로 불리는 김일성 한 사람이 당과 인민을 이끄는 유일 체제로 바뀌었다.

**만경대 김일성 생가와 김일성, 김정일 부자**
북한에서는 김일성이 일제 강점기에 가장 올바른 방법으로, 가장 열심히 항일 무장 투쟁을 벌였다고 주장한다. 그리고 그의 아버지와 할아버지 역시 3·1 운동과 제너럴 셔먼 호 사건 때 앞장서서 항일, 항미 운동을 벌였다고 주장한다.

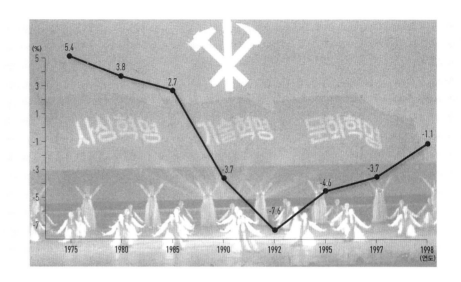

## 경제 성장이 벽에 부딪히다

북한은 당이 국가의 중심에 서서 모든 계획을 세우고 인민을 체계적으로 동원하여 운영하는 사회이다. 1950년대 말부터 시행되었던 천리마 운동이 그 대표적인 사례이다.

이러한 사회 운영은 1970년대에 들어와 3대 혁명 운동을 내세우면서 더욱 강화되었다. "사상도 기술도 문화도 주체의 요구대로!" 이것이 3대 혁명 운동의 구호이다. 이 운동은 핵심 당원과 청년 엘리트들이 중심이 된 3대 혁명 소조를 조직하고, 인민들을 3대 혁명 붉은기 쟁취 운동 등에 동원하는 방식으로 진행되었다.

이 운동을 지도한 사람이 바로 김정일이었다. 이는 북한 지도부가 김정일을 후계자로 키우기 위해 고려한 것이다.

그러나 1970년대 중반 이후 남한의 비약적인 경제 성장에 비해 북한은 점차 성장이 둔화되면서 국민 1인당 총생산량도 남한에 뒤지기 시작하였다. 개인 소유를 제한하고 국가가 경제 활동 전반을 계획하고 관리하면서, 자발성이나 창의성을 살릴 수 있는 여지를 충분히 마련하지 못하였기 때문이다.

**나도 역사가**

1970년대 후반에 들어 북한의 경제 발전 속도가 더디어진 이유를 생각해 보자.

# 북한 여성의 사회 활동과 탁아소

우리는 북한 관련 방송에서 평양 거리의 여성 교통 경찰을 볼 수 있다. 멋지고 씩씩하다고 생각하는 사람도 있는가 하면, 힘들고 불쌍해 보인다는 반응도 있다. 북한 여성들은 어떻게 생활하고 있을까?

북한은 건국 초부터 국가가 직접 나서서 여성의 사회 진출과 이에 따른 육아, 가사 노동의 '사회화'에 힘을 기울였다. 남녀평등과 모성 보호 관련법을 일찍이 정비하였고, 이와 관련된 정책을 펼쳐 나갔다. 북한에 탁아소가 많은 것은 이런 배경에서였다.

탁아소는 전국적으로 6만여 개가 있다. 도시는 물론 산간벽지까지, 큰 규모의 직장은 물론이고 웬만한 직장에도 탁아 시설이 비교적 잘 갖춰져 있다.

임신 여성 근로자는 출산을 전후하여 각각 60일간, 90일간의 휴가를 받을 수 있다. 휴가를 마친 여성들은 출근하면서 직장에 딸린 탁아소에 아이를 맡기고, 퇴근할 때 아이를 데리고 집으로 돌아간다. 또한 생후 1년 미만인 아이에게는 오전과 오후에 두 번씩 모두 네 번 수유를 할 수 있다.

북한에서는 직장 탁아소의 시설과 숫자가 북한 여성의 권익 향상을 대변하는 것이라 주장한다. 그러나 남한에서는 여성 노동력을 더 많이 동원하기 위해서라는 비판을 하기도 한다.

# 1970년대 중학교 무시험 진학과 고등학교 평준화

**시험에서 완전히 해방되는 날은 언제일까**

1968년 7월 15일, 문교부는 중학교 입시 지옥으로 인한 수업의 폐단을 근절하고 학부형 사교육비 부담 과중 등을 해소하기 위하여 중학교 시험 제도를 폐지하고, 추첨제를 실시하여 무시험 진학을 시키겠다는 획기적인 선언을 하였다.

　1969학년도부터 시작된 중학교 무시험 진학 제도는 초등학교 교육을 정상화하는 데에는 상당히 기여하였으나 고등학교 입시 준비에 부담을 가져와 중학교 교육을 비정상화하는 부작용을 초래하였다. 특히 무시험으로 중학교에 입학한 학생들이 고등학교에 입학하기 시작한 1972학년도의 고등학교 입시는 매우 치열하였다.

1973년 2월, 문교부는 다시 고등학교 입시 제도를, 선발 고사(연합 고사)를 거쳐 인문계 고등학교는 학군제에 의한 추첨 배정, 실업계 고등학교는 임의 지원에 의한 선발 등을 골자로 하는 입시 제도 개혁 방안을 발표하였다.

문교부에서 입시 폐지 결정이 발표되자 사람들은 갈채를 보내거나 의구심에 고개를 갸우뚱하거나 어리둥절한 표정을 지었다. 그러면서도 아이들을 입시 지옥에서 해방시키겠다는 정부의 결정을 크게 환영하였다. 그리고 이에 대하여 '입시 개혁', '교육 혁명', 경우에 따라서는 '7·15 어린이 해방'이라는 용어가 나오는가 하면, 한편으로는 한국 현대 교육사에서 일종의 '쿠데타'라는 표현까지 나돌기에 이르렀다.

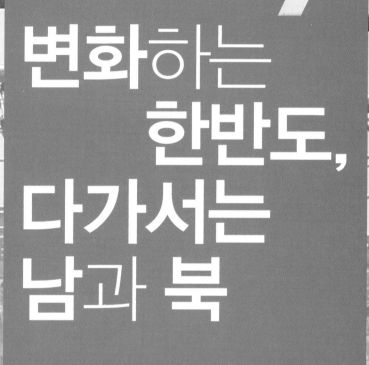

# 9

# 변화하는
# 한반도,
# 다가서는
# 남과 북

—

# 화해와 협력의
# 시대로

조국의 평화적 통일을 염원하는 온 겨레의 숭고한 뜻에 따
라 대한민국 김대중 대통령과 조선 민주주의 인민 공화국
김정일 국방 위원장은 2000년 6월 13일부터 6월 15일까지
평양에서 만나 정상 회담을 가졌다. 남북 정상들은 분단 역
사상 처음으로 이루어진 이번 상봉과 회담이 서로의 이해를
증진시키고, 남북 관계를 발전시키며, 평화 통일을 실현하는
데 중대한 의의가 있다고 평가하고 다음과 같이 선언하였다.

1. 남과 북은 나라의 통일 문제를 그 주인인 우리 민족끼리
   서로 힘을 합쳐 자주적으로 해결해 나가기로 하였다.
2. 남과 북은 나라의 통일을 위한 남측의 연합 제안과 북측
   의 낮은 단계의 연방제안이 서로 공통성이 있다고 인정
   하고 앞으로 이 방향에서 통일을 지향시켜 나가기로 하
   였다.

— '6·15 공동 선언' 중에서

# 대한민국, 평화적 정권 교체가 자리 잡다

가 볼 곳 대통령 취임식장    만날 사람 김영삼, 김대중 노무현, 시민 단체    주요 사건 국민의 정부 탄생

유구한 역사와 전통에 빛나는 우리 대한국민은 …… 조국의 민주개혁과 평화적 통일의 사명에 입각하여 정의·인도와 동포애로써 민족의 단결을 공고히 하고, 모든 사회적 폐습과 불의를 타파하며…….

---

## 대통령 직선제와 문민 정부의 탄생

**16년 만의 대통령 직선제**
1987년 제13대 대통령 선거에서 후보 단일화를 놓고 갈등을 보여 온 통일민주당의 김대중과 김영삼이 결국 저마다 후보로 나서 여당 후보인 노태우와 유신 세력인 김종필을 포함해 '1노 3김' 4인 선거 체제를 형성하며 본격적인 선거 활동에 들어갔다.

1987년 6월 민주 항쟁에 굴복한 전두환 정권은 대통령 직선제 개헌과 정치 활동의 자유를 인정하기에 이르렀다. 그해 12월, 바뀐 헌법에 따라 제13대 대통령 선거가 치러졌다. 전두환과 더불어 12·12 군사 반란을 주도했던 당시 여당 대표 노태우, 1970~1980년대 민주화 투쟁의 핵심 인물이었던 김영삼과 김대중, 박정희 정권의 핵심 인물이었던 김종필 등이 대통령직을

### | 1988년 국회의원 선거 결과

6월 항쟁의 연장선에서 치러진 1988년 국회의원 선거에서 국민들은 야당 후보를 압도적으로 지지하여, 역사상 처음으로 여소야대 국회가 형성되었다. 야당은 국회 청문회를 통해 5공화국의 비리와 5·18 민주화 운동의 진상을 밝혀 냈다.

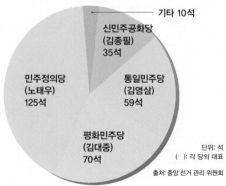

기타 10석

신민주공화당
(김종필)
35석

민주정의당
(노태우)
125석

통일민주당
(김영삼)
59석

평화민주당
(김대중)
70석

단위: 석
( ): 각 당의 대표
출처: 중앙 선거 관리 위원회

두고 경합하였다.

선거 결과는 노태우 후보의 승리였다. 많은 국민이 여야 정권 교체를 바랐으나, 야권 후보가 단일화되지 못한 데다 과반수 득표자가 나오지 않아도 결선 투표를 치르지 않았기 때문이다. 그러나 정권 교체를 향한 국민의 열망은 이듬해 치러진 국회의원 선거에서 다시 한번 표출되었다. 의회 역사상 처음으로 야당이 과반 의석을 확보한, 여소야대 의회가 탄생한 것이다.

1992년 12월에는 6월 민주 항쟁 이후 두 번째 대통령 선거가 치러졌다. 민주화 운동의 동지이면서 야당 시절 강력한 라이벌이었던 김영삼 후보와 김대중 후보가 대결하였다. 승리는 야당에서 여당으로 자리를 옮긴 김영삼에게 돌아갔다.

**법정에 선 전두환, 노태우 전 대통령(1995)**
5·18 민주화 운동이 일어난 지 16년 만에 문민 정부는 비자금 조성과 내란 및 내란 목적 혐의로 두 전직 대통령을 나란히 법정에 세웠다. 1997년 4월 대법원은 전두환(오른쪽)과 노태우(왼쪽)에게 각각 무기 징역, 17년 징역의 원심을 확정하였다. 이들은 역사의 심판을 받은 최초의 한국 대통령이라는 기록을 남겼다 .

> 우리는 그렇게도 애타게 바라던 문민 민주주의 시대를 열기 위하여 …… 30년 세월을 기다려야 하였습니다. 오늘 탄생되는 정부는 민주주의에 대한 국민의 불타는 열망과 거룩한 희생으로 이루어졌습니다.
>
> — '김영삼 대통령 취임사' 중에서

김영삼은 5·16 군사 정변에서 시작된 군부 통치와의 단절을 선언하면서, 새 정부를 '문민 정부'로 정의하였다.

문민 정부는 정치 개입을 일삼던 군부 내 사조직을 해체하고, 전두환과 노태우 등 12·12 군사 반란의 주역들을 처벌하였다. 그리고 지방 자치제를 전면적으로 실시하여 국민의 정치 참여를 확대하였다. 또한 부정부패를 막고 경제 민주화를 이룩한다는 목표 아래 금융 실명제와 부동산 실명제를 실시하였다.

**김영삼 대통령(재임 기간 1993~1998)**
오랫동안 야당 국회의원을 지냈으나 1990년 여당으로 옮긴 뒤 대통령에 당선되었다. 1961년 5·16 군사 정변 이후 탄생한 최초의 민간인 대통령이었다.

## ━ 평화적인 정권 교체, 국민의 정부

1997년에 치러진 대통령 선거에서 오랜 야당 지도자였던 김대중 후보가 승리하였다. 그는 1971년 대통령 선거에서 박정희 후보와 맞붙은 이래, 독재 정권의 거듭되는 탄압에 여러 번 목숨을 잃을 뻔하였다.

**김대중 대통령(재임 기간 1998~2003)**
박정희, 전두환 정권 시절 두 번이나 죽을 고비를 넘겼다. 대한민국 수립 이후 최초로 선거를 통해 정권을 교체한 야당 출신 대통령으로, 민주화 시대를 뜻하는 '국민의 정부'를 자처하였다.

> 정부 수립 50년 만에 처음 이루어진 여야 간 정권 교체. …… 이 정부는 국민의 힘에 의해 이루어진 참된 국민의 정부입니다. …… 국민의 정부는 민주주의와 경제 발전을 병행하겠습니다.
>
> ― '김대중 대통령 취임사' 중에서

김대중은 대한민국 헌정 역사에서 처음으로 선거를 통해 야당이 집권하였다는 점을 강조하였다. 이를 국민의 힘, 국민의 승리로 해석하고 '국민의 정부'를 자처하였다.

국민의 정부는 그간 억압되거나 등한시되어 왔던 인권·평등·평화를 중요한 가치로 추구하였다. 정부 차원에서 민주화 운동 기념사업을 벌이고, 여성부를 정부 부처로 신설하였으며, 국가 인권 위원회를 설치하고, '국민 기초생활 보장법'을 제정하였다. 또한 남북 간의 화해와 협력이 평화와 통일을 앞당기는 길이자 민주주의의 밑거름이라는 인식 아래 남북 대화를 일관되게 추진하였다.

## ― 국민이 주권자인 시대를 선언한 참여 정부

2002년, 21세기 첫 대통령 선거가 실시되었다. 민주화 운동의 한 주역으로서 '국민의 정부'를 계승하겠다는 노무현 후보와, 대법관 출신으로 국민의 정부를 비판하던 이회창 후보가 경쟁하였다. 선거 운동 기간 내내 지지율 변동이 있었으나, 결국 청년층의 압도적 지지를 받은 노무현 후보가 대통령으로 선출되었다.

> 지난 2002년은 위대한 국민 승리의 한 해였습니다. 그중에서도 가장 뜻깊은 일은 지난 대통령 선거에서 국민 여러분께서 직접 참여하셔서 정치를 바꿔 주신 것입니다. …… 저는 국민이 대통령인 시대, 국민이 주권자인 시대를 열어 가겠습니다.
>
> ― '노무현 대통령 취임사' 중에서

노무현은 새 정부를 '참여 정부'라 불러 달라고 하였다. 국민의 참여 속에

권위주의와 지역주의 정치를 뛰어넘고, 부패 문화를 청산하여 새로운 시대를 열겠다는 것이다.

참여 정부는 국토의 균형 발전과 지방 분권을 추구하며 신행정 수도 건설을 추진하였다. 일제 강점기와 독재 정권 시기 왜곡되거나 은폐된 과거사의 진상을 규명하고 그 피해자를 위로하기 위한 과거 청산 노력을 기울였으며, 남북 간의 화해·협력을 위한 노력을 이어 갔다.

**노무현 대통령(재임 기간 2003~2007)**
인권 변호사로 민주화 운동에 참여하였으며, 지역감정에 맞서 싸우는 과정에서 국민적 지지를 받는 정치인으로 성장하였다. '노사모(노무현을 사랑하는 사람들의 모임)'라는 팬덤도 만들어졌다.

## ▬ 민주주의, 거역할 수 없는 가치가 되다

6월 민주 항쟁 이후 민주주의는 누구도 거역할 수 없는 가치로 자리 잡았다. 여전히 한계는 많지만, 선거가 평화적으로 치러지고 절차적 민주주의가 분명히 뿌리내리면서 국가의 주인은 국민이란 점이 분명해졌다.

이는 시민의 적극적인 참여가 빚어낸 결과이기도 하였다. 노동조합 운동이 활발해졌고, 교원과 공무원의 노동조합 활동도 제도화되었다. 권력과 자본의 활동을 감시하는 다양한 형태의 시민 단체도 활발하게 조직되었다. 2004년 국회의원 선거에서는 노동자와 농민의 권리를 대변하겠다는 민주노동당이 10명의 국회의원을 배출하였다. 민주화의 성취가 정치는 물론 일상적 삶의 현장을 바꾸는 데로 이어졌다.

### 나도 역사가

1987년 6월 항쟁 이전 20년과 이후 20년을 비교해서 달라진 점을 정리해 보자.

**시민들의 유권자 운동**
2000년 1월 전국 412개 단체로 구성된 '총선 시민 연대'가 발족하여 제16대 총선에 출마한 부적절한 후보자에 대한 공천 반대, 낙선 운동을 펼쳤다. 낙천·낙선 운동은 대상자 86명 중 59명에게 고배를 마시게 함으로써 유권자의 '힘'을 보여 주었다.

**민주노동당 국회 진출**
2004년 제17대 국회의원 선거에서 민주노동당은 진보 정당으로서는 최초로 국회 진출을 이루었으며, 보수 정당이 여야로 나뉘어 대립하였던 의회 정치에 새로운 변화를 가져왔다.

# 북한,
# 김정일이 권력을 승계하다

가 볼 곳 영변 핵시설, 평양　　　만날 사람 김정일　　　주요 사건 북·미 핵 협상, 김일성 사망

> "당이 결심하면 우리는 한다"라는 구호를 높이 들고 자력갱생의 정신을 발휘하여 혁명
> 과 건설에서 나서는 모든 문제를 자체의 힘으로 풀어 나가야 하며, 우리나라 사회주의
> 의 기초를 더욱 튼튼히 다져 나가자.

## ― 김일성에서 김정일로

1980년에 조선 노동당 제6차 대회가 열렸다. 북한의 최고 의사 결정 기구
라 할 수 있는 이 당 대회에서 '혁명 전통의 계승 발전'이라는 안건이 제기
되었으며, 노동당 지도부의 중요 직책은 혁명 2세대와 실무 능력을 갖춘 지
도자들이 차지하였다. 이들은 주로 '혁명 1세대'의 자녀들로, '혁명 열사'의
유자녀를 위해 세운 만경대 혁명 학원 출신들이었다. 북한 지도부는 이들
이 핵심 권력에 참여하고 북한 사회를 이끄는 중심 세력이 되는 것이 곧 혁
명 전통의 혈통적 계승이라고 생각하였다.

　이 대회에서 김일성의 아들 김정일이 2인자의 자리에 올랐으며, 언론에

**조선 노동당 제6차 대회**
1980년 38세가 된 김정일은 제6차
당 대회에서 김일성의 후계자로
지명되었다. 1974년 본격적으로 당
활동을 전개한 지 6년째 되던 해의
일이었다.

서는 그를 '친애하는 지도자 동지'로 부르기 시작하였다. 그들이 말하는 혁명 전통의 혈통적 계승을 상징하는 인물이 김정일이었다.

김정일은 1991년에 조선 인민군 최고 사령관, 1993년에 북한의 무력을 지휘·통솔하는 국방 위원장으로 추대되었다. 아버지 김일성이 살아 있을 때 이미 그의 중요 직책을 거의 물려받았던 것이다.

**평양시 강동군에 있는 단군릉**
북한은 1993년 발굴을 통해 단군묘임을 확인했다면서, 이듬해 이를 대규모 돌무지무덤으로 고쳐 세웠다. '우리민족제일주의'를 강조한 상징물 중 하나이다.

## ─ '우리식 사회주의'와 '고난의 행군'

1980년대 말 소련과 동유럽에서 사회주의 체제가 모두 무너지고 자본주의 경제와 의회 민주주의가 대거 도입되었다. 북한이 혈맹으로 여긴 중국에서도 시장경제 도입이 더욱 활발해졌다.

북한은 이념적으로나 경제적으로나 큰 충격을 받았다. 그러나 북한 지도부는 소련과 동유럽의 변화 원인을 그들의 체제가 "진정한 사회주의 체제가 아니었기 때문"이라 진단하고, '조선 민족 제일주의', '우리식 사회주의'를 강조하였다.

그러나 국가의 경제 계획은 심각한 장벽에 부딪혔고, 인민의 경제생활은 최악의 상태로 빠져들었다. 주요 무역 상대국이었던 소련과 동유럽 국가의 변화가 치명적이었다. 무역량이 급격히 줄어들고, 자원과 에너지 부족이 심각한 수준으로 치달았으며, 식량 사정도 매우 악화되었다.

1994년 7월에는 북 체제의 중심인 김일성이 세상을 떠났다. 김정일은 삼년상을 끝낸 뒤 공식적으로 권력을 승계하였다. 그는 어떠한 어려움 속에서도 사회주의를 포기하지 않겠다며 북한 주민들에게 항일 빨치산의 '고난

**김일성 사망**
1994년 7월 8일 김일성이 세상을 떠났다. 북한은 3년의 '유훈 통치' 기간을 지낸 뒤 헌법을 바꾸고 김정일 국방 위원장을 국가 최고 지도자로 내세웠다.

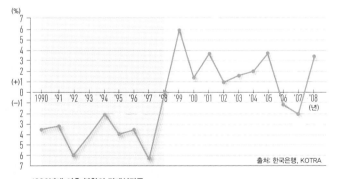

**1990년대 이후 북한의 경제성장률**
1980년대 후반 이후 북한은 최악의 경기 침체에 심각한 식량난까지 겪었으나, 김정일의 권력 승계 이후 경제가 조금씩 살아났다.

**북한의 핵 개발과 외교**
위 사진은 북한의 조선중앙TV가 일본 TV에 배포한 영변의 핵 관련 시설이고, 아래 사진은 1994년 제네바 북·미 핵 협상 장면이다.

의 행군'을 상기시켰다. 그리고 '사회주의 강성 대국 건설'을 목표로 제시하였다.

## ▬ 전쟁 위기 속에서 한반도 평화 체제를 논의하다

1990년대 초 미·소 냉전의 종식에 즈음하여 남한은 소련, 중국과 국교를 맺었다. 이 시기에 북한은 남북 대화에 나서는 한편, 일본, 미국과 수교를 시도하면서 원자력 발전소를 건설하고 핵무기에 사용될 수 있는 핵 물질 생산에도 힘을 기울였다. 북한은 낮은 경제력과 재래식 무기로는 체제 경쟁을 감당할 수 없다는 판단과 함께 외교를 통해 에너지 문제와 체제 안전 문제를 해결하려는 계획이었다.

미국은 북한의 핵 개발 시도를 가로막고 나섰다. 급기야 1994년에는 미국이 북한의 핵 시설 폭격을 구체적으로 검토하고 북한은 물러서지 않고 버티면서 전쟁 위기가 고조되었다. 이 위기는 북한이 핵무기 개발을 중단한다면 미국은 북한의 에너지 문제를 해결하는 데 도움을 주고 장기적으로 북한과 수교를 검토하겠다고 약속하면서 수습되었다.<sup>1994. 북·미 제네바 합의</sup> 이후 북한과 미국의 접촉이 이어졌고, 2000년에는 남북 정상 회담이 열린 데 이어

## | 북한 핵 개발과 한반도 비핵화 협상 일지

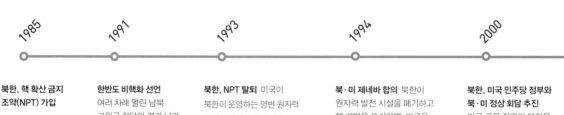

| 1985 | 1991 | 1993 | 1994 | 2000 |
|---|---|---|---|---|
| **북한, 핵 확산 금지 조약(NPT) 가입** | **한반도 비핵화 선언** 여러 차례 열린 남북 고위급 회담의 결과 남과 북이 한반도 전체를 비핵화하기로 합의. | **북한, NPT 탈퇴** 미국이 북한이 운영하는 영변 원자력 관련 시설에서 핵 물질을 생산한다고 비판하며 검증을 요구하자, 북한이 NPT 탈퇴. | **북·미 제네바 합의** 북한이 원자력 발전 시설을 폐기하고 핵 개발을 포기하면, 미국은 북한에 전기를 생산할 발전소를 제공하고 북한과 미국의 관계를 정상화하는 것으로 합의하자, 북한이 NPT 복귀. | **북한, 미국 민주당 정부와 북·미 정상 회담 추진** 미국 국무 장관이 북한을 방문하고 북한의 권력 서열 2위가 미국을 방문하면서 북·미 정상 회담 개최가 가시화되었으나, 이루어지지 못함. |

북·미 정상 회담도 추진되었다.

그러나 미국에서 정권 교체가 이루어진 2001년
이후 상황이 오히려 악화되었다. 미국은 북한이
약속과 달리 몰래 핵무기를 개발하고 있다고 다
그쳤으며, 2002년에는 북한을 악의 축으로 규정
하고 강경 대응을 예고하였다. 반면, 북한은 도리
어 미국이 약속을 지키지 않았다고 항의하면서,
실제 핵무기 개발에 나서겠다고 선언하였다. 이

**6자 회담 시작(2003)**
2003년 8월 중국 베이징에서 제1차
6자 회담이 열렸다. 각국 수석 대표단이
회의에 앞서 손을 맞잡았다. 참가국은
북핵의 평화적 해결, 6자 회담이
계속되어야 한다는 원칙 등에 합의하였다.

후 북한 핵 문제 해결과 한반도 비핵화 실현을 목표로 북한과 미국뿐만 아
니라 남한과 중국, 일본, 러시아가 참여하는 6자 회담이 열렸다.

회담이 지지부진하던 2006년, 북한이 제1차 핵 실험을 통해 핵무기 개발
사실을 온 세상에 공개하였다. 이후 재개된 6자 회담에서, 북한이 핵 시설
을 불능화한다면 나머지 5개국이 북한에 에너지를 제공하고, 미국은 북한
과 관계 개선에 나서기로 합의하였다. <sup>2007. 2·13 합의</sup> 2007년의 합의는 사실 10
여년 전 북·미 제네바 합의와 크게 다르지 않았다. 돌고 돌아 원점으로 되
돌아간 셈인데, 그사이 북한은 핵무기를 완성하였고, 그 때문에 최종적인
비핵화로 가는 길은 더욱 어려워졌다.

### 나도 역사가

한반도를 핵 위협 없는 평화로운 곳으로 만들 수 있는 방안에 대해 토론해 보자.

---

**2002**

**미국 공화당 정부, 북한을
악의 축으로 지목** 부시
미국 행정부가 제네바
합의에 따른 에너지
공급과 평화 협정 추진을
반대하고 강경한 대북
정책을 펼침. 북한은 핵
개발 추진으로 이에 맞섬.

**2003**

**6자 회담 시작** 2003년
북한이 NPT를 다시
탈퇴하자, 북한과 미국을
포함한 6개국이 북한 핵
해결과 한반도 평화 체제
구축을 위한 논의 시작.

**2005**

**9·19 공동 선언** 6자 회담에서
한반도 비핵화와 평화 협정
체결을 단계적으로 추진하며
북한에 에너지를 제공하기로
합의. 그러나 새로운 대북
경제 제재가 시작되면서 잘
이행되지 않음.

**2006**

**북한, 제1차 핵 실험** 북한
조선 중앙 통신사가
함경북도 길주군 풍계리
핵 실험장에서 지하
핵 실험을 성공적으로
진행하였다고 발표.

**2007**

**2·13 합의** 6자 회담을
통해 비핵화와 관계
정상화 조치를 단계적으로
이행하기로 합의.

# 남북 화해·협력의 새 시대를 열다

**③**

가볼 곳 평양, 개성 공단    만날 사람 김대중, 노무현, 김정일    주요 사건 1, 2차 남북 정상 회담

남과 북은 나라의 통일 문제를 그 주인인 우리 민족끼리 서로 힘을 합쳐 자주적으로 해결해 나가기로 하였다. 남과 북은 나라의 통일을 위한 남북 측 방안을 융합하여 함께 통일을 지향하기로 하였다.

## ─ 남북 정상, 반세기 만에 악수하다

2000년 6월 13일, 대한민국 김대중 대통령이 평양 순안 공항에 도착하였다. 남한의 최고 지도자로서는 분단된 지 55년 만에 처음 북한을 방문한 길이었다.

순안 공항에는 조선 민주주의 인민 공화국 김정일 국방 위원장이 기다리고 있었다. 공항을 가득 메운 환영 인파 속에서 남북의 두 정상이 포옹하

**남북 정상 회담(2000)**
김대중 대통령과 김정일 국방 위원장은 분단 55년 만에 평양에서 첫 남북 정상 회담을 가졌다. 두 정상은 2000년 6월 13일부터 6월 15일까지 회담을 가진 뒤 '6·15 남북 공동 선언'을 발표하였다.

6·15 남북 공동 선언 전문

자, 이를 방송으로 지켜본 모두가 환호하고 감격하였다.

이틀 뒤 두 정상은 역사적인 6·15 공동 선언을 발표하였다. 남과 북은 통일 문제를 그 주역인 우리 민족끼리 서로 힘을 합쳐 자주적으로 해결해 나가기로 하였다. 흩어진 가족과 친척 방문단을 교환하고 비전향 장기수 문제를 해결하는 등 인도적 문제도 조속히 풀어 나가기로 합의하였다. 또한 경제 협력을 통해 민족 경제를 균형적으로 발전시키고, 여러 분야에서 협력과 교류를 활성화하여 서로의 신뢰를 다져 나가기로 약속하였다.

## ━  정상 회담의 기초가 된 남북 기본 합의서

역사적인 정상 회담은 국민의 정부가 꾸준히 추진한 화해·협력 정책의 결실이었다. 그러나 이는 오랫동안 남과 북이 서로 이해하고 협력하려고 노력한 결과였다.

1990년부터 남북은 총리를 대표로 하는 고위급 회담을 진행해 왔다. 남북 대표단이 여러 차례 서울과 평양을 방문한 끝에, 1991년에는 남북이 서로 차이를 인정하고 화해하며, 서로 침략하지 않고, 교류하고 협력하자는 내용을 담은 남북 기본 합의서를 채택하였다.

1993년 김영삼 대통령은 "어떤 동맹도 민족보다 나을 수는 없다."라며 남북 정상 회담을 제안하였다. 1994년 7월에 김일성 주석이 사망하지 않았다면, 첫 남북 정상 회담은 그때 이루어질 수도 있었다.

**'남북 기본 합의서' 교환 합의(1991)**
1991년 12월 13일 제5차 남북 고위급 회담 제3차 본회의에서 남측의 정원식 총리(오른쪽)와 북측의 연형묵 총리(왼쪽)는 '남북 사이의 화해와 불가침 및 교류 협력에 관한 합의서'에 공식 서명하였다. 이 합의는 1992년 2월 19일 전격 발효되었다.

**김일성 주석과 문익환 목사**

문익환 목사가 북한의 초청을 받아 정부의 허가 없이 1989년 3월 25일부터 4월 3일까지 북한을 방문하였다. 문익환 목사는 평양에서 김일성 주석과 두 차례의 회담을 갖고 통일 문제 등을 논의하였다. 하지만 귀환 즉시 국가 보안법 위반 혐의로 구속되었다.

## ━ 문익환과 임수경

난 올해 안으로 평양으로 갈 거야 / 기어코 가고야 말 거야 이건

잠꼬대가 아니라고 농담이 아니라고 / 이건 진담이라고 (……)

시작이 반이라는 속담이 있지 않아 / 모란봉에 올라 대동강 흐르는 물에

가슴 적실 생각을 해 보라고 / 거리거리 거닐면서 오가는 사람 손을 잡고

손바닥 온기로 회포를 푸는 거지 / 얼어붙었던 마음을 푸는 거지 (……)

— 문익환, 〈잠꼬대 아닌 잠꼬대〉

1989년 3월 문익환 목사가 평양을 찾았다. 김일성 주석과 만나 회담하였으며, 북한 지도부와도 두루 만나 평화 통일 방안에 대하여 토론하였다. 석 달 뒤에는 임수경이 전국 대학생 대표자 협의회의 대표 자격으로 북한을 방문하였다. 그는 남북의 화해·협력과 통일을 앞당기기 위한 학생의 역할에 대하여 북한의 청년 학생 대표와 논의하였다.

문익환 목사와 임수경은 모두 정부의 허락을 받지 않은 채 북한을 방문하였다. 그 때문에 둘은 물론이고, 관련된 인사들도 가혹한 처벌을 받았다. 그러나 두 사람의 북한 방문은 얼어붙었던 남북 관계를 푸는 데 기여하였으며, 이후 노태우 정부 시절 이루어진 남북 대화에 또 다른 밑거름이 되었다.

## ━ 남과 북, 한반도 평화 번영에 합의하다

남북 정상 회담 이후 남북 간에 교류와 협력이 크게 확대되었다. 남북 장관급 회담과 국방 장관 회담뿐만 아니라 장성급 회담 같은 남북의 군사 당국자 간 회담도 자주 열렸다. 이산가족이 다시 만날 기회가 확대되었으며, 경제를 비롯한 여러 분야에서 민간 차원의 교류도 확대되었다. 2000년 시드니 올림픽, 2004년 아테네 올림픽 등 국제적으로 중요한 체육 행사에서 남북 선수단이 한반도 지도가 그려진 단일기를 들고 함께 입장하였으며, 여러 경기장에서 남북이 공동 응원을 펼쳤다. 2002년 부산 아시안 게임에는 사상 처음으로 북한이 참가하였으며, 수백 명의 북한 응원단이 부산에 머물면서 대회 기간 내내 열띤 응원을 펼쳤다.

국민의 정부 시절 서해 해상에서 두 차례 무력 충돌이 있었는가 하면, 북한 핵 개발과 관련하여 한때 남북 관계가 악화되기도 하였다. 그러나 화해와 협력이라는 큰 흐름은 참여 정부 때까지 꾸준히 이어졌다. 개성에 남한의 자본과 기술, 북한의 노동력이 결합한 공단이 조성되어 운영되었으며, 금강산 관광도 활기를 띠었다. 오랫동안 끊어졌던 남북의 철도와 도로도 연결되었다. 개성 고려궁궐 터 공동 발굴처럼 민족 동질성을 회복하기 위한 협력도 여러 방면으로 추진되었다.

2007년 10월 2일에는 평양에서 두 번째 남북 정상 회담이 열렸다. 회담 마지막 날인 4일에는 노무현 대통령과 김정일 국방 위원장이 '남북 관계 발전과 평화 번영을 위한 선언<sup>10·4 남북 정상 선언</sup>'에 서명하였다. 이 선언에 따라, 남북은 한반도의 대결 국면을 영구히 끝내기 위한 종전 선언과 평화 체제 구축을 위해 노력하고, 경제 협력을 더욱 강화하여 평화 속에서 번영을 추구하는 데 합의하였다. 또한 오랜 역사와 우수한 문화를 빛내기 위하여 역사, 언어, 교육, 과학 기술, 문화 예술, 체육 등 사회·문화 분야에서도 교류와 협력을 확대하는 데 합의하였다.

**개성 공단의 노동자들**
개성 공단은 최초의 남북 합작 공단으로 남북의 화해와 교류·협력, 특히 남북 경제 협력에 중요한 역할을 하였다. 2008년 공단 가동이 한창이던 한 신발 공장의 모습이다.

**나도 역사가**

우리 사회의 민주화가 남북의 화해와 협력을 위한 노력에 미친 영향을 토론해 보자.

◀**남북 선수단의 공동 입장**
2006년 도하 아시안 게임에서 남북 선수단은 한반도 지도가 그려진 단일기를 들고 함께 입장하였다.

◀◀**걸어서 휴전선을 넘는 대통령 부부**
2007년 10월 2일 오전 9시경, 남한의 노무현 대통령은 평양에서 열리는 남북 정상 회담에 참석하기 위하여 걸어서 휴전선을 넘었다.

# 경제 위기를 넘어 다시 일어서다

만날 사람 정리 해고된 노동자, 국가 대표 축구 선수    주요 사건 외환 위기, 2002 한·일 월드컵

'나라를 살립시다. 금을 모읍시다.' 행사에는 코흘리개부터 백발노인까지 10만여 명이 참여하였다. 행사장은 금붙이를 손에 들고 온 수많은 사람으로 장사진을 이루었다.

---

### 도대체 IMF가 뭘까

1997년 11월 21일 경제 부총리가 특별 기자 회견을 가졌다. 대한민국 정부는 국제 통화 기금IMF에 자금 지원을 요청하기로 공식적으로 결정하였다는 것이다. 나랏빚이 총 1,500억 달러가 넘고, 이 가운데 지금 당장이라도 갚아야 할 돈이 많은데, 보유하고 있는 외화는 40억 달러에도 미치지 못한다는 설명이 뒤따랐다.

외환이 부족하여 외국과 거래가 잘 안 될지 모른다는 소식이 심심치 않게 나오던 터였다. 그러나 나라에 돈이 없다는 말이 무슨 뜻인지, 그렇게 해서

**국제 통화 기금(IMF)의 개입**

IMF는 국제 수지를 관리하고, 외환 위기에 빠진 국가를 지원할 목적으로 1945년 창설된 국제 금융 기구이다. 동남아시아에서 시작된 금융 위기의 여파로 지불 불능에 빠진 한국 정부는 IMF에 긴급 지원을 요청하였고, IMF는 가혹한 경제 구조 조정을 요구하였다. 사진은 1997년 12월 3일 임창열 경제 부총리와 캉드쉬 IMF 총재가 긴급 자금 지원 기자 회견을 하는 모습이다.

돈을 갚지 못하면 어떤 일이 일어나는지 처음 당하는 사태에 국민들은 혼란스러웠다.

IMF는 돈을 빌려 주는 대가로 우리에게 무리한 조건을 제시하였다. 대통령 선거 후보들에게, 나중에 당선되면 현 정부가 IMF와 한 약속을 지키겠다는 각서를 쓰라는 무례한 요구를 하였다.

혼란스럽고 모욕적이었으며, 상당히 고통스러운 결과가 예상되었으나 국민들은 거부할 수 없는 일로 알았다. 김영삼 정부는 IMF와 협정을 맺었고, 뒤이어 대통령에 당선된 김대중 후보는 그 약속을 충실히 지켰다.

## ━━ 금 모으기에서 한·일 월드컵으로

달러가 없어 나라가 부도날 지경이란 소식에 국민들은 충격을 받았다. 이때 누군가가 90년 전 국채 보상 운동을 떠올리며 금 모으기 운동을 제안하였다. 금은 달러처럼 쓸 수 있으니, 집집마다 조금씩 가지고 있는 금을 모아 나랏빚을 갚자는 것이었다.

많은 국민이 장롱 속에 간직해 둔 금붙이를 은행으로 가져갔다. 급한 일이 있을 때 비상금으로 쓰기 위해 간직하고 있던 금붙이들이었다. 금 모으기 운동의 뜨거운 열기가 전국을 뒤덮었다. 순식간에 많은 금이 모이면서 적지 않은 외환을 확보할 수 있었다.

김대중은 대통령에 취임하기 전부터 외환 위기 극복에 팔을 걷어붙였다. 대국민 호소를 통해 금 모으기 운동을 독려하는 한편, 노동자와 기업인 대표를 불러 모아 경제 위기를 극복할 수 있는 방안을 짜냈다. 외국인 투자자를 끌어들이고 수출을 늘려 무역 수지를 개선할 수 있는 방안을 찾았다.

그 결과 외환 보유액이 조금씩 늘어났고, 점차 외환 위기의 공포에서 벗어날 수 있었다. 1999년 9월 즈음에는 외환 위기를 극복했다고 선언할 수 있게 되었으며, 2001년에는 마지막으로 남아 있던 IMF 자금을 갚았다. 그때서야 비로소 IMF의 간섭에서도 완전히 벗

**금 모으기 운동(1997)**
외환 위기로 경제 위기가 본격화되자 시민·사회단체에서 '외채 상환 금 모으기 운동'이 제안되었다. 이에 시민들이 자발적으로 금붙이를 기부해 외환 확보에 힘을 보탰다.

**꿈은 이루어진다**
2002년 한·일 월드컵을 성공적으로
개최하였을 뿐만 아니라 4강
진출이라는 좋은 성과를 거둠으로써
국민들의 자부심은 한껏 드높아졌다.
최근에는 이른바 한류 열풍이
아시아를 넘어 유럽, 미국으로까지
확대되어, 한국의 대중문화가
세계인의 주목을 받고 있다.

어났다.

국민들 사이에 어려운 위기를 넘겼다는 안도감이 조금씩 형성되었다. 국민의 단결된 힘으로 위기를 이겨 냈다는 자신감도 커졌다. 때마침 한국의 스포츠 선수들이 국제 무대에서 뛰어난 성적을 올렸다.

2002년에는 한·일 월드컵이 열렸다. 한국인들은 월드컵을 성공적으로 개최한 국민이란 자부심과 함께 월드컵 4강 진출이라는 쾌거를 이루었다. '한국'을 대신하여 '대한민국'이란 이름이 널리 쓰이기 시작하였으며, 대한민국 국민임을 자부심으로 여기는 층이 빠르게 확산되었다.

## ━ 외환 위기를 넘어서며

외환 위기를 넘으면서 경제도 조금씩 되살아났다. 그러나 눈물과 피땀으로 위기를 극복하는 과정에서 예상하지 못한 문제가 많이 생겨났다. 그것은 바로 IMF가 돈을 빌려 주는 대가로 요구한 수많은 조치 때문이었다.

기업 활동은 이전보다 훨씬 자유로워지면서, 외국 자본이 국내 기업이나 부동산을 더 쉽게 사들일 수 있게 되었다. 그뿐 아니라 기업이 노동자의 해고를 더 자유롭게 하는 조치, 노동조합의 힘을 약화시키는 조치도 시행되

었다. 심지어 국가가 경영하는 공기업에 투자할 수 있는 길도 열어 주었다. 게다가 은행 이자율도 크게 올렸다. 이 때문에 외국의 거대 금융 자본이나, 나라 안팎의 대기업과 개인 부자 들은 이 기간 동안 큰돈을 벌어들였다.

그러나 이익을 내면서도 높은 이자를 감당할 수 없어 망하는 중소기업과 자영업자가 줄을 이었다. 대기업, 중소기업 할 것 없이 안정된 직장은 급격히 줄어 수많은 사람이 갑작스럽게 직장을 잃었다. 어렵사리 공부하여 대학을 졸업해도 일자리를 얻지 못하는 청년 실업자가 그 어느 때보다 더 빠르게 늘었다.

이처럼 외환 위기는 극복하였으나, 중산층이 급격히 무너지고 서민 경제가 치명상을 입었다. 이것은 다시 국내 소비를 약화시키고, 성장 잠재력을 갉아먹음으로써 또 다른 문제를 불러왔다. '양극화', '20 대 80의 사회'라는 우울한 진단이 많은 사람의 입에 오르내렸다.

**새로운 경제 위기**

IMF를 극복한 이후에도 낮은 경제 성장률과 높은 실업률을 보이며 한국 경제는 크게 나아지지 않았다. 많은 사람이 정리해고로 직장을 잃었으며, 청년들은 일자리를 구하기가 어려워졌다. 의자에 앉은 채로 잠을 자고 있는 노숙자들의 지친 모습이 IMF 이후 힘겨운 삶을 대변하고 있다.

**나도 역사가**

1997년부터 2002년 사이 우리 집안의 역사를 만들어 보자.

# 통일을 향한 작지만 큰 발걸음

"남측의 오빠도 해냈다."

남측의 아들 이봉주 선수는 하루 전 북측의 딸 함봉실 선수처럼 마라톤에서 우승을 차지하였다. 우연히도 두 선수 모두 일본 선수를 따돌리고 우승하였다.

2002년 부산에서 열린 제14회 아시안 게임 때 있었던 일이다. 온 국민은 두 선수의 연이은 승리에 열광하였다. 그러나 이 대회 최고의 스타는 함봉실도 이봉주도 아니었다.

그들은 바로 북한에서 온 300여 명의 응원단이었다. 당시 보도를 통해 아시안 게임 최고 스타를 만나 보자.

...... 관중을 구름 떼처럼 몰고 다닌 응원단은 매 경기 다채로운 패션으로 무용과 율동, 구호, 노랫가락에다 각종 응원 도구, 그리고 취주 악단의 〈아리랑〉, 〈반갑습니다〉 등 귀에 익은 연주를 선보이며 시선을 사로잡았다. 인기 종목은 말할 나위 없고 비인기 종목의 북측 팀 경기장에도 예상치 못한 많은 관중이 입장하였다.

　…… 또 북측 응원단은 대회 기간 온·오프라인 등
각종 매체를 통해 소개되었다. '남남북녀의 미모'를 놓
고 인터넷 설전도 끊이지 않아 '북녀 신드롬'이란 말까지 나돌
았다.

　…… 경기장을 동분서주하며 열띤 응원전을 펼친 북측 응원단의 활동
은 그동안 부정적으로 인식해 오던 남측 주민들의 대북관을 긍정적으로
변화시키는 데 큰 몫을 담당했다는 것도 부정할 수 없는 대목이다. 반세
기 분단의 역사 속에서 움튼 북측 주민에 대한 경직된 이미지는 남측 주민
들이 가까이서 북측 응원단을 접하게 되면서 조금이나마 바꿀 수 있었다.
경기장에서, 또 공연장에서 직접 보고 만난 북측 선수단과 응원단을 통해
'우리는 역시 하나'임을 확인한 이번 대회는 분명 변화한 세월을 실감케 했
고, 앞으로 달라질 남북 관계에 희망 섞인 기대감을 갖게 했다. 그것은 통
일을 향한 작지만 큰 발걸음이었다.

― 〈연합뉴스〉, 2002년 10월 13일자

The 14th Busan Asian Ga

# 교실 이데아,
# 서태지와 아이들 그리고……

됐어(됐어) 이젠 됐어(됐어)

이제  그런 가르침은 됐어

그걸로 족해(족해) 이젠 족해(족해)

내 사투로 내가 늘어놓을래


매일 아침 일곱 시 삼십 분까지

우릴 조그만 교실로 몰아넣고

전국 구백만의 아이들의 머릿속에

모두 똑같은 것만 집어넣고 있어

막힌 꽉 막힌 사방이 막힌

널 그리고 덥석 모두를 먹어 삼킨

이 시꺼먼 교실에서만

내 젊음을 보내기는 너무 아까워

**서태지와 아이들Seo Taiji & Boys**

1992년 4월에 1집 《서태지와 아이들》을 발표하면서 혜성처럼 등장하였다.
청소년들의 폭발적 인기에 힘입어 한 해 동안 가요계의 거의 모든 상을
휩쓸었다. 이듬해 힙합과 국악을 접목한 〈하여가〉가 담긴 2집을, 1994년에는
록의 비중을 좀 더 높인 3집을 발표하였다. 3집에는 〈발해를 꿈꾸며〉, 〈교실
이데아〉 등이 실렸는데, 3집에서는 통일, 교육 현실, 마약 문제 등의 사회 문제가
대거 등장하였다. 1995년 발매된 4집에도 이 같은 흐름이 이어져, 가출 학생
이야기를 다룬 〈컴백홈〉, 사회의 부조리를 비판한 〈시대유감〉 등이 실렸다.
1996년 1월 리더였던 서태지는 그룹을 해체하고, 미국으로 떠났다.

청소년들은 열광하였다.

'서태지와 아이들'이 보여 주는 새로운 리듬
과 현란한 몸놀림에 열광하였고, 누구에게도
말할 수 없는, 가슴 아픈 내면의 이야기를 끌어
내 주는 노랫말에 공감하였다.

서태지와 아이들은 거의 10대의 대통령이라
할 만하였다. 수많은 청소년이 그들의 음악에
열광해 음반을 구매하였으며, 그들의 노래와
춤을 보기 위해 공연장을 찾았다. 그리고 비슷
한 생각을 하고 비슷한 행동을 하는 아이들이
팬클럽을 만들었다.

서태지와 아이들이 활동한 기간은 4년이 채
안 된다. 그러나 이들의 출현은 청소년들의 팬
덤(fandom) 문화가 만들어진 결정적 계기였다.
아이들은 자신들이 공감할 수 있는 문화를 선
택하였고, 자신들의 선택을 당당히 드러내 보
였다.

정치적 민주화가 진전되고 있었지만, 청소년
들은 여전히 입시 경쟁 속에서 힘겹게 하루하
루를 보내고 있을 때, 팬덤은 청소년들이 숨 쉴
수 있는 공간이자 함께 어울리면서 자신만의
무언가를 찾아가는 공간이었다.

국민학교에서 중학교로 들어가며

고등학교를 지나

우릴 포장 센터로 넘겨

겉보기 좋은 널 만들기 위해

우릴 대학이란 포장지로 멋지게 싸 버리지

이젠 생각해 봐 대학!

본 얼굴은 가린 채 근엄한 척

할 시대가 지나 버린 건

좀 더 솔직해 봐 넌 알 수 있어


좀 더 비싼 너로 만들어 주겠어

네 옆에 앉아 있는 그 애보다 더

하나씩 머리를 밟고 올라서도록 해

좀 더 잘난 네가 될 수가 있어


왜 바꾸진 않고 마음을 조이며 젊은 날을 헤맬까

바꾸지 않고 남이 바꾸길 바라고만 있을까

— 노래 〈교실 이데아〉 중에서

# 새로운
## 미래
# 만들기

## 진보와 보수,
## 민주 공화국의 의미를 묻다

**이명박 대통령 취임(2008)**
'7·4·7 공약'을 비롯한 경제 살리기 공약을 내세워 대통령에 당선되었다. '연평균 7% 경제 성장, 1인당 소득 4만 불, 세계 7대 경제 강국'을 이루겠다는 뜻이었다.

**제18대 국회의원 선거 결과(2008)**
이명박 대통령 취임 직후 치러진 국회의원 선거에서, 민주·진보 진영 후보는 전체 의석의 3분의 1도 채 획득하지 못했고, 보수 진영은 과반수를 훌쩍 넘겼다.

### ━  진보와 보수

참여 정부가 출범하면서 국민 참여의 폭이 크게 넓어졌다. 대통령 자신부터 권위주의를 벗어던지고 국가의 정책 결정에 시민 사회의 의견을 폭넓게 반영하였다. 인터넷 언론을 비롯해 언론 매체가 다양해지고 사이버 공간이 비약적으로 확장되면서 여론 형성이 다양한 방식으로 이루어졌다.

참여 정부를 비판하는 보수 진영 역시 달라진 환경을 적극적으로 활용하면서 하나의 진영으로 결집하였다.

2004년에는 대통령의 발언을 문제 삼아 국회가 대통령 탄핵 소추안을 통과시킴에 따라 대통령의 직무가 정지되었다. 이에 많은 국민이 탄핵 반대 촛불 시위를 벌였고, 선거를 통해 탄핵 추진 세력을 심판하기도 했다.

민주·진보 진영은 권위주의 정치를 청산하고, 재벌 위주·성장 일변도의 경제 정책에 대한 개혁을 모색하였다. 그리고 남북의 화해·협력을 일관되게 추진하였으며, 친일 문제 등 과거 청산에도 힘을 기울였다.

한편, 보수 진영의 조직화는 참여 정부 들어 더욱 뚜렷해졌다. 재벌이나 보수 언론, 예비역 군인 단체 등이 보수의 정체성을 분명히 드러냈고, 참여 정부를 친북 좌파 정권이라 주장하는 시민 단체들도 등장하였다. 이들은 2007년 대통령 선거와 2008년 국회의원 선거에 적극적으로 참여하였다.

**전직 대통령의 죽음(2009)**
2009년 5월 23일 노무현 전 대통령의 갑작스런 죽음에 이어
8월 18일에는 김대중 전 대통령이 세상을 떠났다. 전직 두
대통령의 죽음으로 전국에 애도의 물결이 일었다.

**6·2 지방 선거(2010)**
제5회 6·2 지방 선거는 민선 지방 선거가 실시된 지 15년 만에 54.4%라는 최고
투표율을 기록하였다. 특히 젊은 세대의 참여율이 증가하였으며, 민주·진보 진영에
대한 지지율이 높았다.

## ▬ 또 한 번의 정권 교체

2007년 12월 대통령 선거에서 한나라당 이명박 후보가 대통령에 당선되었
다. 평사원에서 출발하여 대기업 경영인 자리에까지 올랐던 이명박 후보에
게 많은 국민이 기대를 건 결과였다. 이어 2008년 4월에 치러진 국회의원
선거에서도 대통령의 소속 정당인 한나라당을 비롯한 보수 정당이 국회 의
석의 3분의 2 이상을 차지하는 대승을 거두었다.

이명박 정부는 'business friendly'라는 말까지 써 가며 적극적인 친기업 정
책을 폈다. 법인세율을 낮추고 기업 활동에 대한 여러 규제를 완화하여 기
업의 자유를 확대하면서도, 노동 운동에 대해서는 강경하게 탄압하였다.
부자들의 씀씀이가 늘어야 소비와 생산이 늘어난다면서 부동산 관련 세금
도 낮추었다. 이뿐 아니라 새로운 일자리를 만들고 지역 경제를 살릴 수 있
다면서 4대강 사업을 추진하였다.

그러나 국민의 평가는 냉엄하였다. 2008년에는 미국산 쇠고기 수입 문제
에서 촉발된 촛불 시위가 정부의 친기업 정책과 4대강 사업 등에 반대하는
대규모 반정부 시위로 확산되었고, 2009년에는 세상을 떠난 노무현 전 대
통령을 추모하는 열기가 전국을 뒤흔들었다. 그 열기가 이어지면서 2010년
에 치러진 지방 선거에서 여당은 크게 패하였다.

**박근혜 대통령 취임(2013)**
박정희의 딸로 정치권에 입문한 뒤, 한나라당 대표를
지냈다. 2007년 당내 경선에서 이명박 후보에게
패하였으나, 2012년 선거에서는 새누리당 대통령 후보로
출마하여 문재인 후보를 이기고 대통령에 당선되었다.

**세월호 사건(2014)**
정부의 구조 작업은 거의 이루어지지 못한 채, 유가족들과 온 국민이
안타까운 생명들이 수장되는 장면을 TV 생중계로 지켜봐야 했다.

## ━ 아, 세월호! 국가에 대한 신뢰가 침몰하다

2012년에는 두 차례의 중요한 선거가 치러졌다. 봄에는 국회의원을, 겨울에는 대통령을 선출하였다.

팽팽한 긴장 속에 치러진 선거는 새누리당으로 이름을 바꾼 보수 정당과 박근혜 후보의 승리로 끝났다. 2013년 2월 취임한 박근혜 대통령은 '국민 행복과 국가 발전이 선순환하는 희망의 새 시대'라는 국정 비전을 제시하고, '경제 부흥, 국민 행복, 문화 융성, 평화 통일 기반 구축'을 4대 국정 기조로 내세웠다.

2014년 4월 16일에는 인천에서 제주도로 향하던 여객선 세월호가 진도 부근에서 침몰하는 사고가 발생하였다. 이 사고로 탑승객 476명 가운데 수학여행을 가던 고등학생을 포함한 304명이 목숨을 잃었다. 구조와 이후 과정에서 드러난 정부의 무책임하고 무능한 대처에 국민들이 분노하였다. 사고의 원인과 구조하지 못한 책임을 밝히려는 활동도 거듭해서 벽에 가로막혔다.

이듬해에는 중동 호흡기 증후군(MERS, 메르스)이란 전염병이 국내에 유입되었다. 정부의 미흡한 대처로 감염자 수가 빠르게 늘면서 감염 공포가 전국에 확산되었고, 수천 명이 격리 조치되는 가운데 사망자만 38명에 이르렀다.

**역사 교과서 국정화 반대 시위(2015)**
박근혜 정부가 검정 교과서를 모두 없애고 국가가 만든 단일한 역사 교과서를 강요하자, 역사 교사와 학자, 중·고등 학생과 학부모 등, 범국민적으로 반대 운동이 일어났다.

**노동법 개악 저지 시위(2015)**
박근혜 정부는 비정규직 사용 기간을 연장하고 해고 요건을 완화하는 정책을 추진하였는데, 민주노총을 중심으로 한 노동자들은 이를 반대하는 운동을 벌였다.

## ▬ 시민들, 민주 공화국의 의미를 묻다

이명박, 박근혜로 이어진 보수 정부 9년 동안 정부는 기업 친화적인 정책을 일관되게 추진하였다. 정책의 수혜자는 대부분 대기업이었고, 소상공인과 자영업자, 비정규직 노동자 들의 삶은 개선될 기미를 보이지 않았다.

민주주의의 후퇴도 심각하였다. 두 정권 모두 국민 통합을 거듭 강조하였지만, 통합진보당 해산, 교사와 공무원 노조 부정, 역사 교과서 강제 수정과 국정화 추진 등 정권과 생각이 다른 이를 배제하고 억압하는 일이 잦았다.

남북의 화해·협력과 한반도 평화 체제 구축을 향한 노력도 뒷걸음질쳤다. 2008년 남측 관광객이 북한군이 쏜 총에 피살된 사건을 계기로 금강산 관광이 중단되었으며, 2010년에는 천안함 침몰 사건과 북한군의 연평도 포격 사건으로 인해 남북 교류가 거의 단절되었다. 그사이 북한은 핵과 미사일 개발에 박차를 가하였고, 남한은 2016년 남북 협력의 마지막 보루였던 개성 공단마저 폐쇄하였다. 전쟁 위기가 고조되었으나 남북 정상 회담은 한 번도 열리지 않았다.

2015년 11월에는 '쉬운 해고와 평생 비정규직 확대를 골자로 하는 노동법 개악 중지, 역사 교과서 국정화 중단, 세월호 진상 규명' 등을 요구하는 민중 총궐기 집회가 열렸다. 안전과 민생, 민주주의와 평화가 후퇴하는 데 대한 국민적 항의가 결집한 이 집회에는 13만여 명의 시민이 참여하였다.

# 촛불 항쟁, 다시 민주주의와
# 평화를 향한 길을 내다

**대통령 탄핵 촛불 집회(2016~2017)**
전국에서 대통령 탄핵을 요구하는 촛불 집회가 열렸다.
시민의 분노는 뜨거웠지만 시위 방법은 평화로웠다.
남녀노소를 불문하고 수많은 시민이 참여하였다.

**대통령 탄핵 심판정**
2017년 3월 10일, 헌법 재판소는 재판관 8명의 만장일치로 박근혜
대통령을 파면하였다. 사진의 가운데가 판결문을 읽는 이정미
재판관이다.

## 촛불, 민주주의를 지키다

2016년 10월부터 이듬해 3월까지, 주말마다 전국에서 수십, 수백만 명이 약속한 장소에 모여들어 촛불을 밝혔다. 이들은 2014년 세월호 사건 당시 박근혜 정부의 무능과 무책임을 목도한 데 이어 생활 조건이 악화되고 민주주의와 평화가 후퇴하는 데 대해 안타까움과 분노를 느낀 시민이었다. 2016년 가을 최순실이라는 대통령의 한 지인이 나랏일에 개입하고 대통령과 기업의 사적인 이익을 위해 영합한 비리가 밝혀지면서 시민들이 거리로 쏟아져 나온 것이다.

시민들은 "이게 나라냐"라고 적힌 손팻말을 들고 거리로 나섰다. 그리고 박근혜 정부의 국정 농단에 항의하며 대통령의 퇴진과 개혁을 주장하였다. 사상 유례없는 대규모 시위가 몇 달 동안 이어지자, 국회가 대통령의 탄핵 소추를 발의·의결하였고, 2017년 3월 10일에는 헌법 재판소가 마침내 박근혜 대통령의 파면을 결정하였다. 시민 한 사람 한 사람의 힘이 모여 권력자들을 자리에서 끌어내리고 개혁의 길을 연 것이다.

## 문재인 정부의 등장

2017년 5월 9일 대통령 선거가 실시되었다. 다섯 명의 유력 후보가 경쟁한 선거에서 "나라를 나라답게!"라는 구호 아래 적폐 청산을 기치로 내건 문재

**대선 후보 토론회**
대통령 파면으로 7개월을 앞당겨 치러진 대통령 선거에서는 문재인,
홍준표, 안철수, 유승민, 심상정 후보 등이 출마해서 치열하게
경쟁하였다. KBS 대선 후보 초청 토론회에 참석한 후보들의 모습이다.

**문재인 대통령 취임(2017)**
부산에서 활동한 인권 변호사 출신으로 참여 정부의 비서실장을
지냈고, 2012년 대통령 선거에서 민주당 후보로 출마했었다. 이른
대통령 선거로 5월에 제19대 대통령에 취임하였다.

인 후보가 당선되었다.

> 지난 몇 달 우리는 유례없는 정치적 격변기를 겪었습니다. 정치는 혼란스러웠
> 지만 국민은 위대했습니다. 현직 대통령의 탄핵과 구속 앞에서도 국민들이 대
> 한민국의 앞길을 열어주셨습니다. …… 오늘부터 나라를 나라답게 만드는 대통
> 령이 되겠습니다.
>
> ─ '문재인 대통령 취임사' 중에서

　문재인 정부는 구시대의 잘못된 관행과 과감히 결별하겠다면서 '적폐 청
산'을 중요 과제로 삼았다. 검찰은 과거의 권력형 비리를 조사하여 전직 대
통령을 비롯한 비리 관련자를 처벌하였고, 이전 정부의 역사 교과서 국정
화와 같은 잘못된 행정을 바로잡기 위한 진상 조사를 벌였다.
　문재인 정부는 소득주도 성장과 공정 경제를 중요한 가치로 내세웠다.
소득 증가가 소비와 투자를 증대시킴으로써 경제 성장으로 이어질 것이라
는 판단 아래, 노동자의 권리를 신장하고 소득을 늘리는 정책을 추진하였
다. 또한 정치 권력과 기업의 부적절한 밀착이나 대기업의 중소기업 지배
를 막아 정경유착에 따른 부패를 근절하고 대기업과 중소기업이 동반 성장
하는 경제 환경을 만들기 위해 노력하였다.

**평창올림픽 공동 입장(2018)**
평창에서 열린 동계 올림픽에 북한이 참가하면서, 남북 선수단 공동 입장과 일부 종목의 단일팀 구성, 공동 응원 등이 이루어졌다. 이는 남북 화해의 큰 전환점이 되었다.

**군사 분계선을 넘는 남북 정상(2018)**
제2차 정상 회담 이후 11년 만인 2018년 4월 27일 판문점에서 제3차 정상 회담이 열렸다. 남북 두 정상이 분단의 상징인 군사 분계선을 함께 넘고 있다.

### ━━ 판문점에서 손잡은 남북 정상

박근혜 정부 마지막 해에는 남북 관계도 최악으로 치달았다. 급기야 북한이 핵 실험과 미사일 발사 실험을 거듭한 2017년에는 나라 안팎에서 전쟁을 우려하는 목소리가 컸다.

문재인 정부는 남북 관계 개선과 북핵 문제의 평화적 해결, 한반도 평화 체제 구축을 우선 과제로 삼고 북측과의 대화를 꾸준히 모색하였다. 2018년 봄 이후 북한도 이에 화답하였다. 북한이 핵 개발을 일단락하였다고 판단하고, 경제 성장과 평화 체제 수립에 주력하기로 방향을 돌린 결과였다.

2018년 4월 27일, 마침내 남측의 문재인 대통령과 북측의 김정은 국무 위원장이 판문점에서 손을 맞잡았다. 남북 관계가 다시 화해와 협력의 길로 들어섰음을 보여 주는 역사적인 순간이었다. 이날 남북 정상 회담에서 두 정상은 '한반도의 평화와 번영, 통일을 위한 판문점 선언'을 발표하였다. 두 정상은 한반도에 더 이상 전쟁은 없을 것이며 새로운 평화의 시대가 열렸음을 선언하고, 여러 분야에서 적극적인 교류와 협력을 추진하기로 하였다.

남북 정상 회담은 한반도 비핵화 논의의 물꼬를 텄으며 역사상 최초로 북·미 정상 회담으로 이어졌다. 수십 년간 적대 관계였던 북한과 미국 두 나라 정상의 만남은 한반도 비핵화와 동북아시아의 냉전 질서 해소를 위한 첫걸음이 되었다.

**북·미 정상 회담(2018)**
2018년 6월에 김정은 북한 국무 위원장과 도널드 트럼프 미국
대통령이 싱가포르에서 역사적인 첫 북·미 정상 회담을 가졌다.

**우리 사회를 바꾸는 미투 운동**
2018년에 미투 운동이 활발하였다. 우리 사회 곳곳에 성폭력이
만연한 사실이 드러나면서, 많은 시민이 충격에 빠졌다. 이런 일이
다시 일어나지 않도록 구체적인 방안을 요구하는 목소리도 커졌다.

## ━ 생활 세계를 밝히는 촛불

촛불 항쟁은 수많은 개인과 단체의 자발적인 참여로 이루어졌다. 그 속에
서 각자는 주권자를 자임하였고, 자신이 자기 삶의 주인이자 대한민국의
주권을 가진 국민임을 몸으로 체험할 수 있었다.

촛불 항쟁 이후 시민의 참여가 다양한 형태로 활발해졌다. 시민들은 지
난 정부의 잘못을 바로잡는 적폐 청산을 적극적으로 주창하였다. 노동자들
은 인내를 강요받았던 고용주의 잘못이나 직장 문화의 개선을 위해 적극적
으로 나섰다. 중소기업이나 자영업자들은 갑을 관계로 표현되는 대기업의
횡포를 고발하고 개선을 요구하였다. 소수자 문제, 난민 문제를 둘러싼 논
란도 있었지만, 인권을 증진하고 차별을 폐지하려는 각계각층의 노력도 활
발해졌다.

2018년에는 미투 운동이 활발하게 진행되었다. 오랫동안 침묵을 강요당
했던 성폭력 피해자들이 자신들의 성폭력 피해 사실을 고발하였고, 시민들
은 그들의 아픔에 공감하면서 응원과 지지를 보냈다. 미투 운동은 여러 계
층과 집단으로 확산되었으며, 우리 사회에 만연한 성폭력과 성차별 문제를
비판적으로 성찰하는 계기가 되었다.

# 민주 공화국 100년,
# 더 나은 100년을 꿈꾸며

**3·1 운동 및 대한민국 임시 정부 수립 100주년 기념사업회 출범**
대통령 직속 '3·1 운동 및 대한민국 임시 정부 수립 100주년
기념사업 추진 위원회'가 2018년 7월에 출범식을 가졌다.
이날 행사에서 독립운동과 민주 공화제야말로 대한민국의 핵심적
국가 정체성이라는 점을 확인하였다.

**민주 공화국 100년을 상징하는 엠블럼**
3·1 운동 및 대한민국 임시 정부 수립 100주년 기념사업임을
연상하기 쉽도록 숫자 100을 형상화하였다. 특히 숫자 '1' 위의 불꽃은
대한민국의 미래 희망을 상징한다.

## ━━ 3·1 운동 100년, 민주 공화국 100년

2019년은 3·1 운동과 대한민국 임시 정부 수립 100주년이 되는 해이다. 시민 사회와 정부는 이 역사적 사건을 특별히 기억하기 위한 행사를 다양하게 준비해 왔다.

1919년 3월 일본 제국주의자의 강권 통치에 맞서 수많은 시민이 독립과 자주를 부르짖으며 싸웠다. 이는 주권자로서 스스로를 자각하는 과정이었기에 "대한민국은 민주 공화제로 함"을 당연히 여기는 대한민국의 탄생으로 이어졌다.

1919년 4월 11일 〈대한민국 임시 헌장〉이 제정되었다. '임시'라고는 하나 최초의 헌법이라 불러도 좋을 이 헌장의 제3조에는 "대한민국의 인민은 남녀, 귀천 및 빈부의 계급이 없고 일체 평등"하다고 밝히고 있다. 헌장을 기초했던 조소앙은 제3조의 정신을 삼균주의로 구체화하였고, 그 정신은 오늘날 헌법에도 국민 생활의 균등한 향상을 도모한다는 형태로 살아 있다. 민주 공화국은 모름지기 그래야 한다는 것이다.

촛불 항쟁에서 "이게 나라냐!"라고 외쳤던 이들이 꿈꾸었던 나라, 모두가 나라의 주인이며 누구도 차별받지 않는 나라를 만들려던 꿈이 100년을 거슬러 올라가 임시 헌장에 접속된다. 민주 공화국 100주년이 특별하게 기억되는 이유일 것이다.

**세계 최강 한국의 디스플레이 기술**
한국은 정보 기술(IT) 분야를 비롯하여 디스플레이 기술 등에서도
세계 최강을 자랑한다. 사진은 세계 최대 가전·IT 박람회에서 선보인
자유자재로 휘어지는 '올레드 협곡'의 모습이다.

**방탄소년단 유엔 연설**
그룹 방탄소년단이 한국 가수로는 처음으로 유엔에서 연설하였다.
리더인 RM은 전 세계 젊은 세대를 향해 "자신의 목소리에 귀
기울이고 나를 사랑하라"라는 메세지를 전하였다.

## 2019년, 오늘의 대한민국

100년 전 대한민국 임시 정부는 자주와 독립을 의미하였고, 민주와 공화는
독립된 국가가 지향해야 할 가치였다. 그 가치를 뚜렷이 세울 수 있었기에,
많은 이가 자신을 희생하면서까지 독립을 위해 싸울 수 있었으며, 그 터전
위에서 독립된 국가의 모습을 상상할 수 있었다.

100년이 지난 2019년, 그동안 우리가 이룬 성취는 놀랄 만하다. 무엇보다
민주주의야말로 절대로 되돌릴 수 없는 우리 모두의 가치란 점을 온몸으로
체득한 것이 가장 소중한 결실일 것이다.

경제적 성취도 놀라웠다. 2018년을 기준으로 세계 속의 대한민국의 위치
를 보면 분명해진다. 국토 면적이 세계 109위, 인구 규모는 27위이지만, 국
내 총생산은 세계 12위, 교역 규모와 외환 보유고는 세계 9위의 경제 대국
이다. 정보 통신 기술 산업과 제조업 분야에서 거둔 눈부신 결과이다.

많은 한국인이 세계와 소통하면서 국제 사회에서 한국이 져야 할 책임과
역할을 감당하는 것도 달라진 모습이다. 외국의 다양한 문화를 수용하는
것은 물론이고, 한국적인 문화가 세계적인 흐름이 되는 경우도 적지 않다.

**양성평등 사회를 향한 여성 운동**
2005년 헌법 재판소가 호주제를 양성평등을 규정한 헌법에
위배된다고 판결함으로써 국회가 이를 바탕으로 민법을
개정하였다.

**학생 인권 조례**
교육의 3주체 가운데 하나인 학생의 기본 권리와 인권을 보장하고,
민주 시민으로서의 역량을 키우고자 2010년 경기도와 광주 광역시,
뒤를 이어 2012년 서울에서도 학생 인권 조례가 공포되었다.

### 함께 여는 평화 세상

지난 100년 동안 이룬 성취에도 불구하고, 우리가 아직 가야 할 길은 멀다. 오랜 식민의 잔재를 청산해야 하며 분단과 전쟁이 남긴 상처를 치유하면서 한반도, 나아가 동아시아에 평화를 구축해야 할 과제를 안고 있다.

특히 분단은 민족 구성원 모두가 자유롭고 창의적인 삶을 살아갈 기회를 제한하였다. 전쟁이 다시 일어날 수 있다는 가능성은 평화로운 삶을 위협하고, 전쟁 준비에 많은 시간과 노력을 쏟도록 만들었다. 이로 인해 복지에 대한 지출이 억제되었을 뿐 아니라, 민주주의의 발전에도 걸림돌이 되었다. 따라서 남북의 화해·협력과 한반도 평화 체제 구축을 통해서만 우리 모두의 번영이 가능하다.

평화는 더 많은 곳에서 절실히 필요하다. 평화는 전쟁이 없는 상태 그 이상이다. 우리 사회는 개인과 개인, 집단과 집단 사이에 갈등이 격렬한 편이고, 자신과 다른 이를 극단적 혐오 대상으로 삼는 일도 종종 있다.

가장 큰 문제는 빈부 격차이다. 우리 사회에서 빈부 격차 문제는 사회 통합과 안정을 위협할 정도이다. 갈수록 벌어지고 있는 남북의 경제력 격차 또한 통일 이후를 감안하면 심각한 문제이다.

민주주의는 모든 인간이 존엄하며, 인간은 어떤 경우에도 훼손될 수 없는 자유와 권리를 가졌다는 이념에서 출발하였다. 그것은 우리 사회의 갈등을 넘어 남북의 화해와 협력, 평화를 이루려는 노력과 통한다.

**환경과 생명을 지키는 환경 운동**
환경 운동 단체는 환경 문제를 사회적인 문제로 제기하고, 이를 사회적으로 해결하기 위한 적극적인 활동을 벌여 나가고 있다.

**민주 시민이 주체가 된 시민 운동**
민주주의 발전의 토대라 할 수 있는 시민 운동 단체는 특정 정치 권력의 독선을 견제하고, 다양한 세력 집단 간의 이해 충돌을 조절하며 대안을 제시하고 있다.

## 새로운 100년, 시민이 주체가 된 사회

"대한민국은 민주 공화국이다." "모든 권력은 국민으로부터 나"오며, 대한민국은 "조국의 민주 개혁과 평화적 통일"을 지향한다. 6월 민주 항쟁을 통해 만든 현행 헌법에 나오는 내용이다.

따라서 보다 인간다운 삶은 어떤 것일까? 성장과 분배의 조화를 어떻게 가져가야 할까? 북한과 어떤 관계를 맺고 어떻게 통일을 이룰 것인가? 치열한 국제 경쟁 속에서 대한민국의 전략은 어떠해야 할까? 이 같은 중대한 문제들은 국민이 함께 결정해야 한다.

한때 독재자들은 국가와 민족을 앞세워 모든 국민이 한목소리를 내야 한다면서 시민의 참여를 배제하였다. 그러나 다양성과 다름이 존중받는 오늘날에는 국가의 주인이 국민임을 누구도 부정하지 않는다. 생각을 달리하는 국민이 있다는 점을 당연하게 받아들이고, 민주적인 방식으로 의사를 결정한다.

민주 공화국에서는 시민이 곧 국가이다. 한 사람의 시민으로서 늘 자신의 주변과 사회를 돌아보고 사회에 참여하려는 노력이 필요하다. 뜻을 같이하는 이들끼리 시민 단체를 만들어 활동하는 것도 그러한 노력의 일환이다.

새로운 미래는 깨어 있는 시민의 참여로 완성된다. 지난 역사를 돌아보고, 어떤 미래를 만들어 갈지 함께 토론하며 그 길에 참여할 때 미래는 더 나은 모습으로 우리 앞에 다가올 것이다.

# 부록

## 한국사 연표

**B.C.**

| 약 70만 년 전 | 구석기 문화 시작(공주 석장리 유적) |
| 약 50만 년 전 | 검은모루 동굴 유적 형성 |
| 8000년경 | 신석기 문화 시작(부산 동삼동 유적) |
| 5000년경 | 서울 암사동 유적 형성 |
| 2333 | 단군왕검, 고조선 건국(《삼국유사》) |
| 1500년경 | 청동기 문화 시작 |
| 400년경 | 철기 문화 시작 |
| 194 | 위만, 준왕을 몰아내고 고조선 왕이 됨 |
| | 준왕은 남쪽으로 내려와 한(韓)의 왕이 됨 |
| 108 | 한나라 침략으로 고조선 멸망·한 군현 설치 |
| 82 | 한나라가 설치한 임둔·진번군 몰아냄 |
| 69 | 신라에서 박혁거세 탄생 |
| 59 | 해모수, 북부여 건국 |
| 58 | 동부여에서 주몽 탄생 |
| 57 | 신라 건국 |
| 37 | 고구려 건국 |
| 18 | 백제 건국 |

**A.D.**

| 194 | 고구려, 진대법 실시 |
| 313 | 고구려, 낙랑군 몰아냄 |
| 371 | 백제, 고구려 평양성 공격 |
| 372 | 고구려, 불교 전래 및 태학 설치 |
| 384 | 백제, 불교 전래 |
| 427 | 고구려, 평양 천도 |
| 433 | 나·제 동맹 성립 |
| 475 | 고구려, 백제 한성 점령. 백제, 웅진 천도 |
| 527 | 신라, 불교 공인 |
| 538 | 백제, 사비성 천도 |
| 552 | 백제, 일본에 불교 전파 |
| 553 | 신라, 한강 유역 점령 |
| 562 | 신라, 가야 정복 |
| 612 | 고구려, 살수에서 수군을 크게 물리침(살수 대첩) |
| 624 | 고구려, 도교 받아들임 |
| 645 | 고구려, 안시성에서 당군을 물리침 |
| 648 | 나·당 동맹 성립 |

## 세계사 연표

**B.C.**

| 4만~5만 년 전 | 현생 인류 출현 |
| 1만 년 전 | 농경과 목축 시작 |
| 3000년경 | 메소포타미아 문명과 이집트 문명 성립 |
| 2500년경 | 황허 문명·인더스 문명 성립 |
| 1240년경 | 아시리아, 바빌로니아 정복 |
| 1100년경 | 은 멸망, 주의 황허 유역 지배 |
| 1020년경 | 헤브라이 왕국 성립 |
| 1000년경 | 인도, 아리아인이 갠지스 강 유역으로 이주 시작 |
| 800년경 | 인도, 브라만교와 카스트 제도 성립 |
| 671년경 | 아시리아, 오리엔트 통일 |
| 6세기경 | 인도, 불교 성립 |
| 525 | 아케메네스 왕조 페르시아, 오리엔트 통일 |
| 492년경 | 그리스 – 페르시아 전쟁(~479) |
| 431 | 펠로폰네소스 전쟁(~404) |
| 403 | 중국, 전국 시대 돌입 |
| 330 | 아케메네스 왕조 페르시아 멸망 |
| 264 | 로마, 카르타고와 포에니 전쟁(~146) |
| 221 | 진(秦), 중국 통일, 만리장성 축조 |
| 202 | 중국, 한 건국 |
| 27 | 로마, 제정 수립 |

**A.D.**

| 30년경 | 헤브라이에서 크리스트교 성립 |
| 40 | 안남의 쯩 자매가 중국 한나라에 항거 |
| 184 | 한, 황건적의 난(~204년경) |
| 200년경 | 베트남 남부에 참파 왕조 성립 |
| 220 | 한 멸망, 삼국 시대 시작 |
| 227년경 | 사산 왕조 페르시아 성립 |
| 260 | 에데사 전투 |
| 280 | 진(晉), 중국 통일 |
| 313 | 로마 제국, 크리스트교 공인(밀라노 칙령) |
| 316 | 중국, 5호 16국 시대 시작 |
| 320년경 | 인도, 굽타 왕조 건국 |
| 375 | 게르만족, 로마 제국으로 이동 시작 |
| 395 | 로마 제국, 동서로 분열 |
| 439 | 선비족의 북위, 화북 통일, 중국의 남북조 성립 |
| 476 | 서로마 제국 멸망 |
| 481년경 | 프랑크족의 클로비스, 프랑크 왕국 건설 |
| 589 | 수, 중국 통일 |

| | |
|---|---|
| 660 | 백제 멸망 |
| 668 | 고구려 멸망 |
| 676 | 신라, 삼국 통일 |
| 685 | 신라, 9주 5소경 설치 |
| 698 | 발해 건국 |
| 722 | 신라, 정전 지급 |
| 732 | 발해, 당의 덩저우 공격 |
| 751 | 신라, 불국사와 석굴암 건립 시작 |
| 756 | 발해, 상경 천도 |
| 780 | 신라, 혜공왕 피살 |
| 828 | 신라, 장보고가 청해진 설치 |
| 900 | 견훤, 후백제 건국 |
| 901 | 궁예, 후고구려 건국 |
| 918 | 왕건, 고려 건국 |
| 926 | 발해 멸망 |
| 927 | 견훤, 신라 경애왕 공격·공산에서 왕건에게 승리 |
| 930 | 왕건, 고창에서 견훤에게 대역전 |
| 935 | 신라 경순왕, 고려에 항복 |
| 936 | 후백제 멸망, 고려 후삼국 통일 |
| 956 | 광종, 노비안검법 실시 |
| 958 | 광종, 과거 제도 실시 |
| 982 | 최승로, 시무 28조 올림 |
| 993 | 거란(요) 1차 침입, 서희의 담판으로 해결 |
| 1010 | 거란 2차 침입 |
| 1018 | 거란 3차 침입 |
| 1019 | 강감찬, 귀주에서 거란을 물리침(귀주 대첩) |
| 1107 | 윤관, 여진을 정벌하고 9성 건설 |
| 1126 | 이자겸의 난 |
| 1135 | 묘청, 서경 천도 운동 |
| 1145 | 김부식, 《삼국사기》 편찬 |
| 1170 | 무신의 난 |
| 1176 | 망이·망소이의 난 |
| 1193 | 김사미와 효심 봉기 |
| 1196 | 최충헌, 정권 장악 |
| 1198 | 만적의 난 |
| 1231 | 몽골 1차 침입 |
| 1232 | 강화도 천도, 몽골 2차 침입 |
| | 고려, 처인성에서 몽골 사령관 사살 |
| 1234 | 세계 최초 금속 활자로 《상정고금예문》 인쇄 |
| 1236 | 필만대장경 새김( ~1251) |
| 1238 | 몽골군, 황룡사 9층탑 불태움 |
| 1258 | 최씨 정권 무너짐 |

| | |
|---|---|
| 610 | 아라비아, 무함마드가 이슬람교 창시 |
| 618 | 중국, 당 건국 |
| 642 | 사산 왕조 페르시아, 이슬람에 멸망 |
| 645 | 일본, 다이카 개신 |
| 710 | 일본, 나라로 수도 옮김, 나라 시대 돌입( ~784) |
| 711 | 우마이야 왕조, 이베리아 반도 정복 |
| 732 | 프랑크 왕국, 투르·푸아티에 전투에서 이슬람군에 승리 |
| 750 | 아바스 왕조 성립 |
| 751 | 당, 탈라스 전투에서 이슬람군에 패배 |
| 755 | 당, 안사의 난( ~763) |
| 756 | 이베리아 반도에 후우마이야 왕조 성립 |
| 794 | 일본, 헤이안 시대 돌입 |
| 800 | 프랑크 왕국의 카롤루스 대제, 서로마 황제 대관 |
| 875 | 당, 황소의 난(~884) |
| 890년경 | 캄보디아의 앙코르 왕조 성립 |
| 907 | 당 멸망, 5대 10국 시작 |
| 916 | 거란 건국 |
| 936 | 거란, 중국의 연운 16주 점령 |
| 960 | 중국, 송 건국 |
| 977 | 아프가니스탄에 가즈나 왕조 성립 |
| 987 | 러시아, 그리스정교로 개종 |
| 1037 | 셀주크 튀르크 건국 |
| 1038 | 서하(대하) 건국 |
| 1054 | 크리스트교, 동·서 교회로 분열(로마 가톨릭 교회와 그리스정교회) |
| 1055 | 셀주크 튀르크, 바그다드 입성 |
| 1067 | 안남, 참파 정벌 |
| 1077 | 카노사의 굴욕 |
| 1096 | 십자군 전쟁( ~1270) |
| 1115 | 여진족, 금 건국 |
| 1125 | 요, 금에 멸망 |
| 1127 | 송 멸망, 강남에 남송 건국 |
| 1187 | 이집트 아이유브 왕조의 살라딘, 예루살렘 탈환 |
| 1192 | 일본, 가마쿠라 막부 성립 |
| 1193 | 구르 왕조, 델리 정복(인도의 이슬람화) |
| 1206 | 칭기즈칸, 몽골 통일. 인도, 노예 왕조 성립 |
| 1227 | 서하, 몽골에 멸망 |
| 1231 | 호라즘 제국, 몽골에 멸망 |
| 1234 | 금, 몽골에 멸망 |
| 1250 | 이집트, 맘루크 왕조 건국, 아이유브 왕조 멸망 |
| 1258 | 몽골, 바그다드 침략. 아바스 왕조 멸망 |
| 1260 | 맘루크 왕조, 아인잘루트 전투 승리 |

| | | | | |
|---|---|---|---|---|
| 1259 | 고려 태자(원종), 몽골에 항복 | | 1271 | 원 제국 성립 |
| 1270 | 개경 환도. 삼별초의 항쟁 | | 1279 | 남송 멸망, 원의 중국 통일 |
| 1274 | 원과 고려, 일본 정벌 | | 1287 | 미얀마의 파간 왕조, 몽골에 멸망 |
| 1285 | 일연, 《삼국유사》 지음 | | 1293 | 인도네시아, 마자파히트 왕조 성립 |
| 1351 | 공민왕 즉위 | | 1295 | 영국, 모범 의회 개회 |
| 1359 | 홍건적, 고려 침입(~1361) | | 1299 | 오스만 튀르크 건국 |
| 1363 | 문익점, 원에서 목화씨를 가져옴 | | 1302 | 프랑스, 삼부회 소집 |
| 1366 | 전민변정도감 설치. 신돈, 개혁 추진 | | 1336 | 일본, 남북조 시대 시작 |
| 1376 | 최영, 왜구 격퇴 | | 1337 | 영국과 프랑스, 백년 전쟁 (~1453) |
| 1377 | 이성계, 왜구 격퇴. 《직지심체요절》 간행 | | 1338 | 일본, 무로마치 막부 성립 |
| 1388 | 위화도 회군 | | 1368 | 중국, 명 건국 |
| 1389 | 박위, 쓰시마 섬 정벌 | | 1369 | 중앙 아시아에 티무르 제국 성립 |
| 1391 | 과전법 공포 | | 1392 | 일본, 무로마치 막부의 요시미쓰가 남북조 통일 |
| 1392 | 고려 멸망, 조선 건국 | | 1405 | 명, 정화의 남해 원정( ~1433) |
| 1394 | 한양 천도. 정도전, 《조선경국전》 편찬 | | 1428 | 중앙 아메리카의 아스텍 문명, 중앙 멕시코 지배 |
| 1398 | 전국적인 토지 조사 사업 실시. 1차 왕자의 난 | | | 안남, 레 로이에 의해 명에서 독립 |
| 1400 | 2차 왕자의 난. 정종, 방원에게 왕위 물려줌 | | **1440년경** | 남아메리카의 잉카, 안데스 지역 정벌로 제국 성립 |
| 1405 | 의정부의 일을 6조에 귀속 | | 1453 | 오스만 튀르크, 콘스탄티노플 점령 |
| 1413 | 조선 8도의 지방 행정 조직 완성. 호패법 제정 | | 1455 | 영국, 장미 전쟁( ~1485) |
| | 《태조실록》 편찬 | | **1460년경** | 마야 문명 멸망 |
| 1418 | 세종 즉위 | | 1467 | 일본, 전국 시대 돌입 |
| 1419 | 이종무, 왜구의 근거지인 쓰시마 섬 정벌 | | 1492 | 에스파냐, 콜럼버스가 서인도 제도에 도착 |
| 1429 | 정초, 《농사직설》 지음 | | 1498 | 포르투갈의 바스코 다 가마, 인도의 캘리컷에 도착 |
| 1432 | 《삼강행실도》 편찬 | | 1502 | 페르시아, 사파비 왕조 성립 |
| 1433 | 4군 설치 | | 1517 | 독일, 루터가 로마 가톨릭교 비판, 종교 개혁 시작 |
| 1437 | 6진 설치 | | 1519 | 에스파냐의 마젤란, 세계 일주(~1522) |
| 1441 | 측우기 제작 | | 1521 | 에스파냐, 멕시코 정복, 아스텍 제국 멸망 |
| 1443 | 훈민정음 창제 | | 1526 | 바부르, 북인도에 무굴 제국 건설 |
| 1444 | 공법 제도를 정함 | | 1529 | 오스만 제국, 신성 로마 제국의 수도 빈 포위 공격 |
| 1445 | 〈용비어천가〉 완성 | | 1533 | 에스파냐의 피사로, 잉카 제국 정복 |
| 1446 | 훈민정음 반포 | | 1543 | 일본, 포르투갈인이 총포 전래. 코페르니쿠스, 지동설 |
| 1455 | 수양대군, 김종서·황보인 등을 죽이고 정권 장악 | | | 발표 |
| 1456 | 사육신, 단종을 복위시키려다 처형됨 | | 1545 | 에스파냐, 포토 시(지금의 볼리비아 남부) 은광 개발 |
| 1466 | 과전 지급 대상을 현직 관리로 한정 | | 1562 | 프랑스, 위그노 전쟁( ~1598) |
| 1467 | 함경도에서 이시애의 난 | | 1565 | 필리핀, 에스파냐의 침략 시작 |
| 1485 | 《경국대전》 완성 | | 1578 | 명, 포르투갈인에게 광둥 무역 허용 |
| 1504 | 언문(한글)의 사용을 금함 | | 1580 | 에스파냐, 포르투갈 합병( ~1640) |
| 1506 | 중종반정 | | 1588 | 에스파냐, 영국 – 네덜란드 연합군에 패배 |
| 1519 | 향약 실시. 조광조, 사약을 받고 죽음(기묘사화) | | 1590 | 도요토미 히데요시, 일본 통일 |
| 1529 | 비변사, 큰 사건을 의정부와 의논하기로 결정 | | 1592 | 일본, 조선 침략(임진왜란) |
| 1543 | 풍기 군수 주세붕, 최초의 서원인 백운동 서원을 세움 | | 1600 | 영국, 동인도 회사 설립 |
| 1559 | 황해도에서 민란(임꺽정의 난) 발생 (~1562) | | 1603 | 일본, 에도 막부 수립 |

| | |
|---|---|
| 1583 | 이이, 10만 양병설 건의 |
| 1592 | 일본군 21만 명, 조선 침입(임진왜란) |
| 1597 | 일본군 20만 명, 조선 재침입(정유재란) |
| 1609 | 일본과 국교 재개 |
| 1610 | 허준, 《동의보감》 완성. 경기도에 대동법 시행 |
| 1623 | 이귀 등 서인, 광해군을 폐하고 정권 장악(인조반정) |
| 1627 | 이괄의 난. 여진족(금) 침입(정묘호란) |
| 1628 | 벨테브레이, 제주도 표착 |
| 1636 | 청, 대대적인 침입(병자호란) |
| 1645 | 청에 볼모로 갔던 소현 세자, 서양 서적과 |
| | 여지구·천주상을 가지고 서울에 돌아옴 |
| 1653 | 하멜, 제주도 표착 |
| 1678 | 상평통보 주조 |
| 1708 | 전국적으로 대동법 시행 |
| 1712 | 백두산 정계비 건립 |
| 1725 | 영조, 탕평책 실시 |
| 1742 | 탕평비 세움 |
| 1750 | 균역청을 설치하고 균역법 실시 |
| 1758 | 천주교가 확산되자 이를 엄금 |
| 1763 | 고구마 전래 |
| 1769 | 유형원, 《반계수록》 지음 |
| 1776 | 규장각 설치 |
| 1778 | 박제가, 《북학의》 지음 |
| 1785 | 《대전통편》 완성 |
| 1786 | 서학을 금함 |
| 1791 | 정조, 시전 상인의 특권인 금난전권 폐지 |
| 1792 | 정약용, 거중기 발명 |
| 1796 | 화성 완성 |
| 1801 | 대대적인 천주교 탄압. 공노비 6만 6,000명 해방 |
| 1805 | 안동 김씨, 세도 정치 시작(~1863) |
| 1808 | 함경도 북청에서 민란 발생 |
| 1811 | 평안도 곡산, 농민 봉기. 홍경래 등이 지휘하는 평안도 |
| | 농민 전쟁 일어남(~1812) |
| 1813 | 제주도에서 민란 발생 |
| 1818 | 정약용, 유배지에서 《목민심서》 지음 |
| 1831 | 천주교 조선 교구 설치 |
| 1833 | 서울 쌀값 폭등으로 도시 빈민 폭동이 일어남 |
| 1846 | 최초의 한국인 신부 김대건, 새남터에서 순교 |
| 1848 | 이양선, 경상·전라·황해·함경·강원 5도에 나타남 |
| 1860 | 최제우, 동학 창시 |
| 1861 | 김정호, 대동여지도 간행 |
| 1862 | 민란, 전국으로 확대(임술 농민 봉기). 삼정이정청 설치 |

| | |
|---|---|
| 1615 | 몰루카 제도, 네덜란드에 점령됨 |
| 1616 | 만주족(여진족)의 누르하치, 후금 건국 |
| 1618 | 독일, 30년 전쟁(~1648) |
| 1636 | 후금, 국호를 청으로 고침, 조선 침략 |
| 1642 | 영국, 청교도 혁명 |
| 1643 | 프랑스, 루이 14세 즉위, 이후 절대 왕정 전성 |
| 1644 | 명 멸망, 청이 중국 지배 |
| 1651 | 영국, 항해 조례 발표 |
| 1661 | 청, 강희제 즉위 |
| 1675 | 필립 왕 전쟁(~1676) |
| 1688 | 영국, 명예 혁명 |
| 1701 | 프로이센 왕국 성립 |
| 1709 | 영국, 울타리치기(인클로저) 운동 |
| 1715 | 청, 영국 동인도 회사가 광둥에 상관 설치 |
| 1722 | 청, 옹정제 즉위(~1735) |
| 1735 | 청, 건륭제 즉위(~1795) |
| 1740 | 오스트리아 왕위 계승 전쟁(~1748) |
| 1756 | 7년 전쟁(~1763) |
| 1757 | 플라시 전투, 영국의 인도 독점 |
| | 청, 외국 무역을 광둥에 한정시킴 |
| 1759 | 청, 위구르족을 평정하고 신강(신장)이라 개칭 |
| **1760년경** | 영국에서 산업 혁명 시작 |
| 1772 | 폴란드 분할(~1795) |
| 1776 | 미국, 독립 선언 |
| 1779 | 카자르 왕조, 페르시아 통일 |
| 1789 | 프랑스, 프랑스 혁명, 인권 선언 |
| 1793 | 청, 영국 사절 매카트니 건륭제 알현 |
| 1796 | 청, 백련교의 난(~1804) |
| 1803 | 안남, 국호를 베트남으로 정함 |
| | 일본, 미국 배가 나가사키에 들어와 통상 요구 |
| 1804 | 프랑스의 나폴레옹, 황제 즉위, 법전 제정 |
| | 아이티 , 프랑스로부터 독립 |
| 1805 | 이집트, 무함마드 알리 집권(~1840) |
| 1811 | 볼리비아, 베네수엘라 출신 볼리바르가 독립운동 지휘 |
| 1812 | 아르헨티나 출신 산마르틴, 남아메리카 독립운동 지휘 |
| 1814 | 빈 회의(~1815) |
| 1823 | 미국, 먼로주의 선언 |
| 1825 | 영국, 세계 최초 철도 개통 |
| 1827 | 알제리, 프랑스의 침략 |
| 1830 | 프랑스, 7월 혁명 |
| 1833 | 오스만 제국, 이집트 자유 독립 승인 |
| 1834 | 독일, 프로이센 중심의 관세 동맹 성립 |

| | |
|---|---|
| 1865 | 경복궁 중건 (~1872) |
| 1866 | 제너럴셔먼 호 사건. 프랑스와 전쟁(병인양요) |
| 1868 | 대원군, 서원을 47개만 남기고 폐쇄 |
| 1871 | 미국과 전쟁(신미양요). 척화비 세움 |
| 1875 | 운요 호 사건 |
| 1876 | 일본과 강화도 조약 맺음 |
| 1880 | 개화 정책 본격화 |
| 1881 | 일본에 조사 시찰단·청에 영선사 파견 |
| | 영남의 유학자, 척사 운동 전개 |
| 1882 | 임오군란. 청의 간섭 강화 |
| 1883 | 〈한성순보〉 발간. 원산 학사 설립 |
| 1884 | 우정국 설치. 갑신정변 |
| 1885 | 서양식 병원(광혜원) 설립 |
| | 영국, 거문도 불법 점령(~1887) |
| 1888 | 민란의 전국적 확산 |
| 1889 | 함경도, 곡식 수출 금지(방곡령) |
| 1893 | 전국 65곳에서 민란 일어남. 보은·금구 집회 |
| 1894 | 동학 농민 운동 일어남. 청·일 전쟁 일어남 |
| | 갑오개혁 추진. 공문서에 처음 한글 사용 |
| 1895 | 을미사변. 단발령. 항일 의병 운동 |
| 1896 | 양력 사용. 아관 파천. 〈독립신문〉 창간. 독립협회 창립 |
| 1897 | 대한 제국 선포 |
| 1898 | 만민 공동회 운동. 독립협회 해산. 찬양회 결성 |
| 1899 | 대한국 국제 반포. 최초의 철도(경인선) 개통 |
| | 경복궁에 전등 설치 |
| 1900 | 활빈당 활발히 활동 |
| 1904 | 러·일 전쟁 일어남. 한·일 의정서 맺음. 경부선 준공 |
| 1905 | 을사조약 체결. 항일 의병 운동 재개 |
| 1906 | 대한 자강회 조직. 최익현·신돌석 의병 봉기 |
| | 이인직, 신소설 발표 |
| 1907 | 국채 보상 운동 전개. 헤이그 특사 파견. 군대 해산 |
| | 신민회 결성. 13도 창의군 활동 |
| 1908 | 동양 척식 주식회사 설립 |
| 1909 | 안중근, 이토 히로부미 사살. 나철, 대종교 창시 |
| | 일본군, 남한 대토벌 |
| 1910 | 홍범도 등 연해주 의병 국내 진격 작전 |
| | 일제의 국권 침탈 |
| 1912 | 임병찬, 대한 독립 의군부 조직 |
| | 토지 조사 사업 실시(~1918) |
| 1914 | 박용만, 하와이에서 국민 군단 조직 |
| 1915 | 대한 광복회 조직 |
| 1919 | 3·1 운동. 대한민국 임시 정부 수립. 의열단 조직 |

| | |
|---|---|
| 1838 | 영국, 차티스트 운동 |
| 1840 | 청, 아편 전쟁 (~1842) |
| 1842 | 청, 영국과 난징 조약 체결, 영국에 홍콩 할양 |
| 1848 | 프랑스, 2월 혁명. 오스트리아·독일, 3월 혁명 |
| | 마르크스·엥겔스, 〈공산당 선언〉 발표 |
| 1850 | 청, 태평 천국 운동 (~1864) |
| 1854 | 일본, 미국 페리 함대 내항 |
| 1856 | 청, 애로우 호 사건 (~1860) |
| 1857 | 인도, 세포이 항쟁 (~1858) |
| 1858 | 일본, 미·일 수호 통상 조약 체결 |
| 1859 | 다윈, 《종의 기원》 출판 |
| 1860 | 청, 영·프 연합군이 베이징 점령, 양무 운동 |
| 1861 | 미국, 남북 전쟁 (~1865), 러시아, 농노 해방령 발표 |
| | 중국, 양무운동 |
| 1862 | 제1차 프랑스·베트남 전쟁(사이공 조약) |
| 1868 | 일본, 메이지 유신 |
| 1869 | 수에즈 운하 개통 |
| 1871 | 독일, 빌헬름 1세 독일 황제로 취임(독일 제국 성립) |
| | 프랑스, 파리 코뮌 성립 |
| 1881 | 수단, 마흐디 항쟁 (~1898) |
| 1882 | 삼국 동맹 성립 (~1915) |
| 1884 | 청·프 전쟁 (~1885) |
| 1885 | 베트남, 간뿌옹 운동. 인도 국민 회의 결성 |
| | 청·프 톈진 조약 체결 |
| 1886 | 미국, 시카고 헤이마켓 투쟁 |
| 1887 | 프랑스령 인도차이나 연방 성립 |
| 1889 | 일본, 제국 헌법(메이지 헌법) 발표 |
| 1892 | 호세 리살, 필리핀 연맹 결성 |
| 1893 | 뉴질랜드, 여성 참정권 인정 |
| 1894 | 청·일 전쟁 (~1895) |
| 1898 | 청, 독일이 산둥의 자오저우 만 조차. 무술 변법. 의화단 |
| | 운동 (~1900). 필리핀, 아기날도 독립 선언 |
| 1902 | 러시아, 시베리아 철도 개통 |
| 1904 | 일본, 러·일 전쟁 (~1905) |
| 1905 | 이란, 입헌 혁명. 인도, 벵골 분할령 발표 |
| | 탄자니아, 마지마지 봉기. 러시아, 피의 일요일 사건 |
| 1906 | 인도, 스와데시·스와라지 운동 |
| 1907 | 영·프·러, 삼국 협상 성립 |
| 1908 | 오스만 제국, 청년 튀르크 당 혁명. 최초의 의회 성립 |
| 1909 | 오스만 제국, 무스타파 케말의 혁명 해방군이 이스탄불 |
| | 장악 |
| 1910 | 멕시코 혁명 (~1917) |

| | |
|---|---|
| | 한국인이 처음으로 영화 제작 |
| 1920 | 봉오동과 청산리에서 일본군 격파. 조만식, 조선 물산 |
| | 장려회 조직. 〈조선일보〉·〈동아일보〉 창간 |
| 1921 | 부산 부두 노동자 총파업 |
| 1922 | 이광수, 〈민족 개조론〉 발표. 어린이날 행사 치름 |
| 1923 | 암태도 농민 항쟁(~1924). 민립 대학 설립 운동. 물산 |
| | 장려 운동 활발히 전개. 일본, 관동에서 조선인 대학살 |
| 1924 | 북률 농민 항쟁 |
| | 조선 청년 동맹, 조선 노·농 총동맹 결성 |
| 1925 | 조선 공산당 결성 |
| 1926 | 6·10 만세 운동. 나석주, 동양 척식 주식회사에 폭탄 |
| | 던짐. 경성 제국 대학 개교. 대중가요 유행 |
| 1927 | 신간회 결성. 라디오 방송 시작 |
| 1928 | 원산 총파업(~1929) |
| 1929 | 광주 학생 항일 운동 |
| 1931 | 일제의 만주 침략. 신간회 해소 |
| | 〈동아일보〉, 브나로드 운동 전개(~1934) |
| 1932 | 이봉창과 윤봉길 의거 |
| | 조선 혁명군과 한국 독립군이 한·중 연합군 조직 |
| 1933 | 한글 맞춤법 통일안 제정 |
| | 조선 총독부, 농촌 진흥 운동 시작 |
| 1934 | 안재홍 등 조선학 운동 전개 |
| 1935 | 민족 혁명당 조직 |
| 1936 | 손기정, 베를린 올림픽 대회 마라톤 우승. 〈동아일보〉 |
| | 일장기 말살 사건 |
| 1937 | 중·일 전쟁 시작. 황국 신민의 서사 제정 |
| | 신사 참배 강요. 화신 백화점 개점 |
| 1938 | 김원봉 등 조선 의용대 조직. 한글 교육 금지 |
| 1939 | 강제 연행 시작(국민 징용령), 1945년까지 45만 명 연행 |
| 1940 | 한국 광복군 창설. 일제식 성명 강요 실시 |
| | 〈조선일보〉·〈동아일보〉 폐간 |
| 1941 | 임시 정부, 건국 강령 발표 및 대일 선전 포고 |
| 1942 | 조선 독립 동맹 및 조선 의용군 결성. 조선어 학회 사건 |
| | 서울 인구 100만 명을 넘어섬 |
| 1943 | 일제, 징병제·학병제 실시로 조선 청년을 일본군으로 |
| | 끌고 감 |
| 1944 | 조선 총독부, 여자 정신대 근무령 공포 및 시행 |
| | 여운형, 건국 동맹 결성 |
| 1945 | 해방. 건국 준비 위원회 발족. 미·소 군정 실시 |
| | 모스크바 3국 외상 회의 개최 |
| 1946 | 북조선 임시 인민 위원회 발족. 북한, 토지 개혁 실시 |
| | 제1차 미·소 공동 위원회 개최 |

| | |
|---|---|
| 1911 | 청, 신해혁명 |
| 1912 | 중화 민국 성립, 쑨원이 임시 대총통에 취임 |
| 1914 | 사라예보 사건, 제1차 세계 대전 발발(~1918) |
| 1915 | 일본, 제1차 세계 대전 참전, 중국에 21개조 요구 |
| 1917 | 러시아 혁명. 인도네시아, 이슬람 정당 '사레카트 |
| | 이슬람'이 민족 운동 전개 |
| 1918 | 제1차 세계 대전 종식 |
| | 미국의 윌슨 대통령, 14개조 평화 원칙 발표 |
| | 영국, 30세 이상 여성들에게 투표권 인정 |
| 1919 | 중국, 5·4 운동. 베르사유 조약, 독일 바이마르 공화국 |
| | 성립. 인도, 간디의 비폭력·무저항 운동 |
| 1921 | 중국, 공산당 창당 |
| 1922 | 소비에트 사회주의 공화국 연방(소련) 수립 |
| 1923 | 터키 공화국 수립 |
| 1924 | 중국, 제1차 국공 합작(~1927) |
| 1925 | 페르시아, 팔레비 왕조 성립, 카자르 왕조 멸망 |
| 1927 | 중국의 장제스, 난징에 국민 정부 수립 |
| | 인도네시아의 수카르노, 국민 연맹 결성 |
| 1928 | 인도의 네루, 인도 독립 연맹 결성 |
| 1929 | 미국, 대공황 발생(~1932) |
| 1930 | 호찌민, 베트남 공산당 창당 |
| 1931 | 일본, 만주사변 일으킴 |
| 1933 | 미국, 뉴딜 정책(~1936) |
| 1934 | 중국, 장제스의 공산당 토벌, 공산당 대장정 |
| 1935 | 페르시아, 나라 이름을 이란으로 개칭 |
| 1936 | 에스파냐, 인민 전선 정부 수립, 파시스트 반란으로 |
| | 내전(~1939) |
| 1937 | 일본의 노구교 사건으로 중·일 전쟁 발발 |
| | 중국, 제2차 국공 합작. 일본의 난징 대학살 |
| 1938 | 일본, 국가 총동원법 발령, 중국의 상하이에 종군 |
| | 위안소 설치 |
| 1939 | 제2차 세계 대전 발발(~1945) |
| 1941 | 일본, 하와이 진주만 기습 공격(태평양 전쟁 발발) |
| | 영국·소련, 이란 분할 점령 |
| 1945 | 얄타 회담, 독일 항복, 유엔 성립 |
| | 미국, 일본에 원자 폭탄 투하, 일본 항복 |
| | 중국, 국·공 내전 시작. 아랍 연맹 결성 |
| | 베트남 민주 공화국 수립. 캄보디아 독립 선언 |
| | 인도네시아 독립 선언 |
| 1946 | 필리핀 공화국 수립 |
| 1947 | 미국, 트루먼 독트린 발표. 마셜 계획 발표 |
| | 인도 연방과 파키스탄 자치령 분리 독립 |

| | |
|---|---|
| | 38도선 이북으로 통행 금지. 좌·우 합작 회담 시작 |
| 1947 | 제2차 미·소 공동 위원회 개최. 여운형 피살 |
| 1948 | 김구, 남북 협상 제의. 제주 4·3 항쟁 시작 |
| | 유엔 감시하에 남한 총선거 실시 |
| 1949 | 반민족 행위 특별 조사 위원회(반민특위) 발족 |
| | 정부, 농지 개혁법 공포. 김구 순국 |
| 1950 | 애치슨 미 국무 장관, '애치스 라인' 발언. 한·미 상호 |
| | 방위 원조 협정 조인. 북한 남침으로 6·25 전쟁 발발. |
| | 중공군, 6·25 전쟁 개입 |
| 1951 | 소련 유엔 대표, 38도선 정전 회담 제의 |
| 1952 | 국회, 경찰 포위 속에 발췌 개헌안 통과 |
| 1953 | 포로 교환 협정 조인. 휴전 협정 조인 |
| | 한·미 상호 방위 조약 체결 |
| 1954 | 국회, 개헌안 사사오입 통과 처리(사사오입 개헌) |
| 1956 | 제3대 정·부통령 선거로 대통령에 자유당 이승만, |
| | 부통령에 민주당의 장면 당선. 북한, 천리마 운동 시작 |
| 1958 | 진보당 사건 발생. 위원장 조봉암 등 간부 7인 간첩 |
| | 혐의로 구속 |
| 1960 | 제4대 정·부통령 선거로 대통령 이승만, 부통령 이기붕 |
| | 당선. 마산에서 부정 선거 규탄 시위. 서울 시내 2만여 |
| | 명의 학생 총궐기. 4·19 혁명 |
| 1961 | 5·16 군사 정변. 북한, 제1차 경제 개발 계획 시작 |
| | ( ~1970) |
| 1962 | 제1차 경제 개발 5개년 계획 시작( ~1966). 공용 연호 |
| | 서기로 변경. 북한, 4대 군사 노선 채택 |
| 1963 | 박정희, 대통령 당선 |
| 1964 | 한·일 회담 반대 시위. 베트남 지원을 위한 국군 파견에 |
| | 관한 협정 체결. 미터법 실시 |
| 1965 | 한·일 협정 조인. 일본과 국교 정상화 |
| | 베트남에 전투병 파병 |
| 1966 | 한·미 행정 협정 조인 |
| 1968 | 국민 교육 헌장 선포 |
| | 미국 정보함 푸에블로 호 사건 발생 |
| 1969 | 3선 개헌 국민 투표 법안 국회서 변칙 통과 |
| 1970 | 경부 고속 도로 개통. 새마을 운동 시작. 서울 평화 시장 |
| | 노동자 전태일, 노동 조건 개선을 요구하며 분신 |
| 1972 | 7·4 남북 공동 성명 발표. 유신 헌법 확정 |
| | 북한, 사회주의 헌법 공포·주석제 신설 |
| 1975 | 대통령 긴급 조치 9호 발표. 북한, 비동맹 회원국 가입 |
| 1977 | 한국 등반대, 에베레스트 산 등정. 수출 100억 달러 달성 |
| 1978 | 자연 보호 헌장 선포 |
| 1979 | 부·마 항쟁. 박정희 대통령, 김재규 정보부장의 총에 |

| | |
|---|---|
| | 유엔 총회, 팔레스타인 분할안 가결 |
| 1948 | 제1차 아랍·이스라엘 전쟁( ~1949), 이스라엘 건국 |
| | 미얀마 독립 |
| 1949 | 중화 인민 공화국 수립. 인도네시아 공화국 수립 |
| 1951 | 이란, 석유 국유화 선언 |
| 1954 | 일본, 미·일 상호 방위 원조 협정 조인, 자위대 발족 |
| 1955 | 제1회 아시아·아프리카 회의(반둥 회의) 개최 |
| 1956 | 이집트의 나세르 대통령, 수에즈 운하 국유화 |
| 1957 | 소련, 세계 최초의 인공 위성 스푸트니크 1호 발사 |
| | 쿠바 혁명. 가나 독립. 제1차 아프리카 국가 회의 |
| 1959 | 중국·인도 국경 분쟁 |
| 1960 | 나이지리아 독립 |
| 1962 | 알제리 독립 |
| 1963 | 말레이시아 연방 발족. 아프리카 통일 기구(OAU) 결성 |
| 1964 | 팔레스타인 해방 기구(PLO) 결성 |
| 1965 | 미국, 북베트남 폭격, 베트남 전쟁( ~1975) |
| 1966 | 중국, 문화 대혁명( ~1977) |
| 1967 | 동남 아시아 국가 연합(ASEAN) 결성 |
| 1968 | 체코슬로바키아, 민주화 선언에 소련군 개입(프라하 |
| | 의 봄). 프랑스, 파리에서 학생들의 5월 혁명 |
| 1969 | 아라파트, PLO 의장에 취임 |
| | 미국, 각지에서 베트남 반전 시위 |
| 1971 | 방글라데시, 파키스탄으로부터 독립 선언 |
| 1973 | 칠레, 아옌데 정권 붕괴, 피노체트 독재 |
| | 제1차 석유 파동( ~1974) |
| 1975 | 유엔 국제 여성의 해, 국제 여성 집회(멕시코) |
| 1978 | 미·중 국교 정상화, 제2차 석유 파동( ~1980) |
| 1979 | 소련, 아프가니스탄 침공( ~1988) |

| 연도 | 한국사 |
|---|---|
| | 피격 사망. 신군부 쿠데타, 정승화 육군 참모 총장 체포 |
| 1980 | 5·18 민주화 운동 |
| 1981 | 전두환, 대통령 당선 |
| 1982 | 야간 통행금지 전면 해제 |
| | 정부, 일본에 역사 교과서 왜곡 내용 시정을 요구 |
| 1983 | KBS 이산가족 찾기 TV 생방송 |
| 1985 | 남북 고향 방문단 상호 교류 |
| | 북한, 핵 확산 금지 조약(NPT) 가입 |
| 1986 | 서울 아시안 게임 개최 |
| 1987 | 전국적인 민주화 시위(6월 민주 항쟁) |
| | 7·8·9월 노동자 대투쟁 |
| 1988 | 노태우, 대통령 당선. 서울 올림픽 개최 |
| 1989 | 헝가리, 폴란드 등 동구권 국가와 수교 |
| | 정주영 현대 그룹 명예 회장 방북, 남북 경제 협력 논의 |
| | 남북 총리 회담( ~1991) |
| 1990 | 소련과 국교 수립 |
| 1991 | 유엔 총회, 남북한 유엔 동시 가입 |
| | 남북 기본 합의서 채택 |
| 1992 | 중국과 국교 수립. 김영삼, 대통령 당선 |
| 1993 | 금융 실명제 실시. 북한, 핵 확산 금지 조약(NPT) 탈퇴 |
| 1994 | 북한, 김일성 주석 사망. 북·미 제네바 핵 합의 |
| 1995 | 지방 자치 선거 전면 실시. 옛 조선 총독부 건물 해체 |
| 1997 | 외환 위기로 IMF 자금 지원 받음 |
| 1998 | 김대중 정부 출범 |
| 2000 | 남북 정상 회담, 6·15 남북 공동 선언 발표 |
| | 부산에서 열린 아시안 게임에 북한 대표단 참가 |
| 2002 | 한·일 월드컵 개최 |
| 2003 | 노무현 정부 출범 |
| 2004 | 노무현 대통령 탄핵 사건 |
| | 경부·호남 고속 철도 동시 개통 |
| 2005 | 아시아 태평양 경제 협력체(APEC) 정상 회의 개최 |
| 2007 | 남북 정상 회담, 남북 관계 발전과 평화 번영을 위한 |
| | 선언(10·4 선언) |
| 2008 | 이명박 정부 출범 |
| 2011 | 북한, 김정일 국방 위원장 사망 |
| 2013 | 박근혜 정부 출범 |
| | 북한, 김정은 국방 위원회 제1위원장 추대 |
| 2014 | 세월호 사건 |
| 2016 | 박근혜–최순실 게이트, 촛불 혁명 |
| 2017 | 박근혜 대통령 파면, 문재인 정부 출범 |
| 2018 | 평창 올림픽 개최, 남북 정상 회담, 판문점 선언, 평양 선언 |
| | 북한, 미국과 제1차 북미 정상 회담 |

| 연도 | 세계사 |
|---|---|
| | 이란, 호메이니의 이란 혁명, 팔레비 왕조 붕괴 |
| 1980 | 이란·이라크 전쟁( ~1988) |
| | 폴란드 자유 노조 '연대' 탄생 |
| 1982 | 이스라엘, 레바논 침공 |
| 1984 | 유엔 식량 기구, 아프리카 24개국 기아 상태 발표 |
| 1986 | 소련, 체르노빌 원자력 발전소 방사능 누출 사고 |
| | 필리핀, 민주 혁명으로 마르코스 정권 붕괴 |
| 1987 | 미·소, '중거리 핵 전력 협정(INF)' 폐기 협정 조인 |
| 1988 | 팔레스타인, 독립국 선언. 소련, 고르바초프의 개혁 |
| 1989 | 중국, 톈안먼 사건. 아시아 태평양 경제 협력체(APEC) |
| | 결성. 베를린 장벽 개방, 루마니아 공산 정권 붕괴 |
| | 몰타 정상 회담(냉전 종결 선언) |
| 1990 | 독일 통일. 폴란드, '연대' 지도자 바웬사 대통령에 당선 |
| 1991 | 유고 내전, 걸프 전쟁, 발트 3국 독립 |
| 1992 | 소련의 해체, 독립 국가 연합(CIS) 성립 |
| | 동유럽 공산권의 붕괴 |
| 1993 | 우루과이 라운드 타결, 유럽 연합 출범 |
| 1994 | 북·미 자유 무역 협정(NAFTA) 출범. 러시아, 체첸 침공 |
| 1995 | 관세 및 무역에 관한 일반 협정(GATT) 해체, 세계 무역 |
| | 기구(WTO) 출범 |
| 1997 | 영국, 중국에 홍콩 반환. 아시아 경제 위기 |
| 1998 | 유고, 코소보 사태 |
| 1999 | 포르투갈, 중국에 마카오 반환 |
| | 유럽 단일 통화(유로화) 출범. 시애틀 반세계화 시위 |
| | 동티모르, 인도네시아로부터 독립 |
| 2001 | 미국, 9·11 테러 |
| 2003 | 미국, 이라크 침공 |
| 2010 | 아랍 여러 나라의 민주화 |
| 2011 | 일본, 후쿠시마 원전 참사 |
| 2012 | 한·중·일, 영토 분쟁. 중국, 시진핑 주석 취임 |
| 2014 | 서아시아, 이슬람 극단주의 기승(IS) |
| 2016 | 미국, 트럼프 대통령 당선. 영국, EU 탈퇴 |
| 2018 | 미·중 무역 전쟁 |

# ● 찾아보기 ●

■ **김육훈(1권 에필로그, 2권 프롤로그, 1~5단원, 9단원, 에필로그 집필)**

"늘 공부하길 요구받는 학생들에게 쉽고 재미있는 교과서, 기다려지는 수업이 불가능한 것은 아니라고 생각한다. 수업에 쓸 자료와 교과서를 만드는 일, 그리고 수업은 내 삶 그 자체였다."

서울대 역사교육과 졸업. 서울 공업고등학교 교사. 전국역사교사모임 회장과 역사교육연구소 소장 역임. 《살아있는 한국 근현대사 교과서》, 《쟁점으로 본 한국사》, 《민주 공화국 대한민국의 탄생》 등을 썼고, 《살아있는 세계사 교과서》, 《외국인을 위한 한국사》, 《제대로 한국사》, 《우리 아이들에게 역사를 어떻게 가르칠 것인가》, 《역사, 무엇을 어떻게 가르칠까》, 《거북이는 왜 달리기 경주를 했을까》 등을 함께 썼다.

■ **안정애(1권 2, 3단원 집필)**

"나 개인이 아니라 전국역사교사모임의 이름으로 쓰는 일이 얼마나 부담스러운 일이었던가. 역사를 가르친다는 것이 무엇인지, 청소년들에게 역사는 무엇인지를 끊임없이 되물었다."

서강대 사학과 졸업. 전 여의도고등학교 교사. 《살아있는 국토박물관》, 《중국사 다이제스트 100》을 썼고, 《미술로 보는 우리 역사》, 《누구를 위한 전쟁이었나》 등을 함께 썼다.

■ **양정현(2권 6~9단원 집필)**

"설익은 내용을 어설프게 끌어내고 있다는 생각이 끊임없이 들었다. 모든 교사가 자기 나름의 교재를 가지고 학생들을 만나는 날을 기대하며 또 한 걸음을 내딛는다."

서울대 역사교육과 졸업. 부산대 역사교육과 교수. 《살아있는 세계사 교과서》, 《우리 아이들에게 역사를 어떻게 가르칠 것인가》, 《역사, 무엇을 어떻게 가르칠까》, 《역사교육과 역사인식》, 《중국사 100장면》, 《미술로 보는 우리 역사》 등을 함께 썼다.

■ **윤종배(1권 프롤로그 및 1, 4, 5단원 집필)**

"새로운 출발이다. 살아 있는 우리 교과서로 공부하면서 학생들의 숨결까지 담아내며 정말로 신바람 나게 가르쳐 보고 싶다. 이 가슴 벅찬 흥분이 꿈이 아니기를!"

서울대 역사교육과 졸업. 서울 명일중학교 교사. 전국역사교사모임 회장 역임. 《새롭게 쓴 5교시 국사 시간》, 《나의 역사 수업》, 《역사수업의 길을 묻다》 등을 썼고, 《살아있는 세계사 교과서》, 《100년 전의 한국사》, 《이야기가 있는 경복궁 나들이》 등을 함께 썼다.

■ **신선호(1권 6~9단원 집필)**

"교과서 집필로 보낸 지난 2년은 내게 생지옥과도 같은 시간이었다. 이제 이 무거운 짐을 내려놓고 실컷 빈둥대고 싶다. 그런데 내일이 개학이란다."

서울대 역사교육과 졸업. 호치민시 한국 국제학교 교장. 《역사신문 4》, 《한국 최초의 인물》과 '한국을 빛낸 위인들 시리즈'의 《김구》, 《신채호》, 《정약용》 등을 썼다.

## ● 자료 제공 및 소장처 ●

국가보훈처
권태균
김선경
김성철
김지홍
김호원
김효형
눈빛출판사
newsbankimage
독립기념관
동아일보
몽양여운형선생기념사업회
문화재청
민주화운동기념사업회
박시백
박중훈
사단법인 통일맞이
4·19혁명기념도서관
삼성전자
서문당
서울환경운동연합
shutterstock
HELLO PHOTO
유니세프
이경모
이영란
이창수
참여연대
한국정신대문제대책협의회

· 이 책에 실린 사진은 정해진 절차에 따라 저작권자의 허락을 받아 사용하였습니다. 이 책에 사진을 제공해 주신 분들께 감사드립니다.

· 저작권자를 찾지 못하여 게재 허락을 받지 못한 사진에 대해서는 확인되는 대로 허락을 받고 통상의 기준에 따라 사용료를 지불하겠습니다.

# 살아있는 한국사 교과서 2

## 20세기를 넘어 새로운 미래로

**1판 1쇄 발행일** 2002년 3월 12일

**2판 1쇄 발행일** 2002년 5월 21일

**3판 1쇄 발행일** 2012년 4월 9일

**4판 1쇄 발행일** 2019년 3월 4일

**4판 6쇄 발행일** 2023년 12월 26일

**지은이** 전국역사교사모임

**발행인** 김학원

**발행처** (주)휴머니스트 출판그룹

**출판등록** 제313-2007-000007호(2007년 1월 5일)

**주소** (03991) 서울시 마포구 동교로23길 76(연남동)

**전화** 02-335-4422 **팩스** 02-334-3427

**저자·독자 서비스** humanist@humanistbooks.com

**홈페이지** www.humanistbooks.com

**유튜브** youtube.com/user/humanistma **포스트** post.naver.com/hmcv

**페이스북** facebook.com/hmcv2001 **인스타그램** @humanist_insta

**편집주간** 황서현 **편집** 최윤영 엄귀영 이영란 신영숙 **표지 디자인** 유주현 **본문 디자인** Maping_이소영

**지도** Maping 임근선 **일러스트** 이강훈 이지은 **조판** 홍영사 **용지** 화인페이퍼 **인쇄** 청아디앤피 **제본** 정민문화사

ⓒ 전국역사교사모임, 2019

ISBN 979-11-6080-203-0 03910